EJERCICIOS INTELIGENTES

EJERCICIOS INTELIGENTES

por

David Gamon

y

Allen D. Bragdon

Grupo Editorial Tomo, S.A. de C.V.
Nicolás San Juan No. 1043
03100 México, D.F.

1a. edición, agosto 2005.
2a. edición, mayo 2006.
3a. edición, junio 2007.
4a. edición, febrero 2008.
5a. edición, agosto, 2009.
6a. edición, noviembre 2010.

Nicolás San Juan 1043, Col. Del Valle
03100 México, D.F.
Tels. 5575-6615, 5575-8701 y 5575-0186
Fax. 5575-6695
http://www.grupotomo.com.mx
ISBN: 970-775-088-X
Miembro de la Cámara Nacional
de la Industria Editorial No 2961

Diseño de Portada e Interiores: Trilce Romero
Traducción: Ana María Martín del Campo
Formación Tipográfica: Servicios Editoriales Aguirre, S.C.
Supervisor de producción: Leonardo Figueroa

Reconocimientos

Los autores obtuvieron inspiración e información de muchas personas y publicaciones. Entre ellas están H. Mark, MD., F.A.C.S. Entre los trabajos generales que encontramos de mayor utilidad estuvieron los libros de Robert Ornstein, algunos escritos con David Sobel, en especial, *Evolution of Consciousness* y el de William H. Calvin y George A. Ojemann, *Conversations with Neil's Brain.* Entre aquellas personas que ayudaron desde la formación del manuscrito hasta su terminación, agradecemos el apoyo y las habilidad de Stuart Miller, editor de Barnes & Noble Books, así como de los siguientes artistas y diseñadores: Leonard Fellows, Peter Osterowski, Cindy Wood, Bill Young, Carolyn Zellers.

Dedicamos este libro
a todas las personas
que mantienen su mente activa,
en especial a aquellos que
han utilizado la suya para explorar
ese instrumento fascinante
de supervivencia y deleite
– el cerebro humano

CONTENIDO

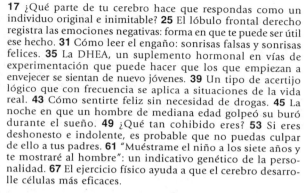

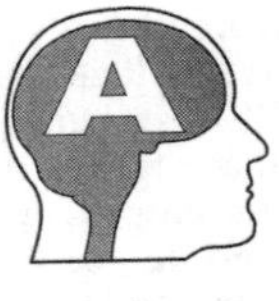

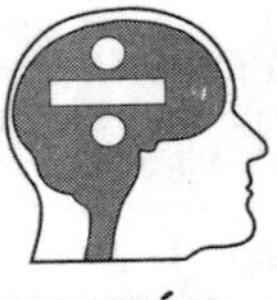

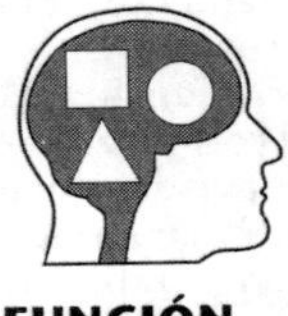

Por qué necesitas este libro

Este es un libro de autoayuda. Te da acceso a los descubrimientos recientes relacionados con la forma en que funcionan las seis zonas de la inteligencia práctica. Este nuevo conocimiento te servirá de incentivo para que utilices tu cerebro de manera eficaz. Los ejercicios están diseñados para estimular las células en las diversas zonas cerebrales, algunas de las cuales tal vez no uses de forma regular en tu vida personal o profesional. El hecho de mantener activas esas células, evita que se deterioren debido a desuso que con frecuencia se ocasiona por ignorancia de la manera en que funciona tu cerebro, por descuido para mantener la vitalidad celular, debido a apatía, pereza o por la edad.

Todas las áreas cognoscitivas deben mantenerse activas. Casi todos los eventos del mundo real y del tiempo real se manejan mejor si se

ZONA EJECUTIVA / SOCIAL. *La parte frontal de la corteza cerebral (sección rugosa externa del cerebro) te permite barruntar metas a futuro y dar los pasos necesarios para ejecutar tus planes. También está involucrada en el logro de relaciones productivas con otras personas, lo que incluye el poder detectar señales respecto a sus actitudes y el seleccionar las reacciones más eficientes.*

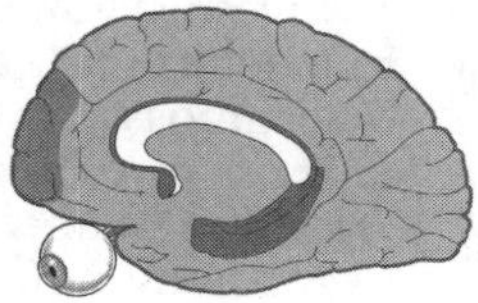

ponen en juego una variedad de habilidades adquiridas y no sólo una. Por ejemplo, para calcular el impuesto y la propina en una cuenta de restaurante, necesitas tanto habilidades matemáticas como la fuerza de la memoria funcional de corto plazo, con el fin de poder tener acceso a todos los números mientras realizas los cálculos mentales. El hecho de cultivar tus herramientas cognoscitivas te da la ventaja de poder mantenerte "en la zona". Una habilidad que se utiliza en un campo de acción determinado, puede influenciar a otro campo y así enriquecer tu vida con muchos otros beneficios. (Por ejemplo, cuando aprendes en matemáticas el diseño de los intervalos numéricos, es posible que percibas por primera vez la configuración de un intervalo musical y puedas disfrutar aún más de la música, o viceversa).

Tu cerebro está ahí para mantenerte con vida. Es tu mejor arma. La evolución humana te ha equipado con una caja de herramientas tan eficiente que tu cerebro puede seleccionar su mejor herramienta, adaptarla y aplicarla. El cerebro humano evolucionó para mantener al organismo inferior con vida y para que pudiera así cazar en grupos, rastrear y matar a las presas más fuertes, más veloces y más ágiles, para después retomar su camino a casa a través de las llanuras arcaicas hasta llegar a una cueva en un peñasco. Ha proveído a los humanos para que sobrevivieran en los períodos glaciares y los meses de sequía cuando los desiertos se arrastraron por sus jardines. Sin embargo, estas herramientas tan maravillosas se pueden deteriorar.

Cuando las neuronas cerebrales, aquellas que llevan los mensajes que construyeron la vida en la que existes, no se utilizan, captan la señal de que tú ya no las necesitas para sobrevivir. En ese momento

ZONA DE LA MEMORIA. *Es un ingrediente de todas las habilidades cognoscitivas. El cerebro codifica la información que considera útil y la almacena en la corteza cerebral, por lo general cerca del área sensorial que se relaciona con cada uno de los componentes de la memoria. Antes de ser copiada, la información que entra pasa a través del área más rudimentaria del cerebro interno y así tomar las acciones idóneas para sobrevivir.*

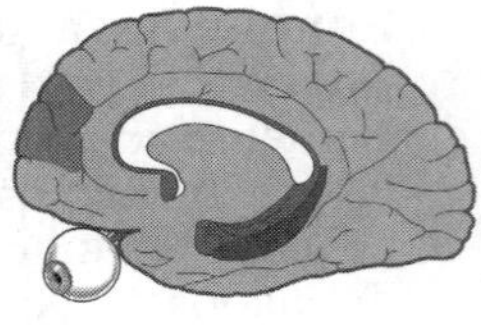

empiezan a hacerse a un lado, como todo en la naturaleza que no necesita algo para mantener su organismo con vida. Esas células contraen sus "dedos" dendríticos que evolucionaron para extenderse y compartir información con otras células. En ese momento cada célula inactiva intercepta algo así como una billonésima parte de tu capacidad para percibir el significado de lo que está sucediendo a tu alrededor o para que puedas tener éxito en alcanzar tus metas.

Investigaciones recientes relacionadas con las funciones cerebrales respaldan el concepto de "úsalo o piérdelo", una frase que alguna vez hizo famosa, con su voz áspera y bronca, la actriz Tallulah Bankhead, quizá en otro contexto. De cualquier modo, la idea parece ser una regla de la naturaleza.

Esperamos que algo de la información que se presenta en este libro te inspire a afilar tus herramientas mentales y a enriquecer tu vida, ahora y conforme vayas envejeciendo. (Además, la información que se proporciona en este libro es en sí tan fascinante que de repente podrías descubrir que eres el centro de atención en las reuniones sociales). Reiteramos: Tu cerebro te mantiene vivo en todos los sentidos. Es tu mejor arma para lograr el éxito y la realización.

Cómo está organizado este material

Este libro incluye reportes breves sobre los resultados de algunas investigaciones relacionadas con la forma en que el cerebro humano funciona, además de algunas pruebas y ejercicios mentales relacionados con cada uno de estos reportes breves. Los editores seleccionaron sólo temas que pueden ponerse en práctica en la vida cotidiana y que pueden comprenderse sin tener experiencia científica. Los autores agruparon los reportes en seis maneras en que se utiliza el cerebro: Función Ejecutiva / Social, Memoria, Emotividad, Lenguaje, Matemáticas y Espacial. Aunado a cada texto de un reporte se presenta una autoevaluación de la función cerebral que tú mismo te puedes aplicar, o algún Ejercicio ameno de la función cerebral relacionado con lo que aprendiste en el reporte.

ZONA EMOCIONAL. *Nuestras respuestas emocionales, las que con frecuencia no podemos, de manera consciente, original o controlar voluntariamente, tienden a procesarse en la parte más antigua y central del cerebro, más que en la corteza exterior. El cerebro es, en primera instancia, un instrumento para asegurar la supervivencia, no la especulación, así que una reacción con frecuencia precisa de un nivel subconsciente.*

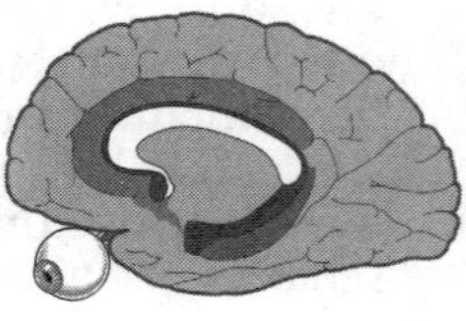

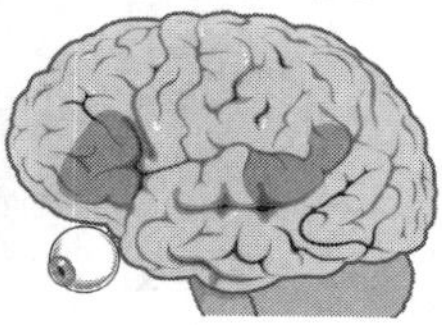

LAS ZONAS DEL LENGUAJE Y LAS MATEMÁTICAS: *La información detallada que constituye los "árboles" del "bosque", se procesa del lado izquierdo de la corteza, cerca de las sienes. También, muy cerca del lóbulo temporal se encuentran las partes del cerebro que controlan el discurso y el lenguaje —ambos discernimientos y movimientos motores que se involucran en el habla.*

Los Ejercicios son retos fascinantes que algunas veces tienen el formato de crucigramas. Están diseñados para ayudar a desarrollar las habilidades mentales en dos formas:

En primera instancia, te ayudarán a desarrollar el vigor mental necesario para lograr una concentración continua, algo parecido a la forma en que los ejercicios aeróbicos favorecen la energía física para poder soportar el empleo de la fuerza física. La capacidad para centrar la atención, es un primer paso que es esencial para la memoria consciente. En segundo lugar, los ejercicios introducen, en un formato ameno, muchas diferentes clases de información —matemática, verbal, espacial, lógica, etc.— que con seguridad una parte de ella será nueva para ti. Esa nueva información, y lo que es aún más importante, la experiencia que adquieres para organizar información que te facilite encontrar una solución, establecerá vínculos entre tus células cerebrales que, más adelante, te ayudarán a adquirir nuevos datos y a localizar el paradigma más efectivo para lograr manejarlos.

Cuando necesites un poco de ayuda para empezar a resolver la tarea, utiliza las sugerencias que están impresas de forma invertida en la parte inferior de los ejercicios. Estos ejercicios fueron diseñados para estimular la actividad neuronal, no para frustrarla.

Las autoevaluaciones te permiten investigar una función o fenómeno relacionado con el artículo adjunto. No dependen de ningún conocimiento previo. Te permiten observar tu propia habilidad para realizar tareas semejantes a aquellas que se utilizan bajo estructuras científicas y condiciones experimentales. La evidencia de esos experimentos produjeron normas contra las que tú puedes medir con aproximación tu propio resultado. Además, el mero hecho de tomar ese tipo de autoevaluación, incluyendo la necesidad de seguir instrucciones, reta tus poderes de concentración y otras funciones retentivas, fortaleciéndolas de este modo, como también lo hacen los ejercicios.

Los iconos gráficos contiguos al título de un ejercicio o autoevaluación indican cuál de las zonas cognoscitivas prácticas se estimularán.

Allen Bragdon and David Gamon – Cape Cod, Agosto 1997

ZONA ESPACIAL. *El cerebro realiza sus procesos de información sensorial entrante inherente al tamaño, la proporción, la forma, el volumen relativo y otros valores espaciales, casi siempre con las neuronas del lado derecho. El área coloreada en la parte trasera de la corteza (a la derecha) muestra la región occipital, en donde primero se procesa la información visual y después se envía a otra parte.*

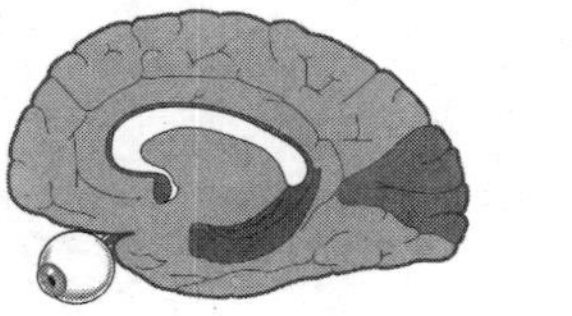

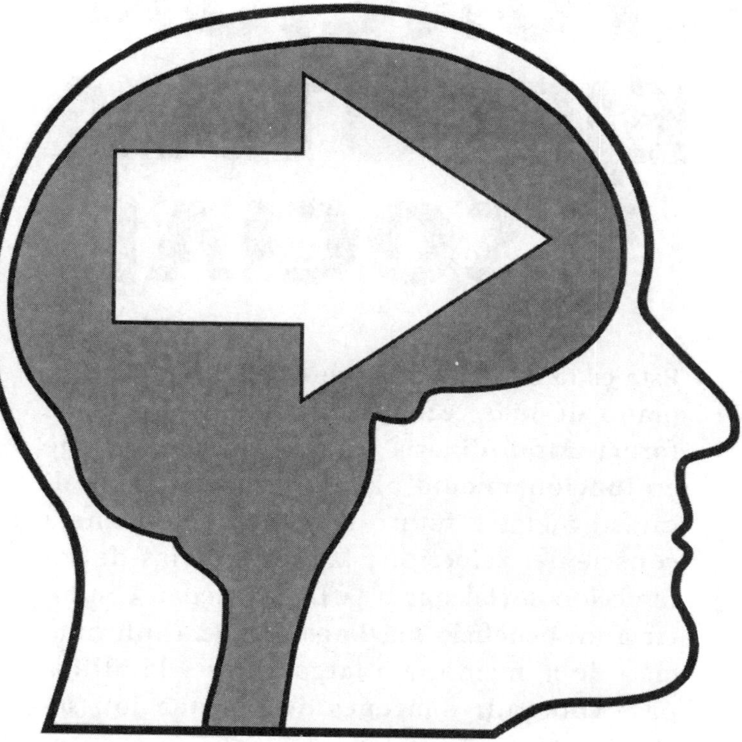

función ejecutiva y social

FUNCIÓN EJECUTIVA Y SOCIAL

Ésta es la zona de inteligencia del cerebro humano de más reciente evolución. Opera de forma extraordinaria en el ser humano. Pone en funcionamiento planes diseñados para alcanzar metas a futuro concebidas de manera consciente. Selecciona las trayectorias de interacción social que a la larga puedan conducir a un beneficio máximo. Recupera información de la memoria a largo plazo y la utiliza para construir imágenes de información semejante para que pueda activarse en el futuro. Es el área en donde se localiza el "carácter" humano — esa galaxia de respuestas consistentes que implican integridad social y responsabilidad.

Si la capa texturizada de materia gris conocida como la corteza cerebral es la fuente de nuestra originalidad como seres humanos, los lóbulos frontales o las partes de la corteza que se encuentran detrás de la frente, son los responsables de las diferencias entre nosotros y los animales más allegados a nosotros. En apariencia, esta región del cerebro es la encargada del conocimiento de uno mismo —la capacidad de examinar con introspección, de reflexionar, no sólo de actuar sino de estar conscientes del hecho de que estamos actuando, de sopesar otras posibles acciones, de decidir no actuar, de imaginar la forma en que el mundo sería diferente si no actuáramos o si ya no tuviéramos vida para actuar. De aquí surge la libertad de una determinación materialista, una preocupación filosófica de los misterios de la vida y de la muerte, un sentido de la belleza, de la religión—, en resumen, de todos aquellos intereses relacionados con el pasado, el futuro y con uno mismo que consideramos que nos distinguen de los otros animales.

Como la parte del cerebro de más reciente evolución, los lóbulos frontales también albergan las partes más frágiles de nuestra identidad, las facultades que requieren de un gran esfuerzo consciente y de su ejercitación, tales como la lógica, la formulación de planes, la comprobación de nuestro propio comportamiento y el logro de metas deseadas. En el proceso de llegar a ser seres sociales responsables, pasamos mucho tiempo de los primeros años de nuestra vida aprendiendo a modificar los impulsos que nos llegan desde las partes inferiores del cerebro. Respecto al resto de nuestra vida, los conflictos entre estos diferentes sistemas, entre las emociones y la racionalidad, la libido y el intelecto, la espontaneidad y el autocontrol, aseguran nuestra contribución financiera al movimiento de autoayuda y a los negocios de psicoterapia.

El comportamiento consciente y las emociones, planeadas y orientadas a metas, no son, sin embargo, necesariamente tan conflictivas como se pudiera pensar. Después de todo, para avanzar hacia una meta ciertamente ayuda el *desearla*. Los estudios del cerebro muestran que el lóbulo frontal izquierdo se activa cuando se experimentan emociones positivas y el lóbulo frontal derecho, cuando se perciben emociones negativas. Algunos de nosotros, como los bebés, tenemos una actividad por debajo del promedio en una u otra de las regiones. Si tu región frontal "positiva" tiene por naturaleza una actividad baja, tal vez no tengas mucho éxito en tareas intelectuales dirigidas a metas. Algunas personas que han sufrido alguna lesión en el lóbulo frontal pierden tanto las emociones como su capacidad para tomar decisiones; otros se pueden convertir en criminales violentos. Tal parece que "las corazonadas" y "las intuiciones", impulsos que ocupan el mundo de sombras entre la conciencia racional y la emoción, pueden estar ubicados en el lóbulo frontal.

El punto débil de la fragilidad de las funciones ejecutivas es que, en la práctica, también son las más adaptables e improbables. La mejor forma de volverse un experto en organizar la información y en utilizarla para el propio provecho, es trabajando en ello. Debido a que las funciones del lóbulo frontal están accesibles de manera consciente, ésta se vuelve una tarea más fácil, siempre y cuando estés dispuesto a hacer un esfuerzo, es decir, a aprender a adaptar los ritmos corporales que gobierna el tronco cerebral.

¿Qué parte de tu cerebro hace que respondas como un individuo original e inimitable?

Una de las tareas más difíciles que enfrenta la neurociencia es la de identificar la parte o partes del cerebro que son responsables de definir la personalidad de un individuo como una entidad estable y única en su género. Se ha hecho mucho progreso al tratar de asociar ciertas regiones del cerebro con capacidades y funciones específicas: el hipocampo con la intervención de la formación de la memoria, la amígdala con el procesamiento de las emociones, las áreas a lo largo de la cisura de Silvio con varios aspectos del lenguaje. Sin embargo, ¿en donde está el sitio del conocimiento consciente de uno mismo, el lugar que hace que una persona tenga una identidad diferente a la de otra, la región que une las experiencias de un organismo individual humano para formar un sentido de identidad estable, a pesar de las fluctuaciones de disposición de ánimo, de impresiones, de impulsos y emociones? Como se pregunta el paciente epiléptico de Calvin y Ojemann en el libro *Conversations with Neil´s Brain*, "¿En dónde está el yo verdadero?"

¿Es la identidad una ilusión?

Un punto que enfatizan Calvin y Ojemann es que es posible que este sentido estable de la identidad sea menos real de lo que con frecuencia nos imaginamos. Tal parece que existen muchos segmentos diferentes del cerebro que contienden por la autoridad, sin que ninguna parte lleve la delantera en ningún momento. Es posible que nuestro sentido de unidad del estado consciente pueda resultar del hecho que sólo hay un ganador a la vez.

No obstante, si alguna región del cerebro se fuera a implicar como la zona de la identidad, es probable que quedara incluida en la tercera parte central del cerebro que se denomina lóbulo frontal. Esa área es la que evolucionó en tiempos más recientes. Permite a los seres humanos imaginar sus metas en el futuro y seleccionar el comportamiento adecuado, habilidad que sufre cuando parte del lóbulo frontal se inutiliza por enfermedad o lesión, como lo ocasionado por un tumor o una apoplejía.

¿Qué sucede cuando ya no eres tú mismo?

El caso más famoso y dramático de daño en el lóbulo frontal es el de Phineas Gage, un joven y prometedor supervisor de construcción ferroviaria, quien, en 1848, sufrió un apisonamiento ocasionado por un lingote de hierro que se le incrustó en la mandíbula superior y le atravesó la región frontal media del

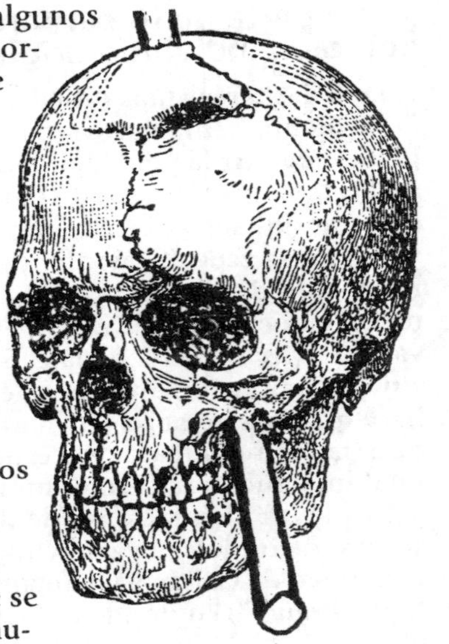

cerebro. Aunque sobrevivió y en algunos aspectos se recuperó de manera sorprendente, cambió de un hombre responsable y afable que era, a un patán malhablado, caprichoso e inconsiderado. Sus amigos se quejaban porque se había convertido en una persona diferente, "que ya no era Gage".

Por lo general, los síntomas del daño en el lóbulo frontal que se relacionan con la personalidad, pueden incluir cambios en los impulsos o en la motivación, en el estado de ánimo, en los sentimientos o expresiones emocionales y en la capacidad para formular planes y tomar decisiones. Entre los muchos males que se reportan, se presenta una disminución en la confiabilidad y previsión, un comportamiento social inadecuado, depresión, euforia y apatía.

Podemos interpretar esta amplia gama de síntomas como consecuencia de las otras partes del cerebro para las que las regiones frontales sirven como áreas de asociación. El sistema dorsal frontal conecta las partes del cerebro involucradas con la organización secuencial y el procesamiento de la información. El sistema ventral conecta las regiones emocionales, que incluyen tres sistemas límbicos. La corteza frontal anterior también tiene conexiones fuertes hacia todas las regiones sensoriales, así como hacia las zonas motoras. Esto ha hecho que se identifique a esta corteza frontal como "el camino final común" que integra la información desde una variedad de zonas del cerebro para que se dé una reacción motora adecuada.

El estado consciente es una relación, no una cosa o un lugar

Según algunos investigadores, muchas clases de patologías del lóbulo frontal se pueden agrupar bajo la cobertura de un estado consciente introspectivo, o la capacidad de estar consciente de uno mismo y de la relación con los demás y con el entorno. Con fundamento en estudios hechos en niños, "la metaconciencia" —toma de conciencia de que uno está consciente— depende del desarrollo infantil relativamente tardío de las

subpartes de la región frontal. Tal parece entonces que el lóbulo frontal alberga las zonas de integración o asociación que son tan decisivas para una identidad estable. Como sucede con muchos aspectos del conocimiento, esos cuestionamientos enfadosos del origen del estado consciente y de la identidad pueden contestarse por las asociaciones entre muchas partes del cerebro, más que por un lugar independiente o "módulo". Sin embargo, por el hecho de que tenemos uno, el "impulsor" de todo el aparato cognoscitivo —las asociaciones específicas que te hacen diferente a mí— bien pueden ubicarse, de forma oportuna, hacia el frente.

LO QUE LE SUCEDIÓ A PHINEAS GAGE

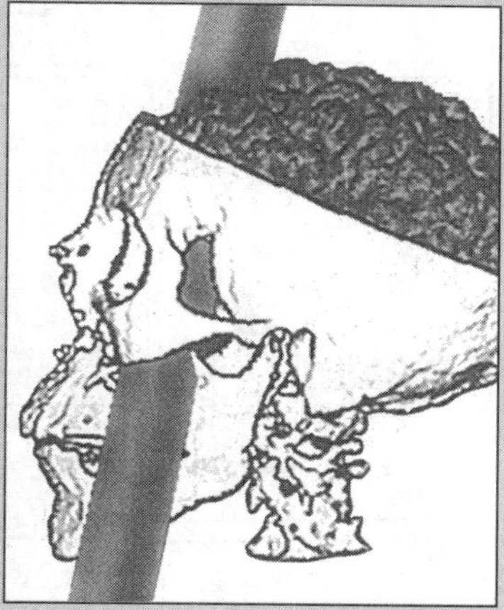

Estas ilustraciones son reconstrucciones computarizadas del cráneo de Phineas Gage, quien vivió durante 14 años después de que una palanca entró por su mejilla, le atravesó la región frontal media del cerebro y le salió por la frente. Como capataz de una cuadrilla de constructores ferroviarios, estaba apisonando cargas explosivas cuando una chispa encendió una de ellas. La varilla se llevó una parte de su cerebro cuya función se ignoraba hasta entonces, la parte que permite que los seres humanos produzcan imágenes mentales de lo que todavía no sucede. Se le conoce como una función "ejecutiva".

Ésta es la habilidad que permite a los expertos del ajedrez anticipar los resultados de algún movimiento. Los empresarios lo utilizan para proyectar la ruta que se debe seguir para realizar una serie de tareas y para congeniar con otras personas.

Después de que se recuperó del accidente, el joven Phineas cambió de un hombre responsable y afable que era, a un patán malhablado, caprichoso e inconsiderado.

EJERCICIO: Caricaturas mezcladas

Los lóbulos frontales planifican la secuencia más adecuada de eventos para poder alcanzar metas. Trata de reordenar cada una de las series de los recuadros de caricaturas que se encuentran en las páginas 20 a la 24, de manera que formen la secuencia más amena. Sustituye los números incorrectos por los números correctos.

A

(continúa en la siguiente página)

B

(continúa en la siguiente página)

C

(continúa en la siguiente página)

D

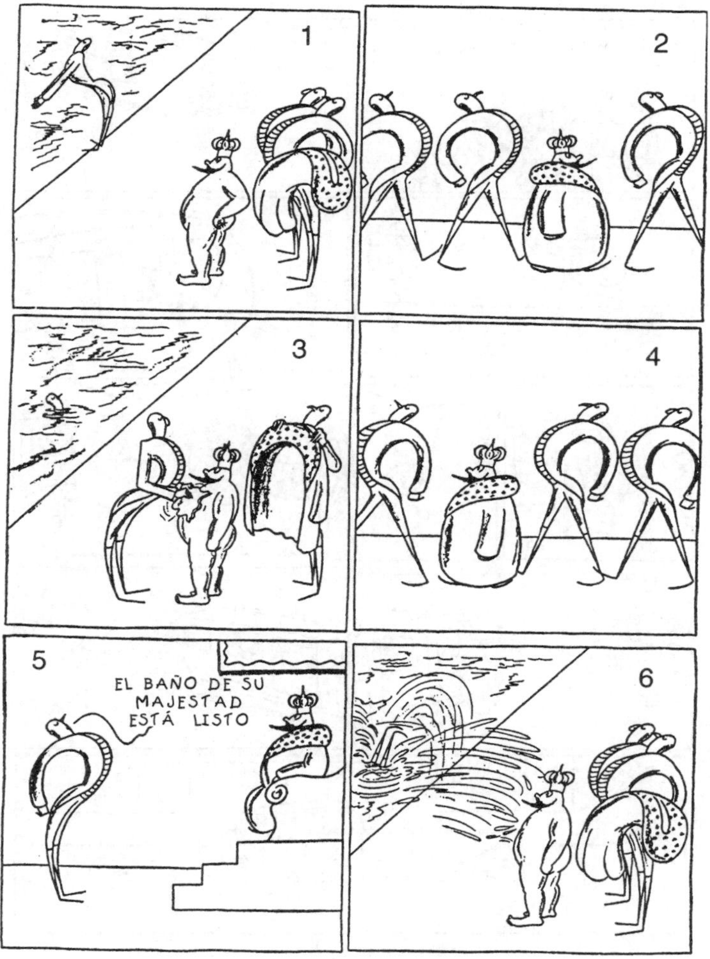

(continúa en la siguiente página)

E

El lóbulo frontal derecho registra las emociones negativas: forma en que te puede ser útil ese hecho

Algunas veces consideramos nuestras emociones, nuestros temores, alegrías y arranques de ira, como si fueran diametralmente opuestos a un razonamiento sereno, a la planificación y a la lógica que se requiere para identificar y alcanzar ciertas metas. Esto es sólo en parte verdadero. Damos la razón.

Las emociones se procesan en los lóbulos frontales

El lóbulo frontal es la encrucijada de los centros emocionales del cerebro. Las emociones negativas —el disgusto, el temor y la ira— se registran en el lóbulo frontal derecho y el bienestar o felicidad se registra en el izquierdo. ¿Cómo lo sabemos? Es un hecho que éstas son las zonas que las lecturas de un electroencefalograma (EEG) muestran como las más activas cuando se expone a las personas a estímulos que evocan alguna de estas reacciones emocionales, por ejemplo, la ilustración de un perro que se está comiendo su propio vómito.

La emoción y la razón están vinculadas

El lóbulo frontal también controla las funciones ejecutivas como la intención, la autorregulación y la planificación. Es posible que las personas que han sufrido algún daño en el lóbulo frontal izquierdo tengan dificultad para programar una secuencia sencilla de acciones y aún de iniciar actos voluntarios; es posible que sean indiferentes, apáticos y depresivos. El comportamiento que esté relacionado con planteamientos, o sea el avance hacia metas literales o metafóricas, requiere no sólo de programación de estrategias para alcanzarlas, sino también y en primer lugar del deseo de avanzar.

La actividad deficiente del lóbulo frontal izquierdo está en relación recíproca con la depresión

Algunas personas tienen lecturas de referencia de *bajo nivel* en lo que respecta a la actividad del lóbulo frontal *izquierdo*. Con frecuencia se les clasifica como personas inhibidas o tímidas. Su lóbulo frontal izquierdo también muestra una reacción lenta a los estímulos positivos, por ejemplo escenas alegres en películas. Las personas que tienen un nivel muy *alto* de actividad del lóbulo frontal *derecho*, tienden a ser inquietas y recelosas del peligro. La mayoría de las personas considera la depresión y la tristeza, junto con el temor, la ira y el disgusto, como emociones negativas. Aún así, tal parece que la depresión se entiende mejor, desde el punto de vista neuronal, como un nivel *bajo* de la actividad en el lóbulo frontal *izquierdo*, la región "feliz". No se manifiesta como una actividad excesivamente alta en el área "negativa" del lóbulo frontal *derecho*, como sucede con la ira.

¿Acaso significa esto que un lado de mi cuerpo es un emprendedor ávido y el otro lado es un cobarde perturbado? Ya que el hemisferio derecho del cerebro corresponde al lado izquierdo del cuerpo y el hemisferio izquierdo al lado derecho, se esperaría que la felicidad se registrara con más fuerza del lado derecho del rostro y que el disgusto, la ira y el temor, lo hicieran del lado izquierdo. Tal parece que esto es verdad. Se ha especulado que el origen del efecto "enigmático" de la sonrisa de la Mona Lisa es que, en su caso, es el lado izquierdo y no el derecho del rostro el que está sonriendo. Es así que el lado negativo del rostro está feliz y el lado positivo es imparcial, lo que resulta, en conjunto, en una expresión un tanto impenetrable. Algunos sicólogos sostienen que el lado derecho es el hemisferio dominante de las emociones en general. Esto tal vez tenga cierta validez en cuanto a la *percepción* de la emoción en los rostros de otras personas y algunas otras indicaciones, mas no en el *sentimiento* de la emoción en sí misma.

Aunque el hemisferio izquierdo no domina en la *experiencia* de una emoción positiva, el hemisferio derecho parece estar involucrado en el reconocimiento y proceso de las señales emocionales, tanto positivas como negativas. Más de lo que en general se pensaría, el lado derecho del cerebro también obtiene expresiones faciales positi-

AUTOEVALUACIÓN: Juicio de emoción; imágenes invertidas

Existe una teoría que afirma que el sujeto de la Mona Lisa es Leonardo mismo, es decir que la pintura es un autorretrato. En ese caso, Leonardo debe haber pintado su propia imagen invertida como se reflejaría en un espejo. Si volteamos la imagen, el efecto que produce en la mayoría de las personas es dramático: la pintura pierde su calidad de "enigmática" y la expresión del personaje parece mostrar una sonrisa afectada o hasta lasciva más que inescrutable.

¿Cuál de las dos pinturas que se presentan a continuación es la Mona Lisa con la sonrisa enigmática y cuál se ha invertido para revelar la sonrisa "lasciva" de Leonardo da Vinci?

vas, con fundamento en el dominio del lado izquierdo del cerebro para percibir emociones positivas. Más aún, el cerebro izquierdo juega un papel importante en el procesamiento y percepción de señales positivas. Los rostros felices se reconocen mejor cuando se presentan hacia el campo visual derecho (cerebro izquierdo). También las películas que se muestran en el campo visual derecho tienden a considerarse más agradables que las que se muestran en el campo visual izquierdo (cerebro derecho).

Así que *ésa* es la razón por la que mi tía María siempre creyó que me gustaba su pastel de frutas

También sucede que los adultos mayores son peores que los adultos jóvenes para reconocer las expresiones faciales negativas, por ejemplo el temor o el disgusto. Este descubrimiento apoya la hipótesis de la decadencia del hemisferio derecho, es decir, que conforme envejecemos, el hemisferio derecho tiende a degenerarse con mayor rapidez que el izquierdo. Tal vez esa sea la razón por la que ciertas habilidades "cristalinas" del cerebro izquierdo, como la magnitud del léxico, no declina con la misma rapidez con la que envejecemos, si las comparamos con algunas habilidades "fluidas" del cerebro derecho, tales como el razonamiento espacial abstracto y el reconocimiento facial. En un estudio reciente, se pidió a un grupo de jóvenes y de adultos mayores que asignaran algunas fotografías de rostros a ciertas categorías de emociones ("Feliz", "Temeroso", etc.). Los sujetos de edad avanzada se desempeñaron peor que los jóvenes al tratar de identificar expresiones negativas, sin embargo, al identificar rostros felices, lo hicieron tan bien como los jóvenes.

¿Cuál es la razón por la que la parte derecha del cerebro que procesa lo negativo, identifica mejor la parte "positiva" del rostro de otra persona?

Enfrentémoslo, la única forma de leer la expresión del rostro de otra persona es cuando están frente a frente. Sin embargo, es entonces que la emoción en la que cada lado del cerebro percibe de manera específica, está en la *otra* mitad del campo visual del cerebro. En otras palabras, cuando ves a alguien de frente, tendrás su lado "negativo" en tu campo visual conectado a tus habilidades cerebrales de "procesamiento positivo" y su lado "positivo" en tu campo "negativo". Esta contradicción aparente sugiere que nuestro cerebro ha evolucionado para evitar que percibamos y respondamos a las otras personas de forma totalmente unilateral.

Todo esto se asemeja a un acertijo diabólico lógico. Si sientes frustración y disgusto unido a un deseo de estrangular a los autores de este artículo, ¿estaríamos hablando de un comportamiento de repliegue del cerebro derecho o de un enfoque del lado izquierdo del cerebro?

EJERCICIO: Establecer contacto con el lado "derecho" de una persona

Estudia las ilustraciones y las fotos de las siguientes páginas, enseguida contesta la siguiente pregunta:

Si estuvieras parado frente a un extraño, mirándolo directamente, ¿qué sería más factible pensar, que su rostro muestra los aspectos negativos o los positivos de su personalidad?

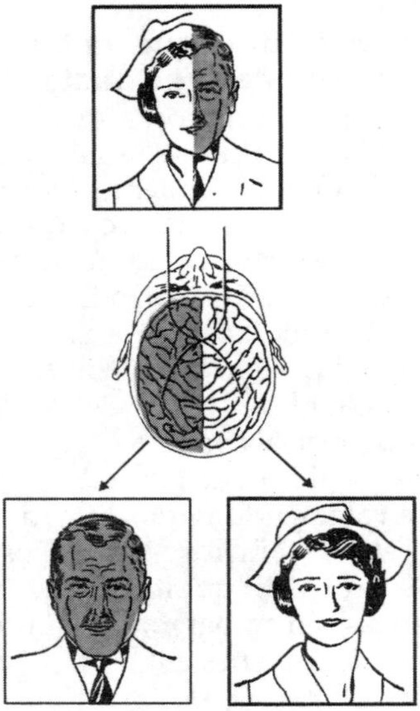

Pista: Como se demuestra en el diagrama de imagen dividida, la mayoría de las personas, al procesar información en el hemisferio izquierdo del cerebro, elevan sus ojos hacia la derecha del punto central de su campo visual. De manera semejante, el hemisferio derecho procesa la información hacia la izquierda. (Por ejemplo, si tu hemisferio derecho hubiera sufrido algún daño, podrías decir que veías en el diagrama un hombre enfadado y no un rostro, mitad sonriente y mitad con el ceño fruncido).

Aun cuando el hemisferio izquierdo se especializa más en la percepción de las emociones positivas que de las negativas, el hemisferio derecho parece ejercer influencia dominante en la percepción de toda clase de emociones.

El hemisferio derecho procesa los sentimientos de una persona relacionados con la ira, el disgusto, desprecio, temor —las emociones negativas.

Cada uno de los dos hemisferios del cerebro, el izquierdo y el derecho, controla los sistemas físicos y los atributos que se localizan en la mitad opuesta del cuerpo.

AUTOEVALUACIÓN: Forma en que el cerebro percibe los rostros

¿Cuál foto representa al hombre con mayor repugnancia?

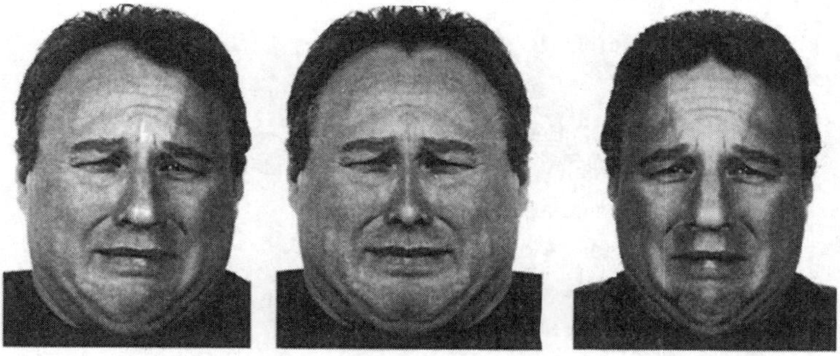

Fotografía de un hombre que muestra repugnancia.

A. Fotografía superpuesta en la que el lado *derecho* del rostro aparece en ambos lados.

B. Esta es una fotografía superpuesta en la que el lado *izquierdo* del rostro aparece en ambos lados.

A B

¿Cuál es un rostro feliz? En la mayoría de las personas el lado derecho del cerebro ejerce una influencia dominante en la percepción de las emociones. Cuando miras el rostro de una persona, el cerebro derecho interpreta la parte que se encuentra a la izquierda de la nariz.

Pista para las fotos superiores: Observa la boca del hombre en las fotos A y B. ¿Cuál boca parece más negativa? Cuando haces un ademán despectivo, ¿para qué lado de la cara tuerces los labios?

Pista para las ilustraciones inferiores: La mayoría de las personas interpreta con más fuerza las emociones según se muestre el lado derecho del rostro de una persona, que es lo que ven del lado izquierdo mientras observan a la persona frente a frente. Trata de ver la nariz de cada uno y decide cuál parece estar más feliz. La mayoría percibirá "A" como un rostro triste y "B" como uno feliz.

AUTOEXAMEN: pauta de abstracción del lado derecho del cerebro; lectura abstracta

Termina los siguientes ejercicios poniendo la letra, número o palabra que corresponde en el espacio en blanco.

Ejemplo: A E I O U

1) 1 3 5 7
2) AB CE CD EG EF G___
3) contraorden – ordenación – nacionalidad – _____iva
4) buenaventura – aventura ___
5) candelabro – labro ___
6) recamarera – camarera ___
7) desatinar – atinar – atina ___
8) dinero – en – dimitir - mi – dilema - el – dilatar ___
9) encefalograma 1 2 3 4 5 6 7 8 9 10 11 12 13 freno 5 10 1 2 8 mago ___
10) cama rama risa misa tela vela cosa ___
11) semilla
12) ave
13) 7913 992 488 569 72155 614___
14) Q O M K I ___
15) did dod fan fen pep pip cod ___
16) 289735 897352 973528 735289 ___
17) radar radar risa asir 399 993 rama ___
18) JK KJ LM IH NO G ___
19) 37210 2 19903 1 48737 3 52209 9 47391 ___
20) retiro rito golosina solo ensenada anda padecer ______

Normas: Edad de 20 a 39 años: 8 a 12 aciertos = promedio
13 a 16 aciertos = arriba del promedio
17 a 18 aciertos = superior
19 a 20 aciertos = superdotado

Edad de 40 a 59 años: 6 a 10 aciertos = promedio
11 a 15 aciertos = arriba del promedio
16 a 18 aciertos = superior
19 a 20 aciertos = superdotado

Edad de 60 a 79 años: 4 a 6 aciertos = promedio
7 a 10 aciertos = arriba del promedio
11 a 17 aciertos = superior
18 a 20 aciertos = superdotado

Cómo leer el engaño: sonrisas falsas y sonrisas felices

Un debate de muchos años en antropología cultural es si las expresiones faciales se adecuan a emociones específicas con fundamento universal o sólo con un fundamento cultural específico. Una evidencia que citan los defensores del último punto de vista es que la sonrisa puede indicar diversas clases de emoción dependiendo del contexto: por una parte, felicidad sincera o placer y por la otra, alguna entre muchas emociones negativas tales como vergüenza, mortificación o malicia.

Sin embargo, el neurólogo francés del siglo XIX, Duchenne de Boulogne, advirtió que existen por lo menos dos patrones distintos de movimiento de los músculos faciales que tendemos a agrupar en la misma palabra. Uno involucra tanto el músculo que divide y eleva los labios (*zygomatic major*) como el músculo que eleva las mejillas y pliega la piel dentro del globo ocular (*orbicularis oculi*). Él identificó este último como la sonrisa de gozo espontáneo. El otro involucra sólo el músculo zigomático mayor alrededor de la boca. En reconocimiento al descubrimiento de Duchenne, el investigador de la Universidad de California, Paul Ekman, ha dado el nombre de sonrisa *Duchenne* a la sonrisa de felicidad espontánea, mientras que a la otra con frecuencia se le llama sonrisa social o enmascarada.

Las partes de tu cerebro izquierdo que se activan cuando esbozas una sonrisa realmente feliz, no se activan cuando la sonrisa es falsa

La actividad eléctrica del cerebro se puede ver y medir en sujetos normales, despiertos y activos cuando se utiliza equipo de electroencefalograma (EEG). En un experimento, se seleccionó a sujetos que pudieran lograr que su rostro esbozara la sonrisa feliz de Duchenne, como lo hacen los actores. Las lecturas del EEG cuando realizaban esta sonrisa genuina mostraron puntos de actividad en el hemisferio izquierdo que por lo general se asocian con sentimientos agradables. Sin embargo, la actividad en esas áreas se extinguió de forma gradual cuando los sujetos cambiaron su expresión facial para mostrar la clase de sonrisa falsa que utiliza sólo los músculos alrededor de la boca. En otras palabras, el registro del EEG relacionado con la actividad cerebral mostró que en realidad se *sentían* más felices cuando esbozaban la sonrisa Duchenne que cuando realizaban una sonrisa social o de compromiso.

Tal vez pienses que este efecto de debió a que los sujetos se esforzaron por sentirse felices para poder producir una sonrisa Duchenne, así como los actores algunas veces piensan en algo triste para poder llorar. Sin embargo, los investigadores tuvieron cuidado de evitar esto, al enseñar a los sujetos a hacer diferentes clases de expresión y señalarles los músculos que debían utilizar; de manera escrupulosa evitaron describir los patrones de movimiento de músculos faciales referentes a las emociones que se asocian con ellos, como "la alegría" o "la felicidad" y hasta evitaron referirse a ellos como "sonrisas".

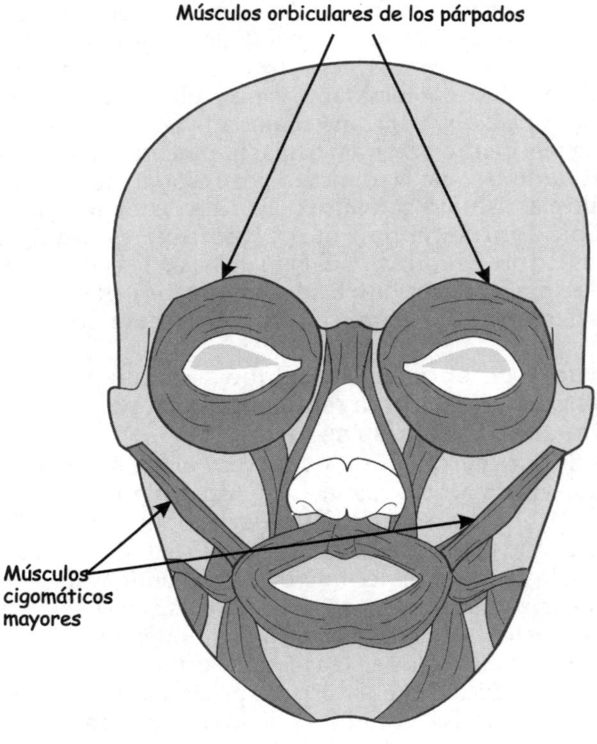

Esto es importante por lo menos por tres razones. La primera demuestra que se puede, con bastante facilidad, hacer que te sientas más contento al sonreír —¡siempre y cuando esboces la sonrisa *adecuada!*—. La segunda, puedes distinguir una sonrisa sincera de una sonrisa falsa —y, en algunos casos, distinguir una persona honesta de una mentirosa— con sólo observar los músculos alrededor de los ojos. En tercer lugar, cierto patrón de actividad cerebral, un "mapa" cerebral de alegría, en realidad se vincula de forma biológica a cierto tipo de movimiento facial; los que sostienen que el vínculo entre las sonrisas y las emociones es algo arbitrario e impredecible están confundiendo lo que de hecho son dos *clases* de expresiones faciales esencialmente diferentes.

AUTOEVALUACIÓN: Los ojos lo tienen

De estos cuatro pares de ojos que atisban detrás de sus velos, sólo uno concuerda con una sonrisa "Duchenne" de alegría sincera y espontánea. De los otros, uno tiene una expresión neutral, otro condescendiente y el otro de enojo. ¿Cuál es cual?

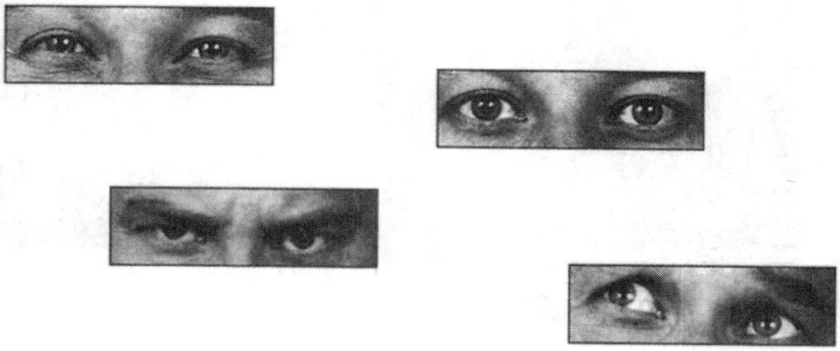

En el lado derecho de la siguiente página se revelan los rostros completos. Sólo una configuración de los músculos crea una sonrisa Duchenne. La diferencia está en el uso del músculo orbicular alrededor del ojo (véase la ilustración a la izquierda), que es el único indicador confiable de una alegría sincera. ¿Acaso las bocas sonrientes de los rostros del lado derecho cambian la forma en que percibes la emoción real que se expresa?

(continúa en la siguiente página)

Rostro sonriente Duchenne

Rostro neutral

1

Rostro enojado

2

Rostro condescendiente

3

La DHEA, un suplemento hormonal en vías de experimentación que puede hacer que los que empiezan a envejecer se sientan de nuevo jóvenes

Una hormona hasta ahora misteriosa, se encuentra en la actualidad en el centro de una contienda acalorada y muy debatida entre intereses financieros, médicos e intelectuales, mientras que las pruebas de la comunidad médica afirman que esta hormona tiene el potencial para curar enfermedades que van desde el cáncer hasta la depresión y aun de poder revertir el proceso biológico del mismo envejecimiento. La hormona, que se promueve como un medicamento milagroso y suplemento dietético en las tiendas naturistas y aun en el Internet, es la "deshydroepiandrosterone", mejor conocida como DHEA.

¿Qué es la DHEA?

La DHEA y su supuesto equivalente "sulfatado" DHEA(S), es una hormona que se produce en las glándulas suprarrenales de los primates —humanos, simios y monos— y de algunas otras especies. En los humanos y los simios, los niveles de la hormona se elevan de manera abrupta durante la pubertad y alcanzan su máximo en el inicio de la edad adulta; de ahí en adelante, los niveles de la DHEA, decrecen de manera inexorable hasta que, en la vejez, se encuentran en la sangre sólo niveles insignificantes.

¿Por qué disminuyen? Nadie sabe a ciencia cierta. Sabemos que la DHEA se transforma por metabolismo en esteroides sexuales por medio de varios tejidos del organismo. Sin embargo, tal vez eso sea sólo una mínima parte de la historia.

Un impulso al estado de ánimo, la energía y la memoria

En un estudio piloto reciente que se realizó en hombres y mujeres de edad media a edad avanzada con padecimientos importantes de depresión, se les administró un suplemento de DHEA durante cuatro semanas. Todos los pacientes mostraron una mejoría significativa en su estado de ánimo, según los instrumentos estándar de evaluación, así como mejorías en la memoria verbal. Cuando se retiró el tratamiento, la depresión y la memoria regresaron a sus niveles anteriores.

En otro estudio experimental reciente de "double blind" (procedimiento en el que ni los sujetos ni los que lo aplican conocen la estructura de la prueba ni de los grupos de control durante el transcurso del experimento), a la mitad del grupo en estudio en una edad entre los 40 y 70 años, se les administró píldoras que contenían DHEA, mientras que a la otra mitad se les dio placebos. Más del 75% de los sujetos que tomaron la hormona (pero menos del 10% del grupo que tomó placebos), reportaron una sensación de bienestar juvenil y vigorosa, que incluía mejoría en el sueño, más energía y una sensación de mayor relajación y de capacidad para manejar el estrés. Un porcentaje representativo del grupo de DHEA también reportó "una mejoría notable" en el dolor de las articulaciones, rigidez e inflamación. Sin embargo, la libido permaneció sin cambios.

Otros estudios han demostrado que existe una correlación entre la enfermedad de Alzheimer y los niveles bajos de DHEA(S). Esto puede deberse a la acción de la hormona contra los glucocorticoides, que parecen tener el potencial de ocasionar daño a las células cerebrales. (Véase "Cortisol" en la pág. 209).

LA DHEA como protector contra las enfermedades cardiacas y el cáncer

Varios estudios demostraron una correlación entre los niveles bajos de DHEA y las enfermedades de la arteria coronaria. El manejo con suplementos de DHEA parece inhibir la agrupación de plaquetas sanguíneas y por lo mismo disminuye el riesgo de un ataque cardiaco o una embolia cerebral. La DHEA también puede jugar un papel importante en el incremento del sistema inmune: tal parece que los niveles bajos de DHEA se correlacionan con algunos tipos de cáncer y los suplementos de DHEA pueden acrecentar la producción de linfocitos o células que atacan a las células cancerosas.

¿Acaso tenemos que volvernos frágiles conforme envejecemos?

Todo esto tiene implicaciones intrigantes. Muchas de las situaciones que consideramos que son efectos propios del envejecimiento, como un estado de ánimo depresivo, la disminución de la energía, la pérdida de la memoria y el incremento de riesgo de enfermedades cardiacas y cáncer, pueden provenir de una disminución de sustancias químicas que se producen de forma natural. ¿Cuál es la razón por la que los niveles de DHEA son tan altos en los adultos jóvenes y tan bajos en la vejez? Es posible que simplemente esté relacionado con una selección natural del organismo que utiliza toda su energía y libido en la etapa juvenil de máxima productividad, más que la de un organismo que conserva su energía durante un tiempo prolongado.

¿Estaría mal pasar por encima de este patrón de larga evolución e ingerir complementos hormonales? Si las píldoras de DHEA se utilizan como sustituto del ejercicio físico tradicional y de una actividad mental que desafíe, es probable que sí esté mal. Por otra parte, reflexiona sobre las siguientes preguntas:

¿Acaso el hecho de que en la mayoría de los seres humanos adultos se reduzca o se termine la producción de la lactasa, enzima tan necesaria para digerir los productos lácteos, resulta "desacertado" o "anormal" el tomar píldoras de lactasa cuando tomamos queso o leche? O de manera más dramática: ¿Acaso el hecho de que algunos seres humanos no pueden producir insulina significa que debamos dejar morir a los que son diabéticos?

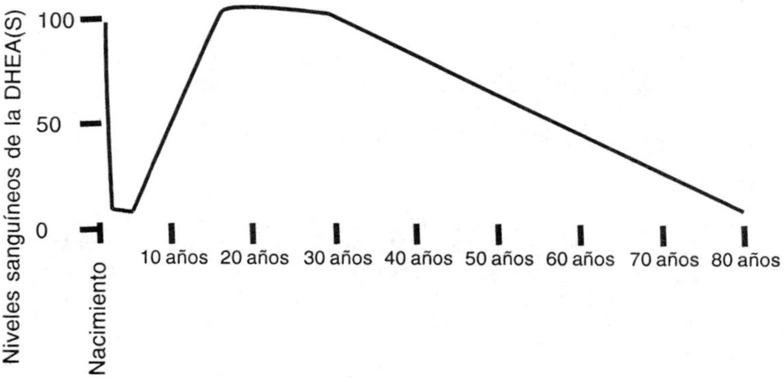

Los niveles de la DHEA(S), la forma "sulfatada" más generalizada de la DHEA, decrecen de forma dramática después del nacimiento y se vuelven a elevar alrededor de los 7 u 8 años, alcanzan su máximo en los veintes y empiezan a declinar de forma còntinua.

EJERCICIO: Un caso de identidad confusa

Parte 1.

En el antiguo partido soviético de "Borduria" alguien ha cometido una serie de asesinatos espeluznantes. Ya se ha identificado y detenido al culpable, aunque con algunas contrariedades. En primer lugar, al asesino lo identificó un testigo ocular, pero sucede que el individuo que se identificó tiene un hermano gemelo idéntico. Ambos están en la cárcel pero nadie sabe cuál es el verdadero asesino. Bajo la ley de Borduria, a no ser que alguna evidencia señale de manera terminante a alguno de ellos por haber cometido el crimen, ambos quedan libres. Además, bajo la ley de Borduria, sólo es posible que el fiscal estatal le haga a cada sospechoso una única pregunta que requiera solamente una respuesta positiva o negativa para cerciorarse de su culpabilidad o inocencia. Sin embargo, he aquí otro obstáculo: uno de los hermanos es un mentiroso patológico consistente y el otro hermano sólo dice la verdad, pero nadie sabe si el asesino es un mentiroso o un amante de la verdad.

El Fiscal Mutinovic cree que ya ha deducido qué pregunta debe formular a cada uno de los gemelos. A cada uno a la vez, les plantea la siguiente pregunta;

"¿Fue tu hermano quien cometió los asesinatos?"

¿Lo guiará esta pregunta al asesino?

Parte 2.

Como respuesta a su pregunta, Multinovic obtiene una respuesta "afirmativa" del primer hermano y "negativa" del segundo.

¿A qué conclusión llega el fiscal con estas respuestas?

Parte 3.

Debido a su ineptitud, se sustituye como fiscal a Multinovic por su asistente Plavac. Bajo la ley de Borduria, el nuevo fiscal puede formular, a quien resulte sospechoso de asesinato, una pregunta que requiera sólo una respuesta positiva o negativa, sin embargo, el nuevo fiscal puede suponer no tener conocimiento previo de las respuestas a las preguntas que ha hecho un fiscal anterior. En otras palabras, Plavac debe empezar desde el principio.

Si fueras Plavac, ¿qué les preguntarías a los gemelos? Recuerda que se permite sólo una pregunta para cada sospechoso, sin embargo, la pregunta puede no ser la misma para cada uno de los acusados.

Pista: No olvides que uno de los hermanos *siempre* miente, aunque sea para su desventaja. ¿Qué sucedería si en la Parte 2, el testigo estuviera equivocado o si ambos hermanos estuvieran implicados? Cuando llegues a la Parte 3, te ayudaría hacer una pregunta a la que tú y los hermanos saben la respuesta verídica.

Un tipo de acertijo lógico que con frecuencia se aplica a situaciones de la vida real

Existen relativamente pocos formatos en los que se puedan acomodar los llamados acertijos lógicos. Los personajes y las situaciones dentro de los que interactúan cambian, pero la norma básica se repite. Una vez que esa clave se conoce, con frecuencia es posible detectar un patrón semejante en un dilema que alguna persona tenga que enfrentar en la realidad.

El tipo de enigma lógico que representan los siguientes acertijos es antiguo, tal vez tanto como la corteza cerebral. "El dilema familiar" es una variante del acertijo del viejo granjero, el zorro, el ganso y el saco de semillas que hemos incluido en su versión original histórica en la siguiente página. El acertijo de "Anders" es diferente en detalle y estructura, pero implica en esencia la misma clase de reflexión.

Esperamos que nunca tengas que enfrentar estas situaciones específicas. Las soluciones, pues hay más de una, requieren una ligera inversión de los procedimientos estándar. Ésta es la razón por la que estos acertijos se pueden traducir a situaciones de la vida real de forma tan oportuna.

Como en la mayoría de los acertijos lógicos que requieren la habilidad de planificar con anticipación, la solución llega más fácilmente si uno puede visualizar con claridad situaciones alternativas. Por eso es necesario retener en la mente cada una de esas mini-escenas el suficiente tiempo para poder evaluar sus consecuencias antes de conservarlas o descartarlas.

EJERCICIO: Un dilema familiar

Antonio invitó a su madre y a su suegra a que fueran a su casa para que él y su esposa las pudieran llevar a comer a un restaurante cercano. Ya que sólo él tiene automóvil, Antonio las tiene que llevar a todas al restaurante. Sin embargo, hay ciertas complicaciones. Su automóvil es un Fiat convertible de sólo dos asientos, así que únicamente puede llevar a un pasajero a la vez. Además, su suegra no se lleva muy bien con su madre, y su esposa y su madre también tienen una relación bastante tensa, así que no puede dejar en ningún momento a su madre sola ni con su esposa ni con su suegra, ni en su casa ni el restaurante. ¿Cómo puede transportarlas al restaurante una a la vez y evitar dejar solas a dos personas que no se simpatizan? (Tampoco puede dejar a ninguna en algún otro lugar) *(Vea la "pista" de la página 40).*

EJERCICIO: el acertijo del zorro, el ganso y el saco de semillas

Un "dilema familiar" es una variante del acertijo del viejo granjero, el zorro, el ganso y el saco de semillas. Dice así:

Un granjero desea transportar un zorro, un ganso y un saco de semillas de un lado a otro de un río. Sin embargo, en su lancha sólo puede llevar a uno a la vez. Si deja solos al zorro y al ganso en la orilla del río, el zorro se comerá al ganso. Si deja juntos al ganso y el saco de semillas, el ganso se comerá las semillas.

¿Cómo puede transportar a los tres al otro lado?

Pista para el dilema familiar: Existen un par de respuestas posibles, pero ambas requieren lo siguiente: Ya que Antonio se lleva bien con las tres mujeres, pero una de ellas no congenia con ninguna de las otras dos, lo que debe hacer es pasar la mayor parte de su tiempo con esa mujer y nunca dejarla sola con ninguna de las otras dos.

EJERCICIO: El dilema de Anders

Anders Andert Anderson se ha puesto en camino hacia un fuerte fronterizo en Alaska que implica una caminata de seis días desde Shungnak a través de una extensión desolada de nieve y hielo. Como puedes ver, un hombre no puede ir solo porque sus provisiones no le alcanzarían hasta llegar a su destino. ¿Cuántas personas se necesitarían para cargar provisiones y poder así tener la seguridad de que Anders llegue al fuerte y sus asistentes regresen a Shungnak?

Pista: Sin importar el número de personas que salgan de Shungnak, sólo Anders tiene que llegar al fuerte. Sin embargo, recuerda: También los asistentes necesitan comer, así que asegúrate que ellos también tengan suficiente alimento y agua que los lleve de regreso a casa.

EJERCICIO: El menú, por favor

Cinco viejos amigos se reunieron en su restaurante favorito. Cada uno ordenó una bebida, una entrada y un postre. John y el Sr. Jackson pidieron martinis, James y el Sr. Jones ordenaron whisky escocés. El Sr. Jenkins tomó un refresco de cola, ya que él era el que manejaba. John y el Sr. Jennings ordenaron filete, Joe y el Sr. Jenkins pidieron rosbif. De postre, Joe y el Sr. Jordan tomaron pastel de chocolate, mientras que Jerry y el Sr. Jenkins pidieron pastel de queso. El otro hombre tomó helado. A ninguno de los dos amigos que se sentaron juntos le sirvieron lo mismo. ¿Quién tomó faisán y qué comió Jake?

Pista: Se ha dado el lugar y el nombre de cada hombre:
1. Jackson; 2. Jones; 3. Jordan; 4. Jenkins; 5. Jennings.

Cómo sentirte feliz sin necesidad de drogas

Como todo actor sabe, se puede fingir cualquier expresión facial y lenguaje corporal que representen una cierta emoción. Sin embargo, la respuesta emocional en sí, por lo general, no la puede controlar la persona que la experimenta. La estimulación emocional es normalmente subconsciente, aun cuando la corteza cerebral puede modificar de manera consciente muchas de las manifestaciones externas de la estimulación.

Existe una evidencia fuerte de que las personas son capaces de cambiar su estado de ánimo con sólo cambiar su expresión facial, postura y forma de moverse, para lograr así reflejar una emoción diferente de la que están sintiendo en ese momento. Por ejemplo, si alguien se siente deprimido, puede aparentar y comportarse como si estuviera feliz —el resultado será que en realidad empezará a *sentirse* más contento—. Los patrones de acción de los músculos y los nervios que producen una expresión de felicidad en este ejemplo, también provocan otros cambios neurológicos que ayudan a que la persona se sienta en verdad más feliz.

Un elemento de la expresión facial que es una advertencia secreta de la estimulación emocional, es difícil de fingir, pero otra persona lo puede observar con facilidad. Las investigaciones sobre los mecanismos de las respuestas emocionales que se llevaron a cabo en la década de 1960 en la Universidad de Chicago, bajo la dirección de Eckhard Hess, revelaron que la pupila del ojo humano aumenta de tamaño cuando se despierta el interés de esa persona. Muchos otros síntomas de la estimulación emocional, incluyendo los que miden los polígrafos detectores de mentiras, como son, por ejemplo, la aceleración del ritmo cardiaco, la sudoración, la temperatura de la piel, así como el cambio en el tamaño de la pupila, no están bajo el control consciente del individuo.

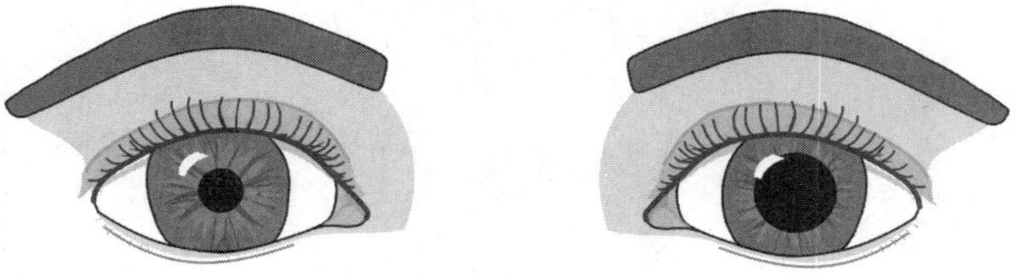

AUTOEVALUACIÓN: ¿Estás interesado?

La mayoría de las personas opinan que una mirada que estimula el interés emocional hace que una persona parezca más atractiva a los demás. Para evaluar esta teoría por ti mismo, observa los dos rostros que se muestran a continuación y selecciona el que te parece más atractivo, el de arriba o el de abajo.

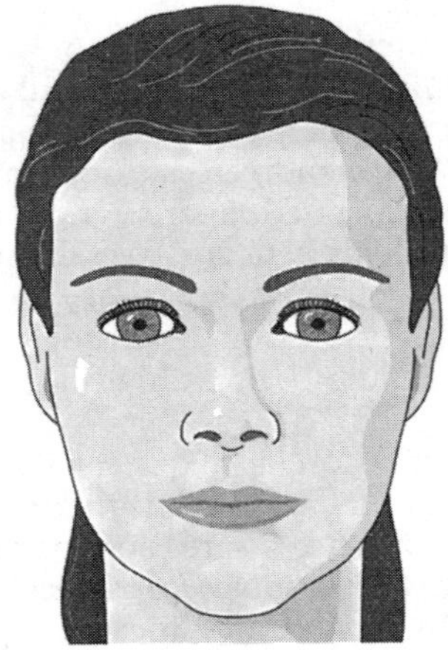

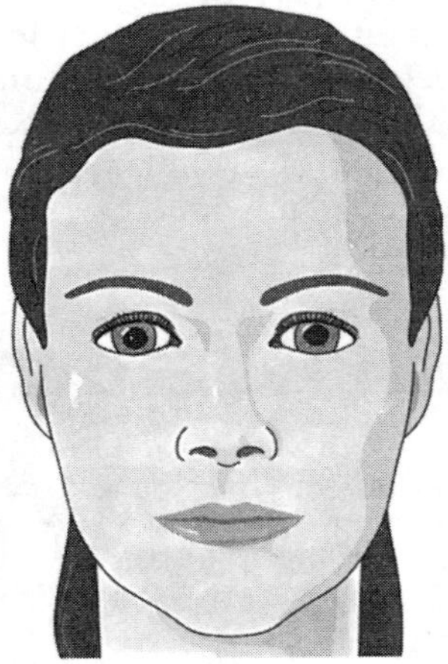

Pista: Las pupilas de los ojos aumentan de tamaño cuando se estimula el interés emocional de una persona.

La noche en que un hombre de mediana edad golpeó su buró durante el sueño

En un estudio reciente, por medio de escáneres cerebrales de sujetos que movían de cierto modo una palanca de mando o que simplemente se imaginaban que la movían de esa manera, se descubrió que alrededor del 80% de los sistemas de circuitos que se utilizan cuando se mueve de manera física una palanca de mando, se emplea también cuando se hace el ejercicio de forma estrictamente imaginaria. Esto demuestra que si se imagina mentalmente una acción física como la de oscilar un palo de golf o tocar el piano, se activa la mayor parte de los circuitos cerebrales que se utilizan cuando físicamente se realiza la acción y de este modo se fortalecen las conexiones de las células del cerebro que se necesitan para un desempeño experto. (Véase "¿En qué se ocupa el cerebro…?", página 177).

El papel del sueño MOR (Movimiento Ocular Rápido) en el fortalecimiento de los comportamientos aprendidos

En el sueño MOR (fase durante el sueño normal en el que los globos oculares se mueven con rapidez debajo de los párpados cerrados), hacemos movimientos de forma mental y no física. En esta fase, por norma general, las neuronas en la médula espinal que envían mensajes a los músculos están inactivas. Esto hace que sea físicamente imposible mover nuestro cuerpo en respuesta a las señales del tronco cerebral que envía mensajes a los músculos. (Se relata que un hombre de edad media que padecía un desorden neurológico, se lastimó al atajar su buró probablemente durante la fase MOR, mientras hacía en sueños una repetición de un encuentro de fútbol americano).

Al soñar ensayamos nuevas experiencias para ayudarnos a recordarlas cuando las necesitemos

Puesto que la proporción de sueño MOR en el ciclo del sueño se incrementa durante los periodos de aprendizaje activo de nuevas tareas, el acto de soñar y el de aprendizaje parecen estar vinculados. Es probable que todos hayamos tenido la experiencia de realizar alguna tarea física repetitiva durante todo el día, como escribir a máquina, manejar una caja registradora, pintar casas, limpiar con un chorro de arena, o cosas por el estilo, sólo para soñar que se realiza la mismísima tarea esa noche después de que nos quedamos dormidos. Esos sueños pueden ayudar a la función de reforzamiento de la conexión de células que se necesita para realizar la tarea en el futuro, con más fluidez y sin esfuerzo ¡lo queramos o no!

¿Por qué los sueños son tan "quiméricos o fantásticos"?

Muchos investigadores opinan que la clave para entender la naturaleza extraña de los sueños, yace en dos diferentes series de neuronas en el tronco cerebral primordial que libera dos clases diferentes de señales químicas.

Una serie libera los químicos "adrenérgicos", químicos que interactúan con la adrenalina y los receptores de los nervios simpáticos que liberan adrenalina, que son los que mantienen la menta alerta, atenta y libre de imágenes perdidas. Estas neuronas están activas cuando estamos despiertos e inactivas cuando estamos dormidos.

La otra serie libera químicos "colinérgicos" que interactúan con la acetilcolina y los receptores sensibles a la acetilcolina. Estos químicos estimulan los centros motores del organismo, los centros emocionales y los centros que procesan la información. Mientras que los elementos nerviosos colinérgicos están activos durante el día, éstos golpean a gran velocidad cuando nos quedamos dormidos y envían irrupciones de impulsos desde el tronco cerebral hasta las regiones más elevadas del cerebro.

Cuando se estimulan los centros motores, visualizamos toda clase de movimientos que expresaríamos de forma física si no fuera por el hecho de que el cerebro también envía una señal a la médula espinal que paraliza todos nuestros músculos, excepto los ojos. Ésa es la razón por la que normalmente no nos movemos ni nos desplazamos de un lado a otro mientras dormimos y también es la razón por la que el lapso de tiempo en el que soñamos se asocia con movimientos rápidos de los ojos, de aquí el término MOR, que se utiliza para la fase durante la cual es más probable que soñemos.

La estimulación de químicos colinérgicos de las zonas emocionales del cerebro explica la frecuencia de la ansiedad en los sueños y en las pesadillas, así como nuestras experiencias de erotismo, ira y exaltación gozosa.

Razón por la cual los sueños nos proporcionan percepciones tan valiosas

Tal vez la parte más fascinante es la estimulación de los centros cerebrales del procesamiento de la información. Esto es lo que explica la lógica tan especial y la coherencia de los sueños. Debido en parte a la supresión de las partes de nuestro cerebro que son sensibles a los químicos adrenérgicos, el contenido de los sueños parece estar diametralmente opuesto a las normas de razonamiento que seguimos cuando estamos activos y concentrados. Mientras el tronco cerebral libera sus explosiones de químicos colinérgicos, nuestros centros procesadores de información que están siendo estimulados, tratan de hacer sentido de las imágenes que se generan, fuera de los impedimentos de un estado de concentración.

Ésta es también la razón por la que nuestros discernimientos más creativos se dan en los sueños y la razón por la que los científicos y los artistas con frecuencia encuentran durante el sueño, la solución a un problema que les preocupa. No se trata de que seamos más o menos "inteligentes" mientras soñamos. Nuestra inteligencia es simplemente diferente cuando estamos dormidos: más asociativa, más integradora y menos lineal. Cualquiera que haya visto la película *The Last Wave* comprenderá que como muchas culturas creen y para nuestro propio riesgo, ignoramos nuestros sueños y las percepciones que obtenemos de ellos.

Los sueños y el desvarío

Es esa la razón por la que los sueños nos producen tanta fascinación. Nos hacen percibir lo que implica ser una clase diferente de persona, o hasta un tipo de animal diferente. Nos hacen vislumbrar lo que podría ser el mundo desde la perspectiva de un ser viviente que es inteligente pero que grotescamente carece de conciencia de sí mismo. También nos muestran cómo se podría ver el mundo a través de los ojos de una persona demente. De hecho, algunos esquizofrénicos tienen un exceso de neuronas colinérgicas que pueden explicar las alucinaciones características de esa enfermedad mental.

EJERCICIO: Ejercicio de la vida real de Feynman en el control de los sueños

El siguiente relato describe el intento que llevó a cabo con éxito una persona, no sólo para controlar el contenido de sus sueños, sino para poder, a voluntad, *percibir* color y *experimentar* sensaciones. El objetivo de este ejercicio es estimularte a que tú lo intentes.

Cuando el físico Richard Feynman era un joven estudiante universitario del MIT (Instituto Tecnológico de Massachussets),tuvo una experiencia real en sueños, de aquellas que se presentan como una manifestación de ansiedad durante los sueños de innumerables estudiantes universitarios y recién egresados de la carrera. Al final de un curso de filosofía que duró un año y del que no pudo entender nada de lo que el profesor había dicho, se le asignó escribir un ensayo sobre lo que el instructor había estado enseñando durante todo el año. No sabía cómo hacerlo hasta que recordó que el profesor alguna vez había mencionado el término "flujo del estado consciente". Así que decidió escribir sobre los sueños.

Feynman abordó la tarea como cualquier buen científico lo haría: no sólo a través de la introspección, sino también por medio de la observación. Lo primero que hizo fue observarse a sí mismo durante el proceso de quedarse dormido. Descubrió que sus monólogos internos y sus formaciones de imágenes mentales se tornaban totalmente ilógicas mientras se dejaba llevar por el sueño. Nunca antes lo había notado, simplemente porque nunca antes le había prestado atención. Por supuesto, el hecho de hacer esta observación lo volvía a despertar, así que decidió continuar con otras cuestiones.

Un poco después, con la práctica, aprendió el truco de observarse mientras soñaba. Descubrió que el departamento del cerebro" "encargado de la visión" podía producir imágenes tan claras y detalladas como cualquier visualización que implicara estímulos externos reales. Observó que soñaba a colores. (¿Y tú?, ¿cómo lo sabes?) Aprendió que si lo deseaba, podía ver cada uno de los cabellos de la cabeza de una mujer que estuviera acostada junto a él en el sueño y que hasta podía reproducir el efecto de difracción como arco iris que salía de los folículos. (¿Puedes soñar con tanta intensidad? ¿Cómo lo sabes?) Aprendió que al pasar en sueños su dedo ilusorio sobre una tachuela imaginaria, el departamento del cerebro "encargado de las sensaciones" también podía volver a crear impresiones tangibles y vívidas a pesar de la falta de toda energía sensorial. No sólo eso, también descubrió que podía cerrar a voluntad uno de los "departamentos" y dejar el otro funcionando —hacer que la tachuela desapareciera y pasar su dedo sobre el lugar en donde había estado y seguir sintiéndola.

Para su deleite, descubrió que podía manipular a voluntad el contenido de sus sueños.

¿Qué tan cohibido eres?

La mayoría de las personas cuando se les pide que evalúen su propia sociabilidad, sus autoevaluaciones resultan muy diferentes a las que hace un observador acerca de su comportamiento en una situación social. Sin embargo, cuando las personas se sientan frente a un espejo, tienden a ser más exactas en su dictamen. En las interacciones sociales, la tendencia de las personas a considerarse responsables de lo que sucede durante la interacción, tiende a incrementarse si se pueden ver reflejadas en un espejo. Cuando a las personas se les induce al enojo, reaccionan con más agresividad si cobran mayor conciencia al ver el reflejo de sí mismos.

Si te rechazan ¿piensas que es tu culpa?

Algunas personas tienden a considerarse a sí mismas como si siempre estuvieran frente al espejo. Si en una reunión alguien las rechaza, es muy probable que se consideren responsables del rechazo. Si hacen alguna presentación en su trabajo que no es bien recibida, sienten que han fracasado en lugar de considerar que la audiencia no fue receptiva. Si se les hace enojar, reaccionan con mayor emotividad que los que pasan menos tiempo ponderando su propio estado interno. Estas personas, con un mayor grado de timidez, pasan buena parte de su vida como si estuvieran viendo su propio reflejo en un espejo.

Muchos teóricos consideran lo que nosotros vagamente llamamos cohibición o timidez, como una situación que se puede pormenorizar en por lo menos dos componentes: la cohibición o timidez personal y la pública. La personal es aproximadamente aquella a la que nos referimos como conciencia de uno mismo o introversión: acto de centrarse en el estado interno, disposición de ánimo y motivación personal. La cohibición pública se refiere más bien a las perspectivas y evaluaciones de los demás. Es posible que la cohibición o timidez privada o personal sea más o menos un prerrequisito para la pública, aunque se puede ser tímido en lo privado sin preocuparse demasiado de la reacción de las demás personas. Por último, la timidez o cohibición pública puede o no conducir a una ansiedad o angustia social: sensación frecuente de temor por las opiniones y reacciones de las demás personas respecto a uno mismo en una situación social.

AUTOEVALUACIÓN: Inventario de la cohibición o timidez

Contesta las siguientes preguntas para determinar tu grado de timidez pública, privada o personal y tu ansiedad o angustia social. Al finalizar la "autoevaluación" suma los puntos como se muestra en el recuadro de resultados o puntuación.

1. *En una reunión te presentan a una joven. Ella menciona que trabaja en un hospital. Le preguntas si es enfermera. Ella se sonroja y responde que es doctora. Tú*

   a) te turbas sobremanera debido a tu torpeza social (2 puntos)
   b) su desconcierto te divierte, y/o evalúas a la joven como una persona insegura (0 puntos)

2. *¿Pasas mucho tiempo tratando de discernir la razón por la que escogiste tu profesión, pensando por qué das dinero a algunas personas en la calle y no a otras, y en general sobre los motivos que tienes para actuar de la forma en que lo haces?*

   a) Sí, mucho (2 puntos)
   b) Rara vez (0 puntos)

3. *Cuando vas de compras al supermercado ¿te agrada charlar con el supervisor, aunque nunca antes lo hayas visto?*

   a) Rara vez (2 puntos)
   b) Con frecuencia (0 puntos)

4. *¿Pasas mucho tiempo tratando de entenderte a ti mismo?*

   a) Sí, mucho (2 puntos)
   b) No, es pérdida de tiempo (0 puntos)

5. *Cuando caminas por una zona comercial, ¿te contemplas en los cristales de los aparadores por donde pasas?*

   a) Sí, con frecuencia (2 puntos)
   b) No (0 puntos)

(continúa en la siguiente página)

6. *¿Piensas mucho en la imagen que proyectas en los demás?*
   a) Sí (2 puntos)
   b) No, eso no es importante para mí (0 puntos)

7. *¿Pasas mucho tiempo tratando de deducir los orígenes de los aspectos de tu personalidad o comportamiento que hacen que seas menos feliz o tengas menos éxito del que de otra forma tendrías?*
   a) Sí (2 puntos)
   b) No (0 puntos)

8. *¿Con frecuencia te preocupas o angustias cuando tienes que hablar frente a grupos numerosos?*
   a) Sí (2 puntos)
   b) No, eso es una indicación de inmadurez (0 puntos)

9. *Cuando sales de tu casa ¿te miras al espejo antes de abrir la puerta?*
   a) Sí, por lo general (2 puntos)
   b) Normalmente, no (0 puntos)

10. *¿Con frecuencia te preocupa el dejar una buena impresión en los otros?*
    a) Sí (2 puntos)
    b) No (0 puntos)

11. *Cuando se presenta una situación nueva ¿te sientes con frecuencia tímido o inhibido al inicio?*
    a) Sí, y me toma algún tiempo superarlo (2 puntos)
    b) No, ¿qué caso tiene? (0 puntos)

12. *Por lo general, estoy consciente de los cambios en mi estado de ánimo.*
    a) Sí (2 puntos)
    b) No lo creo (0 puntos)

(continúa en la siguiente página)

Resultado o Puntuación:

Para obtener el **resultado o puntación personal de tu inhibición o timidez,** suma el total de puntos de las preguntas 2, 4, 7 y 12.

Alto: 6-8 puntos
Promedio: 4 puntos
Bajo: 0-2 puntos

Para obtener el **resultado o puntuación de tu inhibición o timidez pública,** suma el total de puntos de las preguntas 5, 6, 9 y 10.

Alto: 6-8 puntos
Promedio: 4 puntos
Bajo: 0-2 puntos

Para obtener el **resultado o puntación de tu preocupación o ansiedad social,** suma el total de puntos de las preguntas 1, 3, 8 y 11.

Alto: 6-8 puntos
Promedio: 4 puntos
Bajo: 0-2 puntos

Si eres deshonesto e indolente, es probable que no puedas culpar de ello a tus padres

Si hubiera alguna parte de nuestra mente que pudiéramos considerar como efecto de "la educación" que se recibió y no de "la naturaleza", tal vez sería la parte que alberga la moralidad y la conciencia social. Los candidatos más probables del comportamiento que se aprende más que del que es innato, podrían ser las funciones ejecutivas, como la autoinspección, la formulación de planes y el manejo de uno mismo y de los otros para lograr una meta deseada. Sin embargo, aun estas facultades humanas elevadas y ostensibles, se desarrollan por vía de una interacción entre el medio ambiente, en particular los estilos de formación infantil que otorgan quienes proporcionan los cuidados y las tendencias innatas. A continuación presentamos un modelo que explica la forma en que funciona.

Las diferencias individuales de temperamento se empiezan a revelar a una edad muy temprana. Hasta los recién nacidos manifiestan diferentes niveles de angustia y diversos grados de frustración y temor, ya que estas emociones surgen durante los primeros meses de desarrollo. De hecho, uno de los cinco indicadores fisiológicos de la timidez se hace patente aún antes del nacimiento: los niños que resultan tímidos tienen pulsaciones cardiacas más aceleradas mientras están en el vientre. Como a los seis meses, los pequeños aprenden a relacionarse e interactuar con su entorno de una forma más positiva, aprenden lo que se conoce como comportamiento relacionado con el acercamiento. Un poco después, por un esfuerzo de su voluntad, los infantes aprenden a inhibir este comportamiento, a controlar su interacción con los elementos y con las personas que los rodean. Este proceso de aprendizaje continúa durante gran parte de la etapa de la niñez y se cree, que aún después.

Las lecturas de un electroencefalograma muestran diferentes niveles de activación de la línea de referencia en las partes "motivadoras" e "inhibidoras" de los lóbulos frontales del cerebro de los infantes, las que corresponden a las diferencias en el grado en el que se caractericen como "inhibidos", "tímidos" o " inquietos". Aunque todos los niños entran en un periodo de "comportamiento inhibido" más o menos a la misma edad (siete meses), algunos parecen estar más predispuestos que otros para contemplar su entorno con cautela.

¿Es acaso que algunos temperamentos son "buenos" y otros "malos"?

Desde cierta perspectiva, es erróneo considerar el temperamento en términos absolutos. Un temperamento dado puede resultar en un individuo bien o mal adaptado, dependiendo de qué tan bien se adapte a las exigencias y expectativas de los demás —un concepto que a veces se conoce como "la virtud de la concordancia"—. Diversas culturas fijan distintos valores a los diferentes perfiles de temperamento y es posible que las diferentes ocupaciones o subculturas puedan recompensar o castigar a las clases de temperamento que discrepan de las normas de una cultura dominante.

En un nivel de proceso de desarrollo, lo que esto significa es que la tendencia temperamental innata de un infante se inclinará a evocar una reacción diferente de la madre o de la tutora dependiendo de la cultura o temperamento individual de la madre misma. Los niños con propensión a la angustia tienden a desarrollar diferentes personalidades, dependiendo de si su madre es alemana o japonesa, ya que es más probable que las madres alemanas esperen que sus hijos manejen sus retos emocionales de forma independiente.

Sin embargo, en nuestro relativismo de criterio amplio, sólo podemos llegar hasta un punto limitado. Todos los seres humanos, independientemente de la cultura, responden biológicamente de forma negativa ante los chillidos de un bebé. Hasta cierto punto, esto tiene una finalidad útil, ya que despierta el deseo de consolar, de calmar y de estrechar. No obstante, demasiados chillidos también pueden ocasionar que la madre evite y hasta rechace a su bebé. Sin importar la cultura, los niños propensos a la angustia cuyas madres los evitan o rechazan tienen mayor probabilidad de volverse desadaptados, comparados con aquellos cuya madre les responde con un comportamiento complaciente. Las reacciones que provienen del temperamento innato influyen en el comportamiento futuro de un niño y ciertos temperamentos tienden a traer consigo algunos riesgos inherentes.

Una pequeña dosis de ansiedad o angustia es favorable...

Si un niño por alguna causa fuera incapaz de aprender a inhibir sus impulsos, en casi todas las culturas tendría riesgos posteriores serios. Aunque la culpa, la vergüenza y la ansiedad puedan *parecer* características poco saludables en un niño, son, en realidad, favorables en el aprendizaje de la autorregulación que requiere esfuerzo y en la adquisición de un comportamiento moral.

Si un niño tiene un centro de "ansiedad" hiperactivo en el lóbulo frontal derecho, es posible que aprenda este proceso de autorregulación con mayor rapidez. Además, es también posible que al crecer se convierta en un fóbico social. No es mera coincidencia que los fóbicos y los obsesivos-compulsivos tiendan a mostrar empatía y un alto grado de sensibilidad hacia las necesidades y sentimientos de los demás.

Por otra parte, si el niño tiene niveles básicos de activación bajos del centro de "ansiedad" del lóbulo frontal derecho y un umbral alto para la ansiedad, la culpa y la vergüenza, tal parece que le sería mucho más difícil desarrollar un control de los impulsos, una conciencia social y estándares morales de comportamiento. (La alternativa de un género masculino para este infante y la de un género femenino para quien es ansioso en extremo, no es arbitraria; tal parece que los niños y las niñas tienden a diferir en estos términos).

Además, el temperamento no determina la moralidad; simplemente trae consigo ciertas predisposiciones y riesgos. El niño que por naturaleza es ansioso e inhibido, no desarrollará una conciencia social fuerte si ciertos modelos adecuados están ausentes en su entorno —el tutor que le ayuda a comprender las consecuencias de sus actos y la razones por las que él o ella deben o no hacer ciertas cosas—. Aún el niño que tiene un umbral de ansiedad y culpa alto en extremo, puede incorporar estándares morales si el tutor lo trata con paciencia y comprensión, más que si sólo lo castiga, lo amenaza o lo ignora.

... sin embargo, demasiada ansiedad es nociva

Dada la relación que existe entre la ansiedad o la inhibición y el desarrollo, no sólo de la moralidad sino también de las funciones ejecutivas de autorregulación, atención y formulación de planes, uno podría suponer que los niños ansiosos serían más propensos a convertirse en adultos con un alto rendimiento. Parece no ser cierto que los niños pequeños que tienen una aptitud muy desarrollada de autocontrol con esfuerzo, lleguen a desempeñarse mejor en el aspecto académico cuando crezcan. Por otra parte, es posible que los niños que son *demasiado* ansiosos, lleguen a desarrollar un estilo evasivo de comportamiento y es probable que dado que están tan preocupados por inspeccionar amenazas imaginarias, puedan tener dificultad para centrar su atención en información nueva y compleja.

EJERCICIO: Lógica del lóbulo frontal

Una habilidad que se asocia con el lóbulo frontal del cerebro es la de retener una opción en tu mente mientras investigas sus vinculaciones secuenciales. El poder recordar opciones es un prerrequisito trascendental para predecir las consecuencias de tus acciones y planificar y manipular acontecimientos futuros.

Parte 1.

El Director Ejecutivo de cierta corporación se enfrentó con un problema propio de los tiempos: la reducción de personal.

"Hemos reducido nuestra nómina a la mitad", le explicó a su asistente. "Mas ¿cómo me aseguro de que los que despido no regresarán el favor con un ataque? Sabes, eso sucede con frecuencia".

"No es problema", le contestó su asistente, quien sabía algunas cosas de lógica y sicología humana. "No despida a nadie. Deje que ellos solos se despidan. De esa manera no pueden culparlo. Sólo permita que yo lo maneje".

El asistente mandó llamar a su oficina a cada uno de los empleados, uno a uno. Conforme entraba cada empleado, el asistente explicó que tenía sobre su escritorio dos sobres. Uno contenía un aviso de despido y el otro contenía una renovación de contrato.

"Todo lo que tiene que hacer", le diría a cada empleado con un guiño del ojo, "es escoger el correcto".

"¿Cómo sabré cuál es cuál?" le preguntaría el empleado.

"Es sencillo, simplemente lea lo que está escrito en los sobres".

Los sobres tenían las siguientes instrucciones:

Sobre A

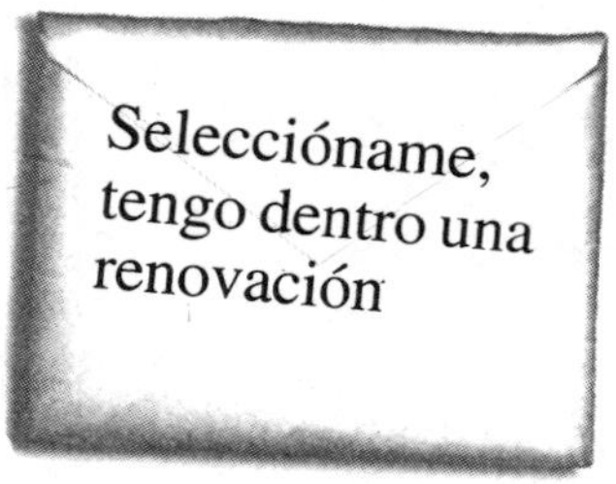
Selecciónname,
tengo dentro una
renovación

Sobre B

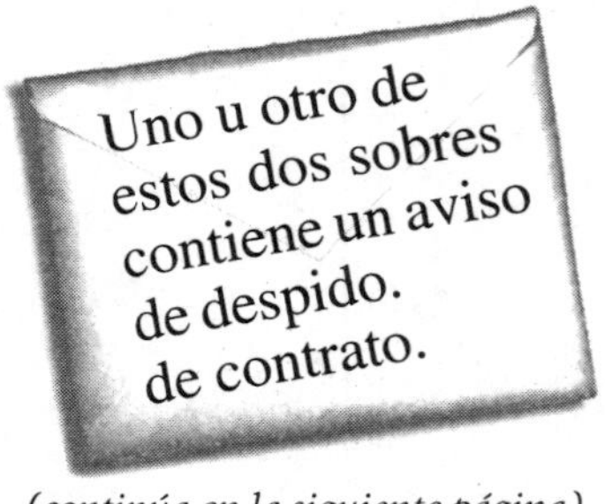
Uno u otro de
estos dos sobres
contiene un aviso
de despido.
de contrato.

(continúa en la siguiente página)

"¿Son estas instrucciones ciertas y precisas?" le preguntaría el empleado.

"Sólo una", le contestaría el asistente.

"¿Cuál?"

"Si te lo dijera", contestaría el asistente en un tono de amonestación, "te estaría negando la oportunidad de demostrar tu estima por la compañía. Si no lo puedes deducir por ti mismo, entonces con seguridad no mereces una renovación de contrato".

Si tú fueras el empleado, ¿qué sobre seleccionarías y por qué? (Véase la "pista" de la página 60).

Parte 2.

Al día siguiente, el Director Ejecutivo no estaba del todo satisfecho.

"Les has dado a diez empleados una oportunidad con tu acertijo y todos escogieron el sobre correcto. Creo que no lo estás haciendo lo suficientemente difícil".

Así que el asistente estuvo de acuerdo de dar un giro al acertijo. Les explicó a cada uno de los empleados que tenía dos sobres; ambos podían contener un aviso de despido o ambos podían contener una renovación de contrato; o uno podía tener un aviso de despido y el otro una renovación de contrato. Presentó uno de los sobres en la mano izquierda y el otro en la derecha. Si el sobre de la mano izquierda tuviera una renovación de contrato, las instrucciones del sobre serían las correctas, mas si tuviera un aviso de despido, las instrucciones serían incorrectas. Para el sobre de la mano derecha, si la renovación de contrato se encontraba dentro, las instrucciones serían falsas; si contenía un aviso de despido, las instrucciones serían correctas.

Los sobres tenían las siguientes instrucciones:

Sobre de la izquierda

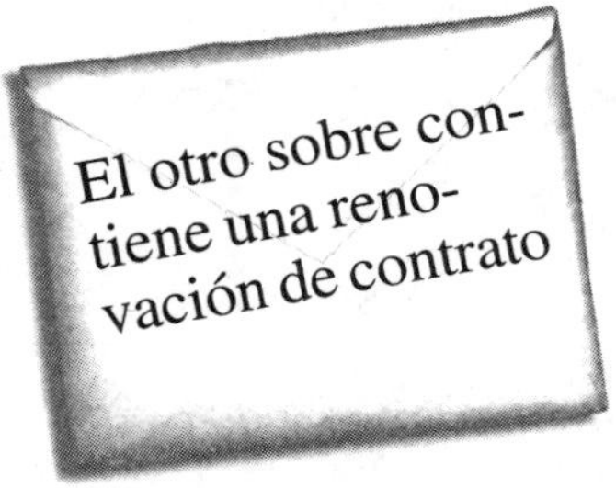

El otro sobre contiene una renovación de contrato

Sobre de la derecha

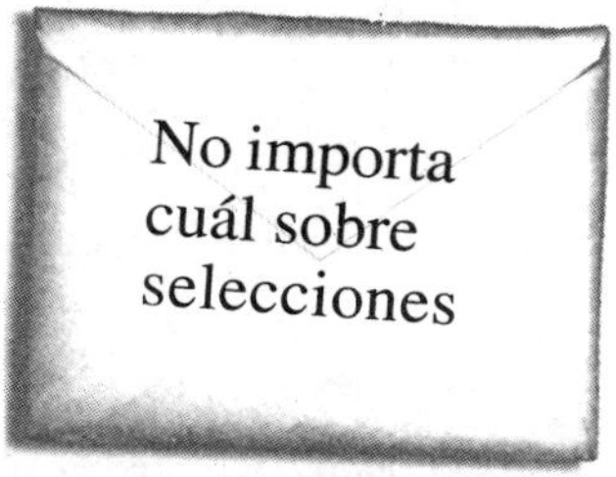

(continúa en la siguiente página)

Si tú fueras el empleado, ¿qué sobre seleccionarías y por qué?

Parte 3.

Al tercer día, el Director Ejecutivo estaba aún más perturbado.

"Veinte empleados tuvieron la oportunidad de adivinar tu acertijo y ¡todos lo lograron! Esto no me está ayudando a resolver mi problema de nómina de honorarios.¡Tienes que hacer aún más difícil el acertijo!"

El asistente se quedó reflexionando por unos instantes.

"Los empleados restantes son muy inteligentes. No sé si podré hacer el acertijo lo suficientemente difícil. Aun así, si uno o dos cometieran un error, la nómina de pagos no se reduciría a la mitad. Sin embargo, existe una solución que aún no he experimentado".

"De todos modos, inténtalo. Si no ha funcionado para el final de la asamblea de accionistas que tendremos mañana", añadió el Director con una mirada amenazadora, "por lo menos sé de una cabeza de esta nómina, que rodará".

En la asamblea de accionistas del día siguiente, el asistente se puso de pie para explicar el problema a los accionistas. Terminó su presentación con las siguientes consideraciones:

"Hasta el momento, nuestra nómina de honorarios todavía se encuentra al doble de lo que debiera estar. El problema es que, hasta ahora todos los empleados han sido demasiado inteligentes como para escoger el aviso de despido. Sin embargo, como observarán los accionistas", dijo mientras señalaba a una gráfica en forma de pastel que había preparado la noche anterior, "la mitad de la nómina se utiliza en el salario de un solo ejecutivo".

El Director Ejecutivo palideció.

El asistente continuó, "si pudiéramos tener una forma legítima de rectificar esta situación, entonces nuestros problemas de nómina se resolverían al instante. Por lo tanto propongo presentar el acertijo más difícil a aquel que gana más:¡el Director Ejecutivo!"

Los accionistas reunidos susurraron su aprobación.

Volviéndose hacia el Director Ejecutivo, el asistente le dio la siguiente explicación:

"Señor, tengo aquí tres sobres".

"¡Tres sobres!" exclamó el Director Ejecutivo. "¡No es justo! ¡Los otros sólo tuvieron que escoger entre dos!"

"Es verdad, pero usted me dijo que hiciera el acertijo aún más difícil..." el asistente añadió con un guiño travieso, "y seguramente usted es por lo menos 50% más inteligente que los soldados rasos. Después de todo usted gana 50 veces más".

El Director Ejecutivo expresó indignación con la mirada, pero se quedó callado.

"De estos tres sobres", continuó el asistente, "uno contiene una renovación de contrato. Los otros contienen avisos de despido. Como de costumbre, cada sobre tiene un mensaje escrito. Sólo uno es verdadero. ¿Qué sobre escoge?"

Los tres sobres tenían los siguientes mensajes:

Sobre A

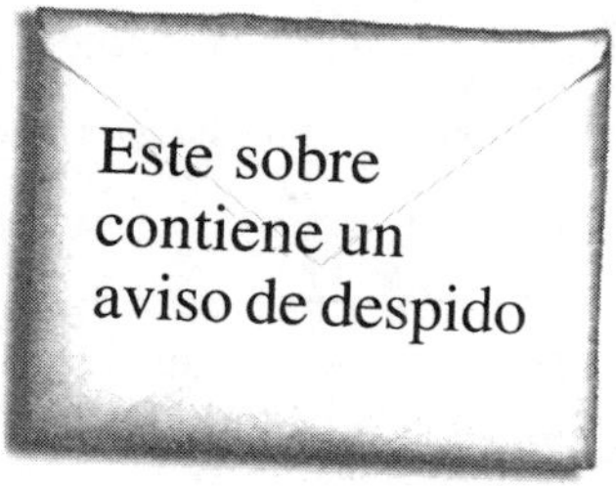
Este sobre contiene un aviso de despido

Sobre B

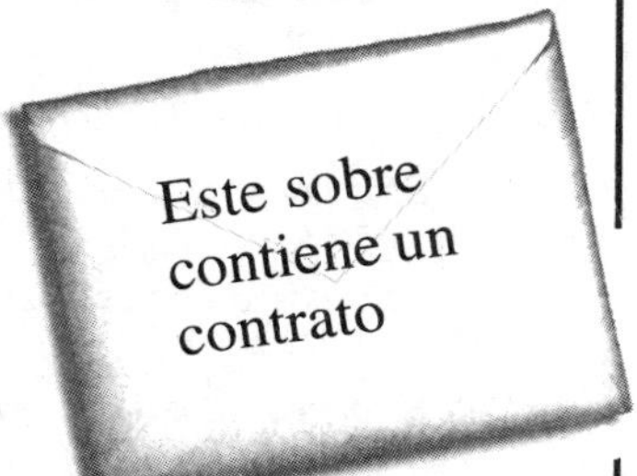
Este sobre contiene un contrato

Sobre C

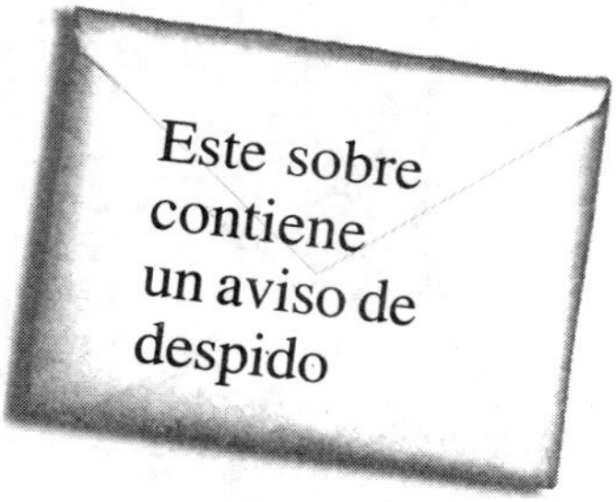
Este sobre contiene un aviso de despido

(continúa en la siguiente página)

¿Qué sobre escogerías? ¿Por qué?

Parte 4.

Al finalizar la junta, los problemas de nómina de la compañía se habían solucionado y los accionistas se fueron contentos.

El acertijo final: ¿Escogió el Director el sobre correcto?

Pista: Los accionistas quedaron tan complacidos con la solución del asistente que lo promovieron al puesto de Director Ejecutivo que acababa de quedar vacante.

EJERCICIO: Juicio: en caso de... entonces

A continuación se dan cinco aseveraciones:

1. *Sólo una de estas aseveraciones es falsa.*
2. *Sólo dos de estas aseveraciones son falsas.*
3. *Sólo tres de estas aseveraciones son falsas.*
4. *Sólo cuatro de estas aseveraciones son falsas.*
5. *Todas las cinco aseveraciones son falsas.*

¿Cuál de las aseveraciones, si existe alguna, es verdadera?

"Muéstrame el niño a los siete años y te mostraré al hombre": un indicativo genético de la personalidad

Con frecuencia, las parteras aseguran que pueden predecir el temperamento de un niño tan pronto como sale del canal cervical. Aquellos que prefieren creer en la maleabilidad y en la capacidad de mejoría del temperamento, rechazan de antemano dichas nociones; la personalidad, sostienen, recibe influencia del medio ambiente y no la determina la genética. Resulta que ambos están en lo correcto. Ciertos testimonios recientes confirman que algunos aspectos de la personalidad —aquellos que por tradición se conocen como "temperamento" —son más bien un producto de la educación, del entorno y de los valores que elegimos para nosotros mismos en un proceso perseverante de madurez emocional. Cuando ambos componentes se unen, contribuyen a nuestra personalidad como un todo. (Véase "Si eres deshonesto e indolente...," página 53).

Cuatro "temperamentos" heredados y tres "caracteres" aprendidos

Una de las versiones de este modelo de personalidad que desarrolló Robert Cloninger en la Universidad de Washington en St. Louis, postula cuatro componentes básicos de temperamento, y por lo menos tres formatos de carácter. Los cuatro componentes del temperamento son *la búsqueda de las innovaciones, la tendencia a eludir el daño, la dependencia de las recompensas y la tenacidad.* Los tres formatos del carácter son *la independencia, la colaboración y la trascendencia personal* (contraria al egocentrismo). Los cuatro temperamentos tienden a mantenerse estables desde la niñez hasta la edad adulta y no varían en las diversas culturas, mientras que los tres formatos del carácter pueden variar de manera significativa según la forma en que los factores ambientales los influencien. En conjunto y en parte, con base en estudios realizados en gemelos, se estima que alrededor de un 50% de lo que llamamos personalidad se determina de manera genética.

¿Tienes un temperamento que "busca las innovaciones"?

Cada una de las variables de los temperamentos se asocia con diferentes estructuras del cerebro y diferentes químicos cerebrales. La búsqueda de las innovaciones se regula por el neurotransmisor conocido como la dopamina, que está vinculado con el comportamiento relacionado con la

búsqueda del placer. Las personas que padecen la enfermedad de Parkinson, que se caracteriza por una disminución de la dopamina en las células nerviosas o de glía del cerebro, se vuelven severas, estoicas y pierden el interés por las innovaciones; sin embargo, la enfermedad no cambia su temperamento. Las personas que tienen un comportamiento que busca las novedades manifiestan una tendencia arriba de lo normal para consumir alcohol, nicotina y cocaína, sustancias que estimulan la transmisión de la dopamina en el cerebro. La tendencia a eludir el daño se asocia con el neurotransmisor conocido como la serotonina, mientras que la dependencia de las recompensas se regula por la norepinefrina.

Algunas investigaciones recientes han llegado a identificar genes específicos que contribuyen al comportamiento que busca innovaciones y al que elude daños. El gen que busca las novedades y que codifica las instrucciones para uno de los cinco receptores de la dopamina en el cerebro, tiende a ser más amplio en los individuos que habitualmente buscan la emoción de la aventura. Son impulsivos, fáciles de aferrarse a ideas novedosas e igualmente prontos para hartarse de ellas, les impacientan las estructuras y la monotonía. El gen que tiende a eludir el daño y que se involucra con la regulación de la serotonina, también tiene dos versiones, la más común es la que a la mayoría de nosotros nos predispone a la ansiedad crónica pero leve, parte característica de la condición humana. La variante menos común, algo así como "un Prozac natural", contribuye a un temperamento alegre y comunicativo en extremo.

Considerados uno a uno, los valores altos o bajos de las variables de los cuatro temperamentos, corresponden a las características de las diversas personalidades. (Véanse las "Autoevaluaciones" que se presentas en las siguientes páginas). Todos pueden tener valores altos, bajos o promedio para cada una de ellas.

Cada uno de estos parámetros varía de manera independiente de los otros y las diferentes combinaciones producen diversas tendencias de comportamiento. Alguien que tiene una propensión alta a buscar innovaciones pero una tendencia baja para eludir el daño, tendrá un riesgo marcado de manifestar un comportamiento autodestructivo como el abuso del alcohol. Una tendencia alta por la búsqueda de novedades combinada con una tendencia alta para eludir el daño puede resultar en un comportamiento conflictivo o neurótico como la bulimia (ingestión y depuración). Sin embargo, en cualquier caso, es decisiva la aportación del "carácter", aquellos aspectos de la personalidad en los que influyen más la educación y el medio ambiente. Por ejemplo, alguien con un nivel bajo de dependencia de las recompensas, digamos alguien que no sea conformista y desprecie las opiniones de los demás, es posible que tenga un nivel alto de colaboración y de trascendencia personal y por lo mismo actúe con tolerancia, respeto y compasión hacia los demás, como puede también tener principios morales altos. Adolfo Hitler no tenía un temperamento nocivo; tenía un carácter maléfico. Nadie nace siendo perverso.

AUTOEVALUACIÓN: Identificación del temperamento

Se cree que los niveles altos o bajos de los siguientes puntos de vista de la vida son parte integral de los genes de una persona desde el momento del nacimiento. El temperamento de la mayoría de las personas tiende a mostrar tendencias altas o bajas respecto a más de una de estas perspectivas. ¿Atribuyes las altas y bajas de tu propio temperamento de igual manera que lo hacen los demás? La descripción que se da a continuación y las tablas de las siguientes páginas, proporcionan una guía para las correspondencias altas, *versus* las bajas, entre los cuatro temperamentos con origen genético que identificó Robert Cloninger.

Búsqueda de las Innovaciones

Alto: *Gusta de las emociones, es audaz, desordenado, intuitivo, impaciente de manera estructurada, impulsivo, histriónico, inconstante respecto a amistades.*

Bajo: *Es ordenado y organizado, con dominio de sí mismo, analítico, detallista, directo, leal, estoico.*

Tendencia a Eludir el Daño

Alto: *Es ansioso, pesimista, inhibido, inclinado a la depresión, se fatiga con facilidad.*

Bajo: *Es desinhibido, despreocupado, aun frente a un riesgo inminente, es confiado, optimista, sumamente vigoroso.*

Dependencia de las Recompensas

Alto: *Es dependiente del apoyo emocional y retroalimentación de otros, sumamente sentimental, sensible a las indicaciones y necesidades de los demás.*

Bajo: *Es independiente en el aspecto social, le complace estar solo, es rebelde, cínico, socialmente insensible.*

Tenacidad

Alto: *Es impaciente, ambicioso, decidido.*

Bajo: *Es falto de ambiciones, indiferente al logro.*

(continúa en la siguiente página)

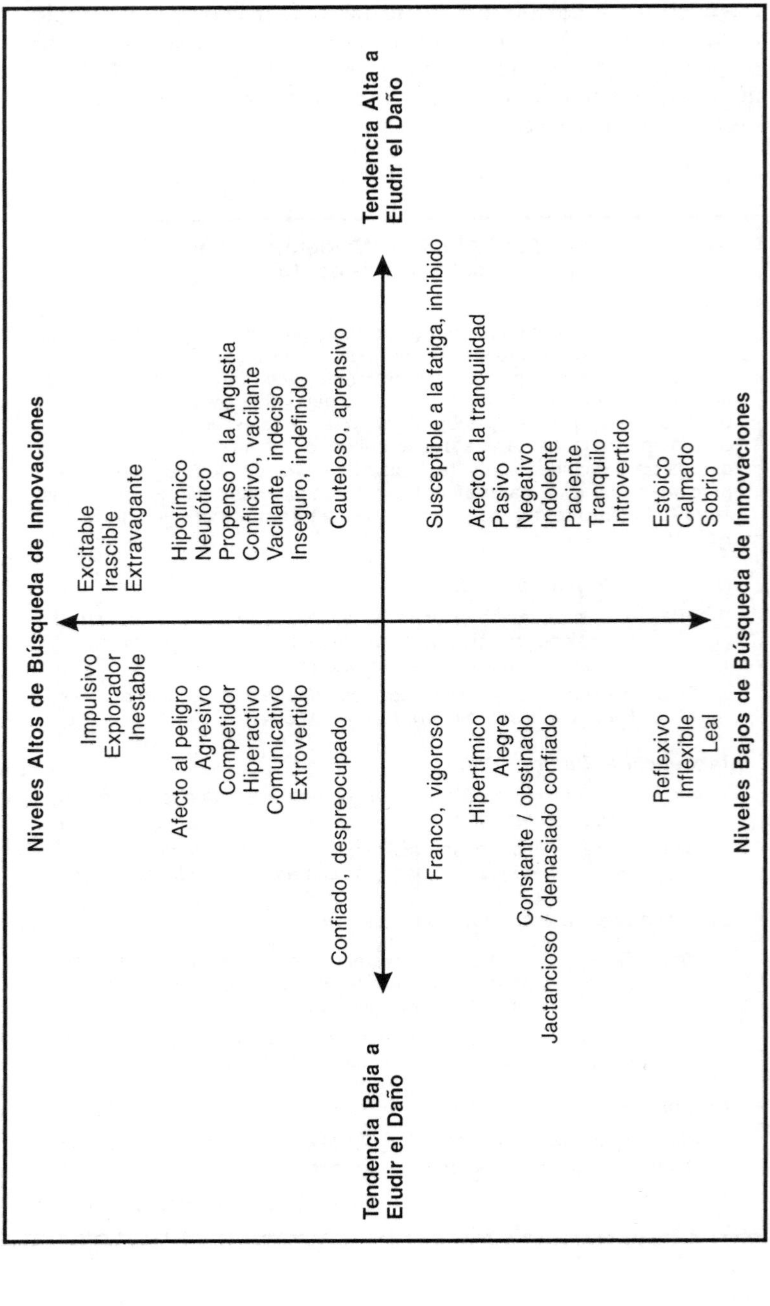
Tendencia Alta a Eludir el Daño
Niveles Altos de Búsqueda de Innovaciones
Excitable
Irascible
Extravagante
Hipotímico
Neurótico
Propenso a la Angustia
Conflictivo, vacilante
Vacilante, indeciso
Inseguro, indefinido
Cauteloso, aprensivo
Susceptible a la fatiga, inhibido
Afecto a la tranquilidad
Pasivo
Negativo
Indolente
Paciente
Tranquilo
Introvertido
Estoico
Calmado
Sobrio
Impulsivo
Explorador
Inestable
Afecto al peligro
Agresivo
Competidor
Hiperactivo
Comunicativo
Extrovertido
Confiado, despreocupado
Franco, vigoroso
Hipertímico
Alegre
Constante / obstinado
Jactancioso / demasiado confiado
Reflexivo
Inflexible
Leal
Niveles Bajos de Búsqueda de Innovaciones
Tendencia Baja a Eludir el Daño

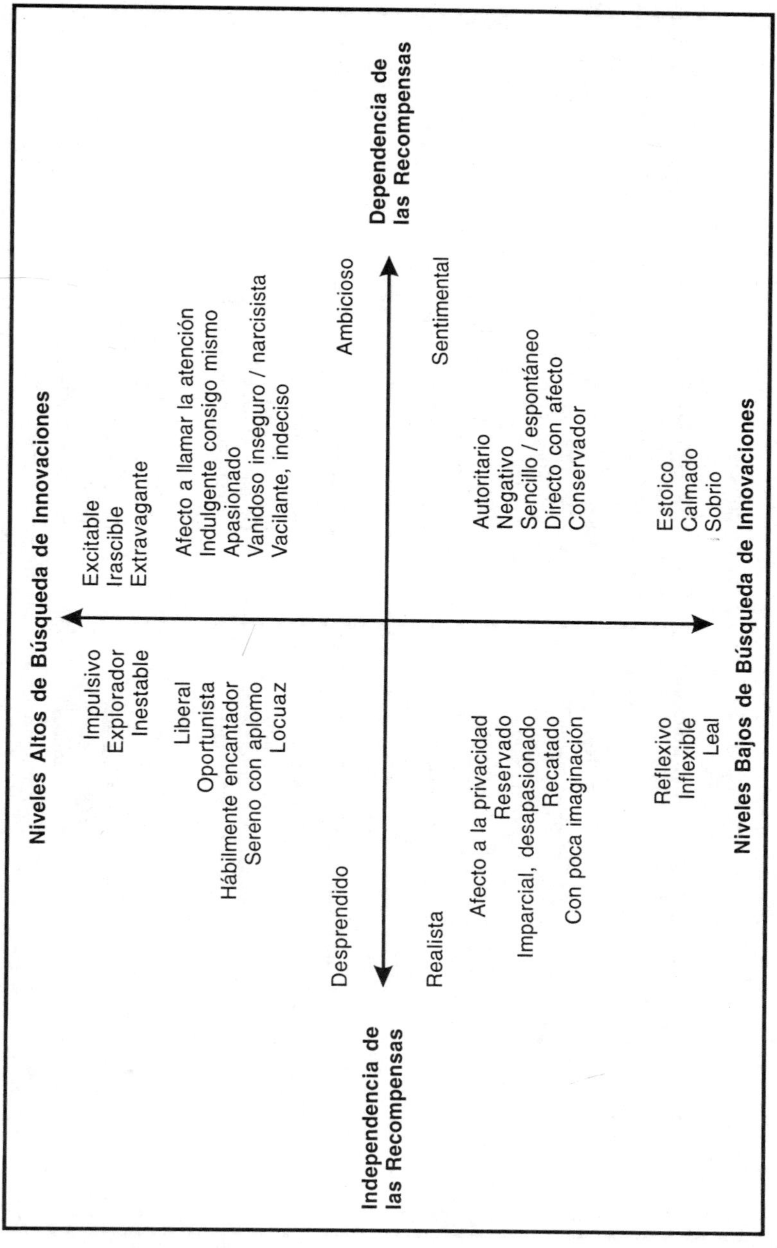
Niveles Altos de Búsqueda de Innovaciones
Niveles Bajos de Búsqueda de Innovaciones
Dependencia de las Recompensas
Independencia de las Recompensas
Excitable
Irascible
Extravagante
Afecto a llamar la atención
Indulgente consigo mismo
Apasionado
Vanidoso inseguro / narcisista
Vacilante, indeciso
Ambicioso
Sentimental
Autoritario
Negativo
Sencillo / espontáneo
Directo con afecto
Conservador
Estoico
Calmado
Sobrio
Impulsivo
Explorador
Inestable
Liberal
Oportunista
Hábilmente encantador
Sereno con aplomo
Locuaz
Desprendido
Realista
Afecto a la privacidad
Reservado
Imparcial, desapasionado
Recatado
Con poca imaginación
Reflexivo
Inflexible
Leal

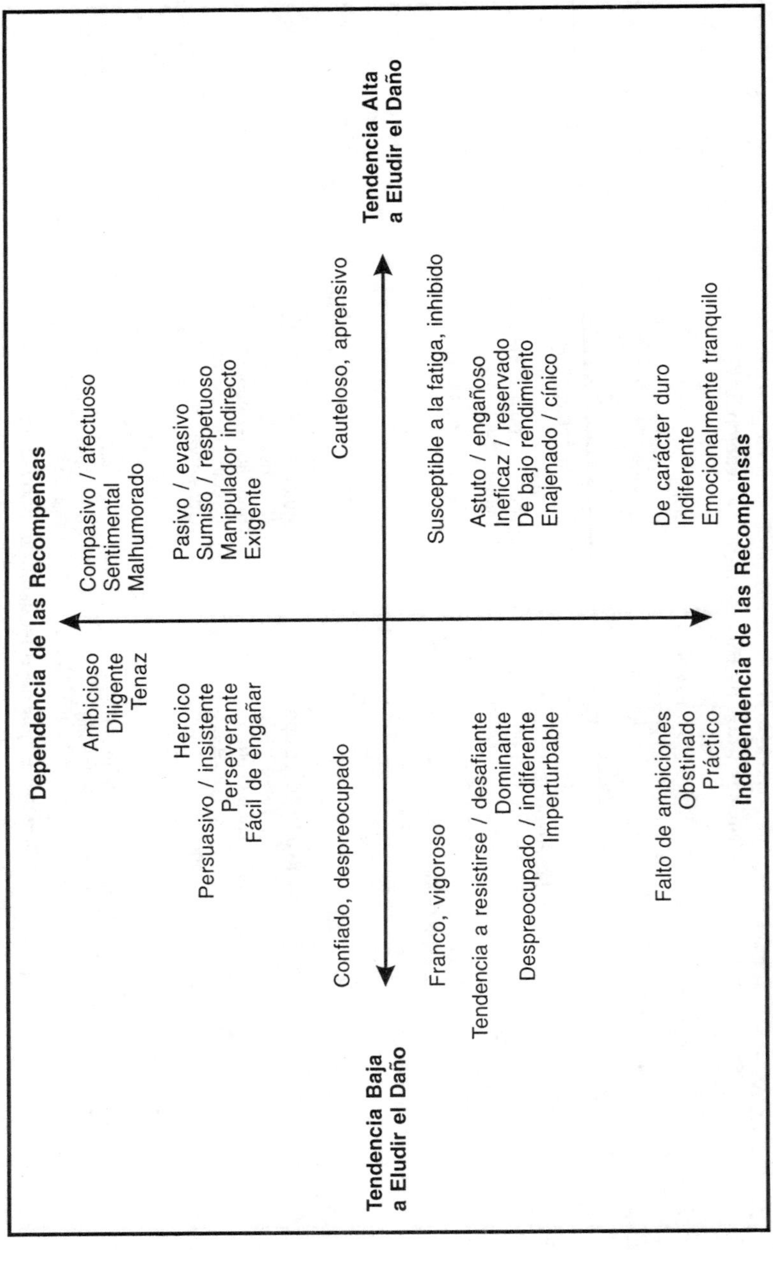
Dependencia de las Recompensas
Independencia de las Recompensas
Tendencia Alta a Eludir el Daño
Tendencia Baja a Eludir el Daño
Compasivo / afectuoso
Sentimental
Malhumorado
Pasivo / evasivo
Sumiso / respetuoso
Manipulador indirecto
Exigente
Cauteloso, aprensivo
Susceptible a la fatiga, inhibido
Astuto / engañoso
Ineficaz / reservado
De bajo rendimiento
Enajenado / cínico
De carácter duro
Indiferente
Emocionalmente tranquilo
Ambicioso
Diligente
Tenaz
Heroico
Persuasivo / insistente
Perseverante
Fácil de engañar
Confiado, despreocupado
Franco, vigoroso
Tendencia a resistirse / desafiante
Dominante
Despreocupado / indiferente
Imperturbable
Falto de ambiciones
Obstinado
Práctico

El ejercicio físico ayuda a que el cerebro desarrolle células más eficaces

Algunos estudios han demostrado una correlación entre el nivel de la actividad física en las personas mayores y la retención de la función mental, pero no se ha visto con claridad qué es lo que exactamente lo ocasiona. ¿Acaso el ejercicio ayuda al cerebro, de cierta manera, a mantener las neuronas en un funcionamiento adecuado, o es que la actividad física simplemente se correlaciona con otros factores que interactúan de algún otro modo con la función mental, tales como el nivel de educación, la dieta, el conservar un estilo de vida mental activo, etc.?

Algunas declaraciones recientes señalan una relación causal directa. El ejercicio físico favorece la producción de un factor del crecimiento que juega un papel decisivo en el funcionamiento y supervivencia de las neuronas del cerebro. Algunos estudios experimentales con ratas demuestran que el factor del crecimiento, el factor neurótropo derivado del cerebro, no sólo se incrementa con el ejercicio, sino que puede aumentar de manera selectiva en algunas partes del cerebro que se asocian con la formación de la memoria y la traslación de la cognición en acción.

A las ratas les gusta correr de 1 a 2 kilómetros al día (a su propio paso)

En este experimento, se proporcionó a las ratas un acceso libre a las ruedas giratorias; como las ratas parecen disfrutar por naturaleza la actividad física, de forma automática iniciaron un patrón de carrera de 1 a 2 kilómetros todas las noches y cada rata seleccionó y mantuvo, de manera persistente, el nivel de actividad propio. Se midió el mensajero del factor neurótropo del ARN (ácido ribonucleico) en varias estructuras cerebrales de las ratas siguiendo el acceso libre a la rueda durante 0, 2, 4 y 7 noches. Después de dos noches, el factor neurótropo del ARN se había incrementado de manera significativa sobre los niveles de control (es decir, el nivel previo a cualquier ejercicio) y se mantuvo elevado durante todo el periodo de siete noches. También hubo una correlación entre la distancia que se recorrió cada noche y los niveles del factor neurótropo del ARN en el hipocampo y en la región de la corteza cerebral.

Uno de los descubrimientos más interesantes de este estudio es que los efectos máximos del factor neurótropo del ARN se presenta precisamente en aquellas áreas que son altamente "dúctiles" o mudables, zonas que están comprometidas en las enfermedades degenerativas relacionadas con la edad.

El ejercicio incrementa los niveles del factor neurótropo del ARN en el hipocampo, lo que a su vez transfiere el factor del crecimiento a las neuronas colinérgicas del cerebro anterior —sitio del Alzheimer y de otras degeneraciones semejantes que se relacionan con la edad—. Los autores del estudio del que se tomó la información de este artículo, llegaron a una conclusión de aplicación práctica para todos los que tengan 40 años o más: *"La regulación de los niveles del factor neurótropo del ARN inducida por el ejercicio, puede ayudar a incrementar la resistencia al daño y a la degeneración del cerebro, por medio del apoyo del desarrollo neuronal y del funcionamiento y supervivencia del factor neurótropo del ARN".*

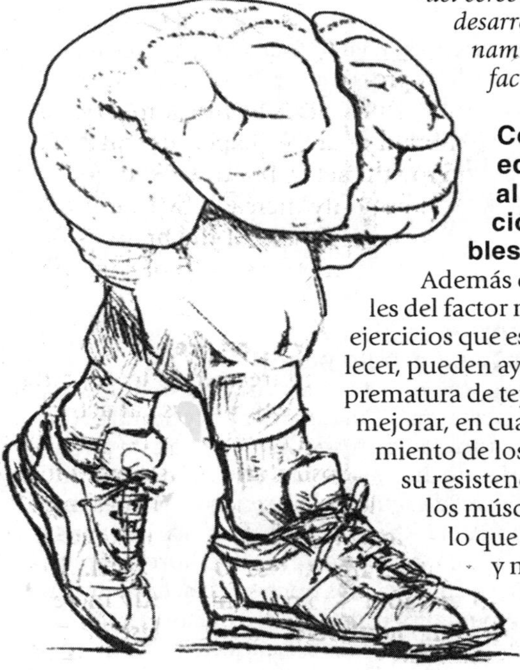

Conforme se avanza en edad, la debilidad física al igual que la perturbación mental son inevitables

Además de incrementar los niveles del factor neurótropo del ARN, los ejercicios que están diseñados para fortalecer, pueden ayudar a prevenir la pérdida prematura de tejido muscular y pueden mejorar, en cualquier edad, el fortalecimiento de los músculos, su tamaño y su resistencia. La gimnasia ejercita los músculos y les da resistencia, lo que les permite desarrollarse y mantener su tono. Entre los beneficios de este tipo de ejercicio, también se incluyen una mejoría en el tiempo de reacción, reducción de la aceleración de la atrofia muscular, aumento de la capacidad de trabajo y prevención de los problemas y daños de espalda.

Por lo visto, una vida activa y la forma de pensar son comunes entre los seres humanos que han llegado a una edad inusitada

La siguiente es una lista selectiva de personas que han tenido una vida larga. A algunos de ellos se les conoce fundamentalmente por otros logros. El hecho de que esas personas hayan destacado, sugiere que persiguieron los intereses que les proporcionaron satisfacción personal y que utilizaron su energía de manera implacable y constante durante toda su vida. Por ejemplo:

Red Grange, futbolista famoso y atleta excelente, vivió hasta los 87 años.

Pablo Picasso, pintor y escultor español, trabajó en su estudio hasta los 91 años.

La Abuela Moses se autoenseñó a pintar a una edad bastante tardía y continuó haciéndolo hasta su muerte, a los 101 años.

Gabriel Erazo aseguraba que había trabajado todos los días en su jardín, hasta su muerte a los 130 años.

Gabriel Sánchez, quien cultivó la tierra hasta los 120 años, murió a los 135.

Zabo Agah vivió más años que cualquiera de los anteriores y durante 100 años trabajó como cargador.

EJERCICIO: En la pista más rápida

Es emocionante observar la carrera de 100 metros de las Olimpiadas. Se termina en unos segundos y requiere un entrenamiento incesante de toda la vida desde la juventud, así como un acondicionamiento físico constante. En los últimos 100 años, el tiempo que toma correr 100 metros ha ido decreciendo, de manera constante, en un 20% aproximadamente.

Examina las dos columnas que se presentan a continuación. Una muestra las fechas de las carreras Olímpicas de los 100 metros. La otra muestra el tiempo en que se logró, pero el orden es incorrecto. Una vez que hayas equiparado los tiempos con las fechas, tarea fácil, te darás cuenta que transcurrieron 54 años, entre 1906 y 1960, para reducir un segundo del tiempo del triunfo. Suponiendo ese mismo porcentaje de mejoría desde las Olimpiadas del 84, que rompió por primera vez el récord de 10 segundos, ¿en qué año podríamos ver una carrera de 100 metros en menos de nueve segundos?

AÑOS OLÍMPICOS	TIEMPO EN QUE SE LOGRÓ
1. 1896	A) 10.30 segundos
2. 1906	B) 11.20 segundos
3. 1920	C) 9.99 segundos
4. 1932	D) 10.80 segundos
5. 1960	E) 10.20 segundos
6. 1984	F) 12.00 segundos

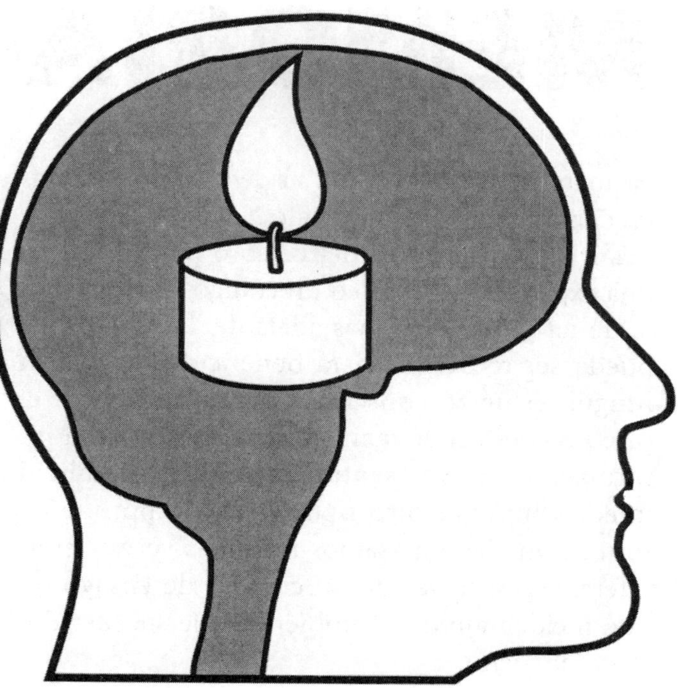

función de la memoria

LA MEMORIA

La memoria se asocia con el desarrollo de todas las demás habilidades mentales. La clave del aprendizaje es la capacidad del cerebro para convertir una experiencia actual en un código y almacenarla de tal modo que, más adelante, la experiencia pueda ser recordada para beneficio propio. Sin ningún esfuerzo consciente de nuestra parte, el cerebro codifica de manera permanente cierta información que los sentidos le envían. También puede acumular otro tipo de datos, porque de forma consciente pasamos repetidas veces ciertas referencias a través de un circuito de ensayo, lo que incidentalmente también puede suceder durante el sueño.

El cerebro codifica cierto tipo de experiencias de manera indeleble, instantánea y sin ningún esfuerzo consciente. Interpreta esa clase de experiencias como algo vinculado tan de cerca a la supervivencia elemental, que la mente consciente tiene que hacerse a un lado para que los instintos que activan las emociones, puedan tomar el mando. Cierta información menos perentoria logra un almacenamiento permanente de su código al pasar esa experiencia, una y otra vez, por el circuito de ensayo. Existe cierta evidencia de que eso es lo que hacen los sueños. Durante el sueño, mientras la corteza cerebral no está ocupada en ordenar datos que ingresan a través de los sentidos, puede repetir fragmentos de experiencias recientes para ayudarles a convertirse en recuerdos permanentes. ¿Te acuerdas de las tablas de multiplicar?

De este modo, mientras se exponga al cerebro a más experiencias, más ramificaciones enviarán las células desde su axón o dendritas para vincular esas células a tantas otras como sea posible y poder así ayudar a resolver los problemas en curso. Mientras más enlaces estén disponibles, más fácil le será al cerebro poder detectar similitudes entre las partes de una experiencia nueva o de experiencias antiguas que ya conoce. De esa forma, el cerebro no tiene que crear códigos nuevos para retener la experiencia reciente, sino sólo para las partes desconocidas. Aparentemente es cierto que mientras más sepamos, más fácil nos será aprender aún más.

Sin embargo, debes primero prestar atención. Si no centras tu atención en las experiencias nuevas, éstas nunca podrán llegar a la memoria. Por fortuna, a las experiencias que atentan contra la vida, el cerebro, de manera automática, les presta una atención minuciosa tal, que cuando cree que tiene en manos una crisis, ignora todo lo demás que esté sucediendo. Eso puede explicar la razón por la que las personas muy centradas en sí mismas tienen dificultad para advertir el bosque alrededor de su propio árbol, por ponerlo en alguna forma.

No obstante, cuando se utiliza el sistema de memoria a corto plazo para recordar el nombre de una persona y poder "dar las buenas noches" después de una fiesta, se tiene que hacer un esfuerzo. Aun cuando busques un número telefónico justo antes de marcarlo, debes concentrarte para fijarlo en la memoria inmediata aunque no necesites ensayarlo de manera consciente ni compararlo con otra información.

Si la memoria a corto plazo requiere del manejo de hechos que se han retenido, como cuando se tiene que recordar el precio de algún objeto o cuánto dinero se le ha dado al dependiente para poder calcular el cambio que nos debe regresar, entonces se le llama *memoria funcional.* Conforme envejecemos, nuestra capacidad para recordar un número telefónico el suficiente tiempo como para poderlo marcar, permanece más o menos igual, pero nuestra memoria funcional por regla general se deteriora. Los hechos que se almacenan en la memoria a corto plazo por lo general se olvidan, sin embargo, algunas veces se pueden transferir a la *memoria a largo plazo* para un almacenamiento más o menos permanente.

La nueva tecnología funcional por escáner IRM o Imagen de Resonancia Magnética, ha dado a los investigadores del cerebro que estudian la memoria funcional, un instrumento que muestra en qué parte del cerebro están activas las *diferentes clases* de memoria funcional, espacial, objetiva, verbal, de razonamiento analítico, etc. El cerebro busca en la memoria a largo plazo la información que necesita para razonar y para compararla con otros datos. (Por ejemplo, si alguien te menciona su generación de graduados y te pregunta si la tuya era anterior o posterior, extraes la fecha de tu propia graduación de tu memoria a largo plazo y comparas las fechas en tu memoria funcional). Este trabajo se lleva a cabo en una de las partes de un sector que se extiende a lo largo de la parte delantera del cerebro, sobre las cejas. Ésta es el área que está mucho más desarrollada en los seres humanos que en los simios. Esta misma zona también se activa cuando está en funcionamiento la inteligencia Ejecutiva / Social.

De hecho, tu "memoria"está formada de muchos procesos que se realizan en las diversas partes del cerebro

Una lesión en alguna parte del cerebro puede afectar la retentiva de hechos y eventos (memoria enunciativa), ya que deja intactas varias formas de memoria inconsciente, incluyendo la capacidad y el hábito del aprendizaje. Hasta es posible demostrar que alguien con una amnesia total aparente, respecto a fotografías o grabados que se le mostraron unos minutos antes, pueda conservar una retentiva precisa de ellos, como se demuestra por una tendencia a seleccionar aquellos grabados entre otros en una presentación repetida. Parte del cerebro ha registrado y conservado las imágenes, aun cuando otra parte del cerebro no pueda transferir ese discernimiento a un conocimiento consciente. Algunos estudios recientes han demostrado que la estructura responsable de recuperar los recuerdos es la parte intermedia del lóbulo temporal, conocido como el hipocampo, que sirve para reunir los diversos sitios del cerebro en la formación de una memoria consciente.

El cerebro conserva los componentes de una experiencia personal, contiguos a los sentidos que verificaron el evento

Los recuerdos en sí, a diferencia de las estructuras que los recuperaron, parece que con frecuencia se localizan, por decirlo con cierta redundancia, en las mismas zonas en las que la percepción sensorial del estímulo concerniente se dio por primera vez. El neurólogo

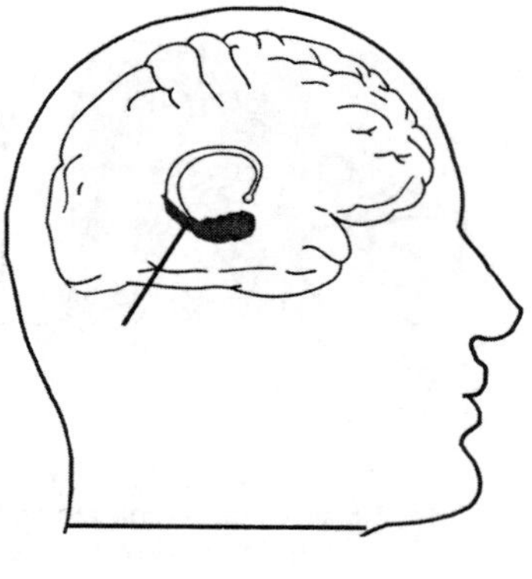

Cuando los sentidos captan impresiones del mundo exterior, esa información viaja a lo largo del trayecto nervioso, desde el órgano que recibió los datos hasta la zona del cerebro que interpreta la información desde los ojos, los oídos o la piel. De ahí, por lo general, la información se desvía hacia el hipocampo para un almacenamiento a corto plazo, cuestión de semanas, por regla general. Si los datos parecen ser de alguna manera importantes, por el hecho que con frecuencia se repiten de manera consciente, el hipocampo envía un código, para cada uno de los diversos aspectos de ese recuerdo, a la parte de la corteza que se especializa en cada uno de los aspectos. Por ejemplo, códigos para reconocer un rostro, o atribuir un uso a alguna herramienta, para reconstruir una frase musical o para visualizar una calle conocida, son aspectos que se guardarían en diferentes zonas de la corteza. Si esa zona sufre algún daño, la facultad para recordar ese aspecto se pierde.

Oliver Sacks describe a un pintor que sufrió daño neurológico en la corteza visual, lo que lo privó no sólo de la capacidad para percibir el color, sino también de cualquier memoria del color.

La diferencia entre la memoria explícita o aseverativa y la memoria implícita o no aseverativa, se puede también ilustrar con una experiencia que a todos nos es conocida. Todos hemos tenido lo que se llama "amnesia infantil", la incapacidad para recordar eventos que sucedieron antes de nuestro tercer año de vida. Es evidente que recordamos cosas de cuando éramos pequeños, aprendemos a reconocer rostros y voces, a realizar ciertas tareas, pero por alguna razón no podemos recordar que aprendimos esas cosas, ni tampoco en cierto modo no podemos rememorar el haber aprendido esas cosas, ni tampoco podemos recordar ningún evento que haya sucedido alrededor de los dos años. Aparentemente, los acontecimientos que sucedieron antes del desarrollo del sistema del cerebro que apoya la memoria aseverativa no se pueden recuperar de manera consciente, ni aún después de que ese sistema se ha desarrollado.

AUTOEVALUACIÓN: Memoria no aseverativa

Observa este desplegado de cinco diseños de naipes. No veas la página siguiente sino hasta que hayas terminado de leer el texto en esta página.

(continúa en la siguiente página)

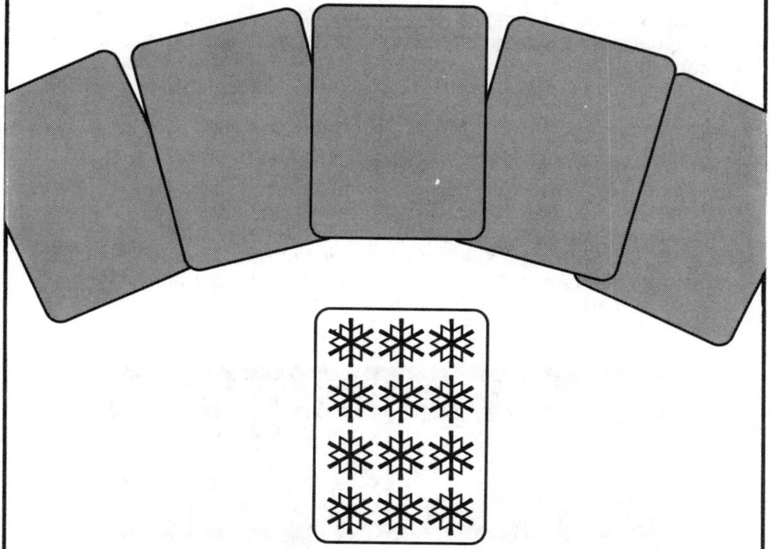

No veas la página anterior en donde estos cinco naipes se muestran boca arriba.

Trata de recordar cuál de estas cinco cartas que se muestran boca abajo mostraría el mismo diseño si la voltearas como la que se muestra en la parte inferior. Sigue tu instinto. Es muy probable que conservaste una memoria "implícita o no aseverativa" (lo que significa que lo conoces pero no puedes decirlo porque no sabes que lo sabes) de la imagen de esos naipes que se encuentran boca arriba cuando los viste por primera vez en la página anterior.

Es posible que creas que no sabes la razón por la que retienes memorias visuales durante un tiempo en lugar de borrarlas de inmediato, pero sí la sabes. Tal vez ésa sea la razón por la que la confianza intuitiva en la precisión de la imaginación funciona en esta evaluación. (Mas no siempre. El cerebro puede persuadirse a sí mismo de que observó algo que no es verdad, si tiene una razón para creer que la fantasía puede proteger mejor el cuerpo al que el cerebro sirve con lealtad. Esto puede suceder, por ejemplo, cuando de manera inconsciente, incorporas una imagen falsa en tu memoria como respuesta a la sugerencia de otra persona, con el fin de evitar provocar su cólera).

EJERCICIO: El sentido de los naipes

Reacomoda estos 16 naipes de tal manera que ningún par del mismo valor o del mismo palo queden en la misma hilera, ni de forma vertical, ni horizontal ni diagonal. Los pequeños recuadros blancos, que se encuentran en la esquina inferior derecha de cada espacio, te permiten anotar las iniciales (SC para la sota de corazones, RE para la reina de espadas, etc.) Si lo prefieres, despliega las cartas de la misma forma en que se muestra a continuación, valiéndote de tu propia baraja.

Este ejercicio utiliza habilidades de memoria a corto plazo y fomenta la concentración porque te ves obligado a retener ciertas situaciones en la memoria mientras experimentas con otras posibilidades en tu imaginación. Un tiempo aproximado de cinco minutos es una norma razonable para terminar la tarea. En la parte inferior se proporciona una "pista" para que empieces por buen camino, si es que necesitas un poco de ayuda.

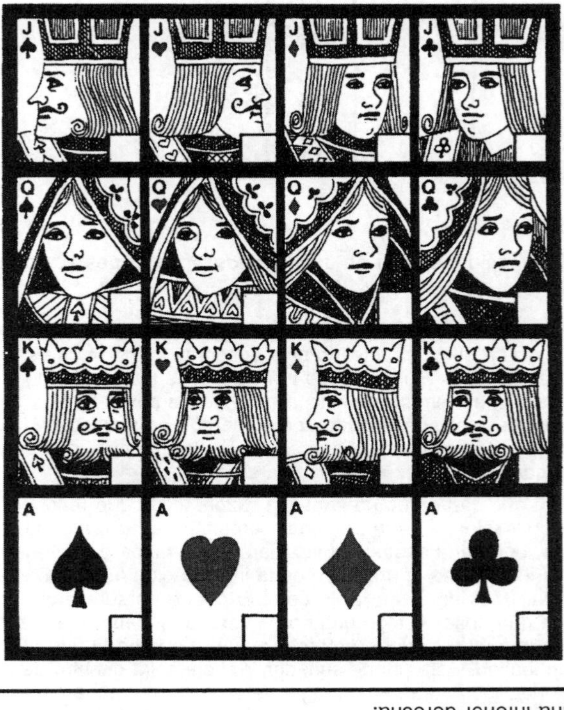

Pista: Coloca estos naipes en las cuatro esquinas: el as de espadas en la esquina superior izquierda, la sota de bastos en la esquina inferior izquierda, el rey de diamantes en la esquina superior derecha y la reina de corazones en la esquina inferior derecha.

Imagínate un medicamento para acrecentar la memoria que pudiera hacerte recordar TODO desde la primera vez que sucede. ¿Querrías tomar ese medicamento?

Aun cuando existe un antiguo axioma que dice que la práctica hace al maestro, que la repetición y ensayo de una experiencia ayudan a la memoria a largo plazo a recordar una habilidad o conocimiento, también es cierto que, algunas veces, un solo evento significativo se cauteriza de manera permanente en la memoria porque ese acontecimiento produjo una reacción emotiva. Ciertos avances recientes en la comprensión de los apuntalamientos moleculares de la memoria a largo plazo, arrojaron luz en esta paradoja aparente y aun sugirieron maneras en las que tal vez podamos manipular nuestra capacidad de aprendizaje a través de medicamentos "inteligentes".

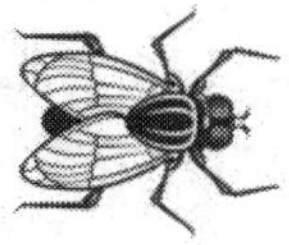

La mosca que a las 12:41:06 p.m. pasó por el extremo derecho de tu campo visual. Este hecho no tuvo ningún impacto emocional. Tu cerebro segregó una sustancia química que evitó que recordaras haberla visto y mucho menos que retuvieras su apariencia.

En la formación de la memoria, el cerebro funciona en dos niveles, el reconocimiento *inmediato* de un evento y la retención por la memoria a largo plazo. La formación de esas dos memorias a largo plazo comprende un proceso de síntesis proteínica. (Véase el recuadro "Investigación" de la página 82 para más detalles sobre la forma en que esto afecta la capacidad de aprendizaje y retención de la información que se desea recordar).

Si reflexionas, estás supeditado a millones de bits de información que tus sentidos obtienen aun en un día "ordinario". No culpes a tus sentidos. Ellos sólo tratan de protegerte al mantener abiertos tus ojos, oídos, nariz, boca y piel. Mas ¿cómo decide tu cerebro cuál de estos bits de información vale la pena recordar y cuáles no?

La razón por la que puedes recordar algunas cosas de inmediato está vinculada a olvidar todo lo demás

Con la mayoría de los acontecimientos, el cerebro procesa la información y de este modo te permite manejarla en el momento en que se presenta. Si tu cerebro percibe el evento como algo que afecta tu capacidad de supervivencia —de cualquier modo que definas la supervivencia, desde ir al ataque de un mastodonte hasta la negativa de tu jefe para responder a tu saludo jovial de los "buenos días"— tu cerebro aporta un mecanismo que transmite mensajes de acción al resto de tu cuerpo. Puesto que concibe la situación como una especie de crisis, estas reacciones de *impulsos emotivos* hacen que el incidente se almacene como una referencia a futuro (véase "En qué se ocupa el cerebro…" página 179).

Sin embargo, si un suceso como una mosca que pasa zumbando no presenta ninguna amenaza, lo olvidas. Algunas investigaciones recientes sugieren que el mismo mecanismo que codifica un evento como una crisis, también suprime la mayoría de los otros acontecimientos para evitar una sobrecarga. Por otra parte, ¿cómo puedes regular la decisión del cerebro respecto a lo que vale la pena recordar? ¿Qué pasa si *deseas* asimilar algo que no tiene carga emotiva?

¿Cómo puedo suprimir el borrador?

Intenta la repetición. Tal vez eso haga que tu cerebro, por así decirlo, "cambie de parecer". Es posible que tu cerebro se diga a sí mismo "tal parece que esta persona a la que trato de proteger le esté prestando mucha atención a un 'suceso' para el que mi programación inicial no estaba equipada para poder reconocerlo como una 'crisis' digna de recordarse. Sin embargo, no soy nada si no me puedo adaptar para proteger al amo, así que, 2 + 2 = 4. Así, pues, también almacenaré este evento ya que parece ser bastante importante puesto que aflora con frecuencia".

¿Quiero realmente este medicamento?

Algunos trabajos experimentales recientes sugieren otra forma en la que algún día podremos ganar en astucia al portero del cerebro. El mecanismo cerebral que es responsable de evitar que los sucesos se codifiquen en la memoria a largo plazo puede ser desconectado de forma temporal al administrar un antídoto. Hasta ahora este "cóctel CREB" (véase el recuadro que se da a continuación y los diagramas de las páginas 83 y 84) sólo se ha utilizado en ratones blancos y en

EJERCICIO: Círculo de palabras

Instrucciones: Así como una palabra lleva a otra, las palabras se sobreponen o se encadenan. Si empiezas con la palabra correcta, no te será difícil terminar el círculo con 9 palabras encadenadas. Cada palabra empieza en el espacio numerado que corresponde a la clave que se da abajo.

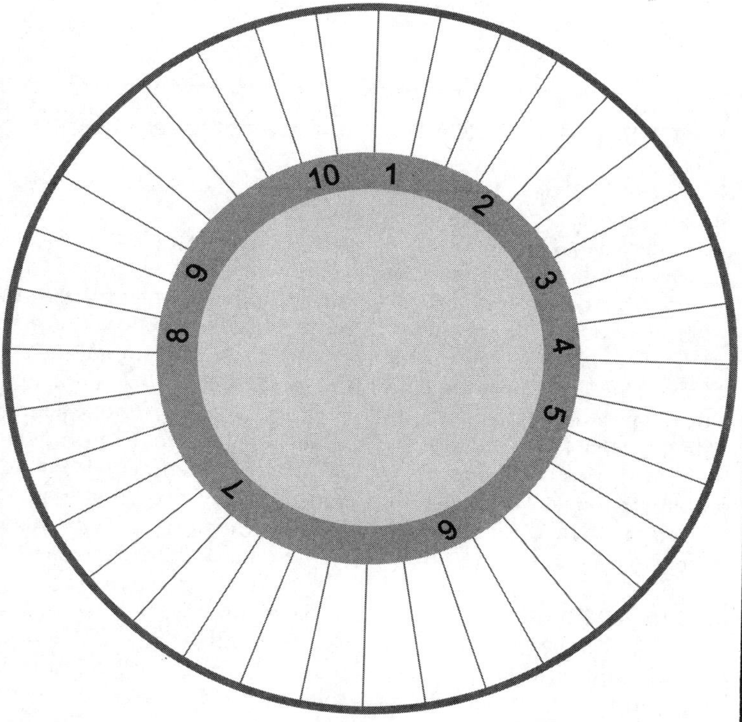

1. puede dejar salir lava, humo y cenizas.
2. libre de arrugas; suave.
3. sin compañía.
4. colinas pequeñas.
5. triturar con los dientes y muelas.
6. ruta que comunica ciudades.
7. afeitar.
8. ensamblar.
9. piedra lisa, pesada y cara.
10. tela elástica usada por deportistas.

babosas de mar. Sin embargo, las implicaciones, son tentadoras: imagina que memorizas sólo los hechos que deseas, con rapidez, de forma automática y sin una pizca de autodisciplina. Por otra parte, piensa en esto: ¿Querrías en realidad ingerir un medicamento "inteligente" que diera rienda suelta al sistema del cerebro, ya probado y verificado, que separa las experiencias esenciales de la vida de las trivialidades sin importancia?

LA INVESTIGACIÓN – La química del aprendizaje

Se ha sabido desde hace algún tiempo que la formación de la memoria a largo plazo requiere de una síntesis de proteínas, tal vez debido a que implica la alteración permanente de las dendritas nerviosas para que se intensifique una transmisión futura a través de una sinapsis. El AMP (cAMP), un regulador de genes dentro de las células y una proteína conocida como CREB, que responde a cAMP, parecen estar involucrados en el fundamento celular de este proceso. La proteína CREB, también tiene una versión represora, que tiene el efecto contrario al de la versión estimulante de la síntesis de proteínas. Por regla general, un solo episodio de ejercitación libera tanto al estimulador CREB como a su represor gemelo; la función de la versión represora de la proteína CREB bien puede ser el impedir la memorización exagerada de detalles innecesarios que se presentan una sola vez.

Sin embargo, la versión represora se desactiva con mayor rapidez que la versión estimulante, así que un entrenamiento o concurrencia que se intercala con el resto de los intervalos, resultan en una acumulación total del estimulante CREB y del aprendizaje eficaz en grado sumo. Cuando la versión represora se bloquea de manera experimental por un antisuero, la formación equivalente de memoria a largo plazo se presenta después de una sola sesión de entrenamiento.

Normalmente, los recuerdos que perduran a largo plazo después de un evento aislado, se dan sólo cuando ese suceso se presenta con una carga emocional fuerte. Es posible que esto suceda debido a que los mismos sistemas del cerebro que intervienen en el procesamiento de los estímulos emocionales, sean también los que inhiben la versión represora del CREB.

"Guardarlo o ignorarlo": esa es la pregunta a la que CREB responde.

1. La niña ve a un tigre aterrador que envía impulsos que se disparan desde sus ojos hasta las células nerviosas en el cerebro.

2. Dentro del núcleo de las células, las moléculas de acción de la proteína CREB hacen a un lado las de la proteína CREB "olvídalo".

3. La proteína CREB de acción enciende el ADN, que le dice a sus genes que arrojen proteínas moleculares.

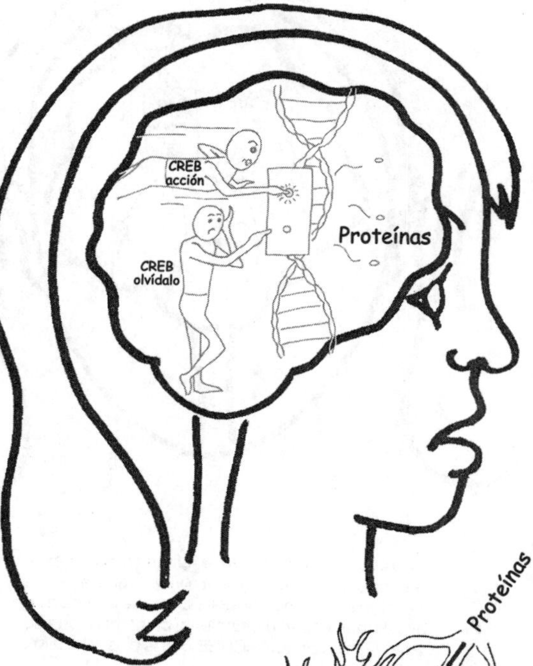

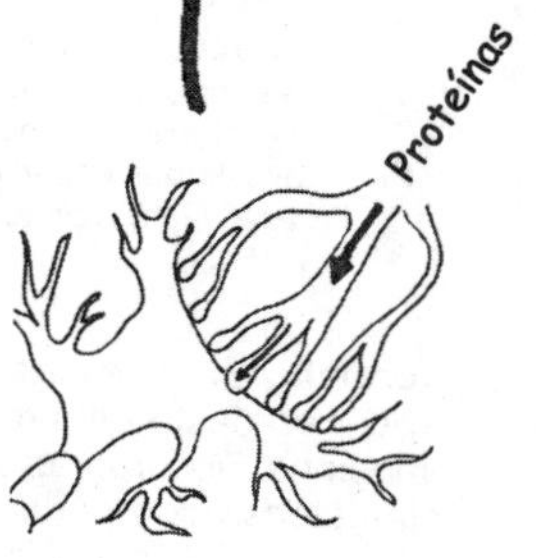

4. Las proteínas precipitan dendritas de células nerviosas con el fin de fortalecerlas y alargarlas para que la siguiente vez que ella vea un tigre comprenda la situación de inmediato y ¡CORRA!

(continúa en la siguiente página)

Sin embargo, si la niña percibe algo que no vale la pena, la molécula CREB que le dice "olvídalo" oprime por rutina el botón de "apagado". Sin interruptor, sin proteínas, las dendritas retroceden debilitadas.

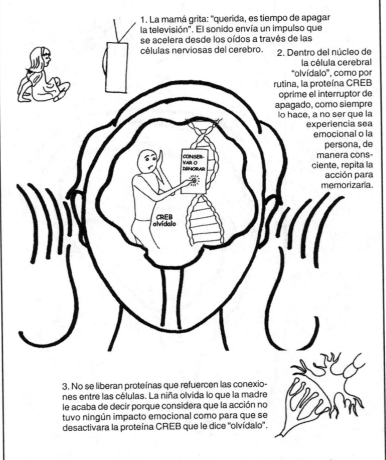

1. La mamá grita: "querida, es tiempo de apagar la televisión". El sonido envía un impulso que se acelera desde los oídos a través de las células nerviosas del cerebro.

2. Dentro del núcleo de la célula cerebral "olvídalo", como por rutina, la proteína CREB oprime el interruptor de apagado, como siempre lo hace, a no ser que la experiencia sea emocional o la persona, de manera consciente, repita la acción para memorizarla.

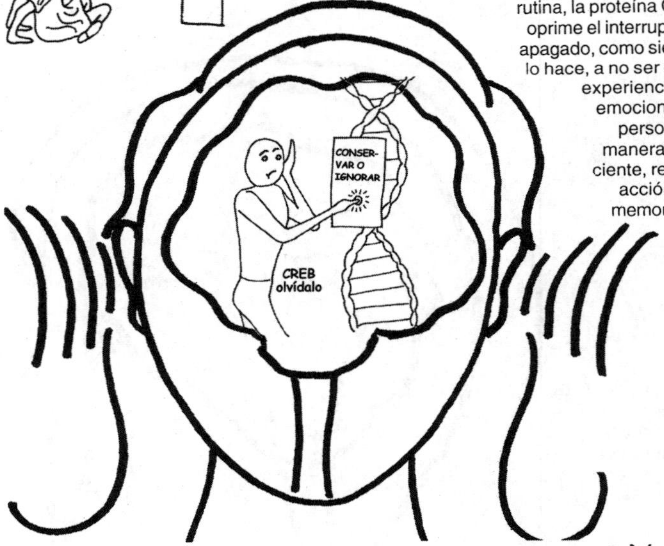

3. No se liberan proteínas que refuercen las conexiones entre las células. La niña olvida lo que la madre le acaba de decir porque considera que la acción no tuvo ningún impacto emocional como para que se desactivara la proteína CREB que le dice "olvídalo".

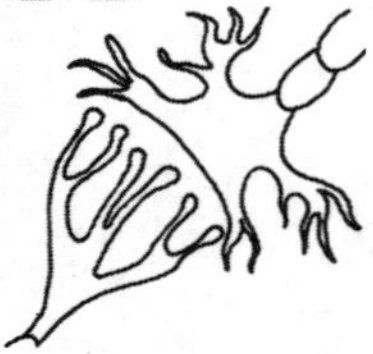

Moraleja: Si necesitas aprender mucho acerca de algo, puedes repetir el efecto de intensificar la memoria para despertar lo emocional, incorporando sesiones de repetición de experiencias intercaladas con periodos de descanso. De esta manera, tus moléculas CREB de "acción" se elevan a tal grado que sobrepasan en número a las CREB de "olvídalo".

También puedes utilizar ciertos conocimientos aun cuando no sepas que los tienes

Imagínate el siguiente argumento:

A un paciente con amnesia se le muestra una lista de palabras. Durante varios minutos es incapaz de recordar no sólo alguna de las palabras en la lista sino también el hecho de haber visto la lista con anterioridad. Sin embargo, cuando se le solicita hacer un ejercicio en el cual se prepara su memoria, como llenar los espacios con las palabras más adecuadas, el paciente amnésico utiliza con frecuencia las mismas palabras de la lista que vio con anterioridad, por lo que es imposible concluir que, de alguna forma, en realidad las recordaba.

Este tipo de experimento demuestra que el recuerdo normal y consciente de hechos y acontecimientos, que se conoce como memoria explícita o enunciativa, es bastante diferente a la memoria inconsciente, implícita y no enunciativa. Por lo general, las tareas de la memoria explícita requieren la participación de la memoria implícita, pero el daño a la parte central del lóbulo temporal o a las regiones del diencéfalo del cerebro pueden ocasionar una pérdida explícita de la memoria enunciativa, mientras que dejan la memoria implícita intacta.

El hombre que confundió a su esposa con un sombrero de Oliver Sacks contiene un caso real de un paciente que padecía de una forma extrema de *prosopagnosia*.

Se ha demostrado que un tipo semejante de memoria inconsciente se da en pacientes que presentan lo que se llama "punto ciego". Dichos pacientes, quienes han sufrido un daño a la corteza visual, están ciegos en el sentido estricto de la palabra ya que están totalmente inconscientes de que pueden ver algo. Por ejemplo, si se les muestra una luz brillante en su campo visual correcto, reportarán que no han visto nada. Sin embargo, cuando se les presiona a "adivinar" la ubicación que pudiera tener la luz, estos pacientes indicarán el área correcta con una probabilidad bastante arriba de la certidumbre y algunas veces casi perfecta.

Personas que no pueden recordar rostros conocidos

Otros descubrimientos paralelos provienen del estudio de pacientes que padecen "*prosopagnosia*", deterioro de la capacidad para reconocer rostros conocidos. Cuando se les muestran fotografías de rostros de personas famosas y desconocidas dicen que no reconocen a ninguno. Sin embargo, de manera inesperada, actúan como gente normal cuando hacen una evaluación rápida frente a dos rostros que se les presentan de manera simultánea para indicar si éstos son iguales o diferentes, cuando las fisonomías son famosas comparadas con las que no lo son.

La investigación demuestra que la práctica y los trucos mejoran la memoria explícita

Todas estas patologías representan formas extremas de lapsos de memoria que cualquiera puede experimentar. Aun sin sufrir ningún daño a alguna parte del cerebro, todos tenemos diferentes grados de habilidad para registrar de manera consciente y para tener acceso al conocimiento y la percepción. La capacidad del cerebro humano para recuperar conscientemente de la memoria ciertos conocimientos, es de una evolución relativamente reciente y todavía es imperfecta. Sin embargo, aquellas habilidades de memoria enunciativa o explícita, en primer lugar el aprendizaje de material nuevo, y en segundo, la recuperación de éste, parecen ser improbables con la práctica.

AUTOEVALUACIÓN: Recuperación del conocimiento implícito

Esta sencilla prueba te mostrará lo difícil que es recuperar conocimientos, aun cuando estemos íntimamente familiarizados con ellos por nuestras experiencias diarias reforzadas durante muchos años. Trata de contestar a estas preguntas:

1) En un semáforo, ¿qué color se encuentra en la parte superior, el rojo o el verde?
2) Trata de visualizar el teclado de un teléfono. Esboza la configuración de todos los números, además del asterisco y del signo de número.
3) En el lomo de un libro, ¿cómo se ubica el título, de abajo hacia arriba o de arriba hacia abajo? (Pista: los libros americanos y británicos siguen una regla convencional diferente).
4) En el disco selector de temperatura de tu horno, ¿cuál es el número más alto y cuál el más bajo?
5) En un centavo americano, ¿hacia qué lado se encuentra mirando Abraham Lincoln?
6) De todos los estadistas anteriores que aparecen en los billetes entre $1 y $100 dólares, dos no fueron presidentes. Menciónalos. Enseguida nombra todos los presidentes previos en todos los demás billetes. (Pista: uno fue Embajador de Francia y el otro Secretario del Tesoro).
7) Todos sabemos cuántas estrellas tiene la bandera de los Estados Unidos. Mas, ¿en cuántas hileras están acomodadas y cuántas estrellas hay en cada hilera? Además, ¿cuántas franjas rojas y cuántas franjas blancas hay y de qué color es la franja superior?

AUTOEVALUACIÓN:
Cómo recordar los nombres de las personas

El aprender los nombres de las personas es una habilidad que parece variar de manera considerable entre los individuos, y el olvidar nombres es la queja más frecuente de pérdida de memoria entre las personas de edad avanzada. Hasta aquellos a quienes se les dificulta memorizar nombres, pueden superar este déficit por medio del uso de tretas nemotécnicas fundamentadas en la comprensión de que cuando la información se codifica de manera significativa y personal (lo que a veces se conoce como memorización *más elaborada)*, es posible que la memoria se incremente.

A. Roundy

C. Bins

A. Miller

J. Richardson

Para cada una de las ilustraciones:

1) Identifica una característica facial significativa.
2) Transforma el nombre de la persona en un objeto concreto y visualmente vívido.
3) En tu mente imagina la característica facial combinada con el nombre-objeto que has transformado.

(Ejemplos: Un hombre de pelo largo llamado O´Brien; transforma "O´Brien" en un "león" y visualiza una melena de león que sale de su cabeza. Una mujer con cejas espesas llamada Crocker; cambia "Crocker" por "cracker"(galleta) y visualiza una galleta sobre sus cejas). Esta técnica se puede reforzar aún más cuando se realiza el último paso para hacer un juicio emocional de lo agradable o desagradable de la asociación de la imagen.

EJERCICIO: Términos relacionados con la memoria

HORIZONTALES

6. Incapacidad para reconocer rostros familiares.
7. Capacidad para traer a la mente lo que se ha experimentado antes.

VERTICALES

1. Actividad de la que la persona se da cuenta.
2. Memoria normal y consciente de sucesos pasados.
3. Incapacidad para recordar lo que ocurrió en el pasado.
4. Memoria donde el hipocampo tiene una labor fundamental.
5. Recuerdo relacionado en imágenes.

Pista: Seis horizontal es „Prosopagnosia"

Una causa importante del olvido

Si alguna vez has asistido a una función doble de cine, sabes que se te dificultará recordar la trama y los detalles de la primera película inmediatamente después de ver la segunda. Esto no tiene explicación por el tiempo que ha transcurrido después de ver la primera, de hecho, el recuerdo de la segunda película es todavía fuerte después de un par de horas.

A este fenómeno se le conoce como *inhibición retroactiva* o *interferencia*, y se ha demostrado que puede aplicarse a una amplia variedad de tareas de aprendizaje y de memoria, con una mayor similitud entre la primera y la segunda tarea en cuanto a una relación recíproca de olvido. El conocimiento de este fenómeno ha conducido a considerar, como la causa fundamental del olvido, la interferencia de una parte del material con la otra que se conoció con anterioridad.

Otra clase de olvido del que no eres culpable

La interferencia también funciona de otra forma. Si, por decir, dos listas de palabras se memorizan en secuencia, la retención de la segunda lista será menos eficiente que si sólo se memorizara una serie. Esto se conoce como *inhibición proactiva*.

La inhibición retroactiva tiene un aspecto bastante extraño: en realidad se *debilita* con el tiempo. Algunos experimentos han demostrado que la memoria que aparentemente se ha extinguido, relacionada con la primera de dos tareas, logrará una recuperación espontánea en el transcurso de un periodo de 24 horas. Conforme se recupera la memoria de la primera tarea, ésta interferirá con el recuerdo de la segunda y viceversa, hasta que la proporción de olvido que produjo la inhibición proactiva sea casi tan grande como la que ocasionó la retroactiva.

¿Acaso estas dos causas que ocurren de manera natural podrían ayudar a explicar la razón por las que las personas que se acercan a la edad madura piensan que les está fallando la memoria, cuando en realidad sólo están teniendo que manejar una mayor cantidad de información en su trabajo y en su vida personal?

AUTOEXAMEN: inhibición retroactiva

Estudia los siguientes pares de palabras durante cinco minutos. Luego cúbrelos con una hoja de papel y mira la lista de abajo, que incluye todas las primeras palabras de los pares pero en un orden diferente.

INSECTO — CEBOLLA	PELOTA — CANDADO
AGUA — CEBRA	PINTURA — MENTA
PAPEL — LÁMPARA	GOMA — RELOJ
LENGUA — COCHE	VENTILADOR — VELA
CASA — SOL	CUELLO – ABEJA

CUELLO ___	VENTILADOR ___
PINTURA ___	GOMA ___
AGUA ___	PAPEL ___
INSECTO ___	CASA ___
LENGUA ___	PELOTA ___

(continúa en la siguiente página)

Ahora memoriza esta segunda lista de pares de palabras. En ella las palabras de la columna de la izquierda vienen con otras palabras en la columna de la derecha. Si necesitas más tiempo para aprenderla, eso se debe a la inhibición proactiva.

INSECTO – GUANTE	PELOTA – CAMPANA
AGUA – TARJETA	PINTURA – ROCA
PAPEL – TELÉFONO	GOMA – LETRERO
LENGUA – CAJA	VENTILADOR – PLAYA
CASA – MÁSCARA	CUELLO – FUEGO

Una vez que hayas memorizado la segunda lista, vuelve a hacerte una prueba en la primera lista de pares. Si no los puedes recordar, lo que estás experimentando es el efecto de la inhibición retroactiva.

CUELLO ____	VENTILADOR ____
PINTURA ____	GOMA ____
AGUA ____	PAPEL ____
INSECTO ____	CASA ____
LENGUA ____	PELOTA ____

Finalmente, espera un día y vuelve a hacerte la prueba. Si resulta que haz mezclado la primera y la segunda listas, esto se debe a una recuperación espontánea de los detalles de la primera tarea de memorización, la cual inhibirá los detalles de la segunda y será inhibida por ellos. En promedio, esto tendrá como resultado un barrido: olvidarás (o recordarás) los detalles de las dos listas más o menos al mismo nivel.

EJERCICIO: Números entrelazados

Instrucciones: Los números en este acertijo son siempre sumas de dígitos. Ningún dígito se utiliza dos veces en el mismo número y no se emplea el cero. Por ejemplo, el número 8 horizontal tiene cinco espacios y la pista es "23"; es así que necesitas cinco números diferentes que sumen 23. Enseguida tienes que deducir la secuencia correcta de esos números para que funcione en este acertijo. Hemos proporcionado algunos de los números para ayudarte a comenzar.

1	2	3	■	4	5	
■	6		■	7		■
■	8		9			■
10	■	11			■	12
13	14	■	2	■	15	
16		7		3		
■		■	6	■		■

Horizontal	Vertical
1.7	2.21
4.15	3.15
6.13	4.25
7.15	5.19
8.23	9.23
11.17	10.23
13.17	12.21
15.15	14.21
16.39	15.17

Pista: Los indicios son para dígitos nones y las respuestas terminan en dígitos pares.

Si deseas recordar información compleja, visualízala. Los genios lo hacen

Esos genios extraordinarios, con memorias increíbles o poderes prodigiosos para los cálculos mentales, tienen algo que decirnos acerca de la forma en que podemos utilizar nuestro cerebro de manera más eficaz. La aparente habilidad sobrehumana, que han adquirido a través de la ejercitación o como una compensación por alguna deficiencia cognoscitiva, puede resultar inútil en el aspecto práctico. Si podemos anotar elementos y tenemos acceso a calculadoras mecánicas y a bases de datos en la computadora, ¿qué necesidad tenemos de hacer todo esto en nuestra cabeza? Sin embargo, estos genios siempre conservarán una cierta fascinación aun cuando algunas de sus habilidades asombrosas pierdan su valor práctico. ¿A quién de nosotros no le gustaría saber cómo hacen lo que hacen y tal vez, hasta aprender a hacerlo?

Los que tienen una memoria excepcional con frecuencia realizan sus proezas por medio de un truco especial, bien sea por un don o por la práctica ardua, que les permite traducir información a una forma *visual*. El nemotécnico británico Leslie Waugh organizó un archivo fidedigno de todos los principales eventos deportivos que cubrían el medio siglo anterior, los que después incorporó a su imaginación. Cuando se le preguntaba sobre una fecha específica o sobre eventos que habían tenido lugar en una fecha en particular, se imaginaba que revisaba sus archivos y abría uno para encontrar la información que se le solicitaba.

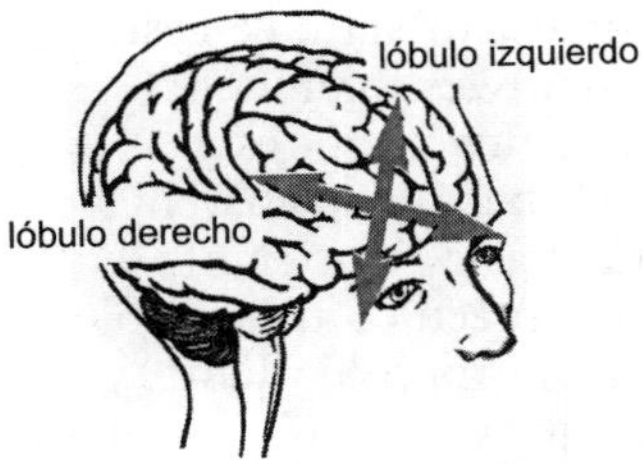

Los hemisferios derecho e izquierdo del cerebro transmiten instrucciones y procesan información desde y hacia las zonas opuestas del cuerpo.

Hasta cierto punto, la hazaña de Waugh parece estar al alcance de todos nosotros. Por ejemplo, supuestamente todos recordamos la disposición de los planos de nuestra casa y hasta de la casa que habitamos con anterioridad, lo que nos permite caminar mentalmente de habitación en habitación e inspeccionar visualmente los objetos conforme avanzamos. Bajo las circunstancias correctas, bajo los efectos de la hipnosis o en sueños, quizá estos recuerdos sean tan intensos y detallados que casi de manera literal podamos tocar, oler y tropezarnos con los objetos mientras realizamos nuestro recorrido mental de la realidad virtual.

En tal caso, hemos incorporado de manera visual información de tal modo que casi parece ir más allá de la memorización. El neurólogo Oliver Sacks relata la historia de un hombre con daño en el hemisferio derecho, lo que le ocasionó que perdiera la vista en su campo visual izquierdo. Esto afectó sus *recuerdos* visuales tanto como su visión; cuando se le pidió que recordara los puntos sobresalientes en una plazoleta, al imaginarse que entraba en la plaza desde el lado sur, no pudo recordar nada del lado oeste (izquierdo) de la plaza. Cuando se le pidió que entrara desde el Norte, su recuerdo de los almacenes del lado oeste regresaron con toda claridad, y fue entonces el lado este que se quedó en blanco.

Sin embargo, el truco es incorporar el tipo de información que Waugh hace a voluntad, en el nivel de detalles que él lo hace y recordarlo cuando lo queramos.

Presuntamente, esto es algo más que una cuestión de práctica.

"S", un paciente de A.R.Luria, tenía una memoria excepcional. Sin embargo, el hecho de que no podía ignorar ninguna información, con frecuencia lo agobiaba

"S", el hombre cuya memoria describió el gran sicólogo ruso A.R. Luria como "una de las más penetrantes que la literatura en esta materia haya relatado", tenía imágenes tan irresistiblemente claras y poderosas de estímulos visuales y auditivos, que esta capacidad casi sobrehumana que yacía en la base de su aparente inagotable memoria, también se convirtió, hasta cierto punto, en una desventaja. A pesar de su brillantez nemotécnica insuperable, con frecuencia daba la impresión de estar entorpecido y lento, ya que sus imágenes visuales no tenían nada qué ver con el argumento o estructura de lo que se le decía, sino sólo con palabras y sonidos aislados. El resultado era una total confusión: "no", decía, "esto es demasiado. Cada palabra evoca imágenes; éstas chocan entre sí y el resultado es el caos. No lo comprendo". El problema de "S" era lo contrario a lo que la mayoría de nosotros confrontamos: el reto para él era frenar estas imágenes y aprender procedimientos (tales como anotar en una hoja de papel números telefónicos que después quemaba), para olvidar información que no deseaba retener.

El asombroso lingüista y experto en cálculos Hans Eberstark, recuerda, tanto las palabras como los números, por el sonido que crean

El austriaco Hans Eberstark, intérprete y traductor simultáneo, es un verdadero genio tanto para los idiomas como para los números, de tal forma que hace que las dos habilidades parezcan estar íntimamente relacionadas. Una vez que registra en la memoria el sonido y el significado de cualquier palabra en cualquier idioma, por ejemplo *duk'as* que significa "abalone" en Kashaya Pomo, nunca más lo olvida.

Eberstark es también un calculista excepcional y memoriza números de manera extraordinaria. Un aspecto decisivo de su técnica personal es traducir números a "palabras" en un lenguaje de su propia invención. Las palabras se basan en sonidos que las imágenes de los números puedan sugerir, por ejemplo, el número siete es una L, ya que se parece a una L invertida. Es entonces que los números que siguen una secuencia, se convierten en una ristra de sonidos. Con esta traducción directa y completamente automática del ámbito de los números al de los sonidos (como si marcara desde un teléfono de teclas), combinado con su memoria auditiva fotográfica, Eberstark ¡es capaz de memorizar la letra pi hasta más de 10,000 decimales!

Alexander Aitken enviaba información a la memoria con una velocidad increíble y con mucha precisión; observaba la forma en que los datos nuevos estaban, hasta cierto punto, relacionados con otra información que ya existía en la memoria.

Alexander Craig Aitken, gran matemático, calculista mental excepcional y genio versátil, también dependía de una "memoria auditiva rítmica" de los números y además tenía el don de incorporar, en su extenso almacén nemotécnico, hasta la información aparentemente más arbitraria de datos que se relacionaban de manera significativa con otros hechos y configuraciones. De esta forma, describía sus agrupaciones con el número 7 en términos mucho más significativos que una simple imagen visual o auditiva:

> *La frase poética: "Pasaron las pléyades y los planetas siete": —misterios en las mentes de los antiguos— el Šabbat o el séptimo día —la observancia religiosa del Domingo— 7 en contraste con 13 y con 3 en la superstición —7 como un decimal recurrente—. 142857 que multiplicado por 123456, da los mismos números en orden cíclico —un poema sobre números por Binyon, visto últimamente en una reseña— podría citarlo.* (Hunter 1977:163)

Como Ian Hunter lo expresó en un ensayo bibliográfico:

> *Es sin duda engañoso trazar una línea firme alrededor de ciertas actividades de Aitken, llámense "memoria", considerarlas como una "habilidad" aislada y tratar de entenderlas sin salir*

> *del círculo que hemos trazado. La memoria de Aitken era un aspecto de un sistema inmensamente complejo, de muchos lados y altamente integrado, de actividades que se apoyan mutuamente y que se han desarrollado a través de los años.* (Hunter 1977:159)

Hacer lo que sale con naturalidad

Para los genios como Eberstark o Aitken, sus dones les parecen tan naturales que ellos creen que cualquiera puede lograr, con un poco de práctica, las mismas hazañas. Por supuesto, esto sólo sería verdad si poseyéramos el mismo tipo de mente que esos portentos dan por hecho. ¿Podrías aprender a realizar cálculos mentales tan rápido y con tanta perfección como Aitken? Por ejemplo, ¿podrías aprender a multiplicar 2 números de tres dígitos —digamos, 123 x 456— en dos segundos? Regresemos al propio relato extraordinario y consciente de Aitken relacionado con su método, en un pasaje de otro de los fragmentos bibliográficos de Hunter y decide por ti mismo:

> *Hago esto en dos movimientos: percibo de inmediato que 123 x 45 es igual a 5535 y que 123 x 6 es igual a 738; casi no tengo que pensar. Entonces 55350 + 738 da 56088. Inclusive en el momento de registrar 56088, lo he verificado dividiendo entre 8, así que 7011 y esto por 9, 779. Reconozco 779 como 41 x 19; y 41 x 3 son 123, 19 x 24 son 456. Ya lo ves es una revisión y sucede como en un segundo.* (Hunter 1978:341)

Estrategias para pasar el examen del cartero

Prueba tu habilidad con el examen del cartero que se presenta en la siguiente página. A no ser que tengas una memoria fotográfica, reprobarías este examen sin la ayuda de algún procedimiento nemotécnico. De hecho, las personas que lo resuelven bien, de forma invariable se valen de trucos o asociaciones visuales. Diseñan métodos directos para traducir los números y los nombres sin sentido a imágenes concretas y conocidas. (Véase "la pista" en la página 98) De esta forma, con un poco de práctica, cualquiera que tenga una inteligencia promedio puede aventurarse a esta prueba.

AUTOEVALUACIÓN: ¿Podrías ser cartero?

El memorizar ciertos trucos, por inútiles que a veces parezcan, tiene su aplicación práctica. Si deseas ser empleado del Servicio Postal Estadounidense, cartero, u operador de una máquina para clasificar cartas, tienes primero que pasar una prueba de memorización, como la que presentamos a continuación. Obsérvala. Inténtalo si lo deseas. (¡Buena suerte!) Una vez que te sientas amablemente humilde, lee la "pista o sugerencia" que se presenta después del examen para ver la forma en que las personas que la aprueban, en realidad lo hacen.

Instrucciones: Cada una de las casillas que está marcada con las letras de la A – E tiene tres series de secuencias numéricas asociadas con los nombres de la calle y dos nombres que no están numerados. Tienes cinco minutos para memorizar qué secuencia numérica y qué nombres se asocian con cada casilla.

A	B	C	D	E
2000-2099 College	*2000-2099 College*	*6100-7299 College*	*4100-7299 College*	*1300-1599 College*
Shike	*Shike*	*Kaytron*	*Britt*	*Farne*
3200-3399 Bancroft	*3200-3399 Bancroft*	*9900-9999 Bancroft*	*2400-2899 Bancroft*	*43000-4399 Bancroft*
Dandle	*Dandle*	*Remy*	*Funt*	*Perl*
7200-8499 Addison	*7200-8499 Addison*	*6300-6799 Addison*	*5800-6099 Addison*	*45000-4799 Addison*

Después de cinco minutos, cubre las casillas. No te es permitido referirte a ellas. Trabaja de memoria, con la mayor rapidez y exactitud que te sea posible, escribe la letra de la casilla junto a las direcciones que se dan a continuación. Tienes cinco minutos.

1. 2000-2099 College
2. 7200-8499 Addison
3. Sextor
4. 5800-6099 Addison
5. 4300-4399 Bancroft
6. Funt
7. 2900-3299 College
8. 6300-6799 Addison
9. 8500-9199 Bancroft
10. Kaytron
11. Farne
12. 9900-9999 Bancroft
13. 1300-1599 College
14. 7200-8499 Addison
15. Wellmann
16. 2400-2899 Bancroft
17. Britt
18. 6100-7299 College
19. 6300-6799 Addison
20. Dandle
21. Shike
22. 4100-4899 College
23. 3200-3999 Bancroft
24. 4300-4399 Bancroft
25. 5300-5399 Addison
26. Remy
27. Perl
28. 1300-1599 College
29. Farne
30. 2900-3299 College
31. 2400-2899 Bancroft
32. Wellman
33. 1300-1599 College
34. 9900-9999 Bancroft
35. Dandle
36. 6300-6799 Addison

(continúa en la siguiente página)

37. 7200-8499 Addison	45. Kaytron	53. Wellimann
38. 1300-1599 College	46. Sextor	54. Remy
39. 6100-7299 College	47. 2900-3299 College	55. 4100-4899 College
40. 3200-3399 Bancroft	48. 4300-4399 Bancroft	56. 8500-9199 Bancroft
41. Shike	49. 2400-2899 Bancroft	57. Funt
42. 4500-4799	50. 1300-1599 College	58. 4500-4799 Addison
43. 5800-6099 Addison	51. 9900-9999 Bancroft	59. 4300-4399 Bancroft
44. Perl	52. 7200-8499 Addison	

Pista: Trata de visualizar trucos como este. En primer lugar, date cuenta de que ninguna de las secuencias de números se vuelve a utilizar para más de una calle o buzón, así que no tienes que preocuparte por memorizar el final de una secuencia numérica ni los números que están en los nombres de las calles.

Tomemos el primer elemento de A, en la página anterior: "2900-3299 College". El truco es traducir los números en sonidos y luego en imágenes. Que el sonido que corresponda a un 2 inicial sea "d" (el primer sonido del número al pronunciarse) y el sonido que corresponde a un 9 que le siga sea "n". Esto te da "dn" que podría relacionarse con la palabra "don". Para recordar que la secuencia numérica que empieza con "29...." está en el A, combina "don" con un nombre de hombre que empiece con A, como "Don Alfredo".

Tal vez esto parezca poco práctico, pero así funciona la mnemotécnica. Cuanto más practiques la asociación de números, será más automática la forma en que vendrán a tu mente.

AUTOEVALUACIÓN: Ponte a prueba frente al mejor

Necesitarás que alguien te tome el tiempo.

A) ¿Cuánto tiempo te tomaría memorizar toda la tabla que se encuentra al extremo derecho? "S", el hombre cuya memoria describió el gran psicólogo ruso A.R. Luria, necesitó sólo tres minutos de estudio para recordar todo perfectamente. (Como de costumbre, después retuvo de por vida, una perfecta memoria de todo, junto con miles de otras tablas semejantes, de números y de secuencias de sílabas sin sentido). "V.P." el genio nemotécnico que estudiaron Hunt y Love (1972), lo hicieron en 6.5 minutos.

6	6	8	0
5	4	3	2
1	6	8	4
7	9	3	5
4	2	3	7
3	8	9	1
1	0	0	2
3	4	5	1
2	7	6	8
1	9	2	6
2	9	6	7
5	5	2	0
x	0	1	x

B) La tabla a la derecha le tomó a "V.P." cuatro minutos y seis segundos:

1	6	4	3	5	9
2	6	6	5	5	9
4	1	3	2	6	4
9	6	2	4	0	4
0	3	7	4	2	8
5	1	9	7	2	3
5	4	8	4	6	5
6	5	1	3	0	0

C) ¿Cuántos intentos te tomaría para memorizar esta lista de 25 palabras? Cuando a Aitken se le leyó en voz alta toda la lista a una velocidad de una palabra por segundo, él necesitó cuatro tentativas; en la primera tuvo 12 palabras correctas, en la segunda, 14 correctas, en la tercera, 23 correctas y en la cuarta las tuvo todas correctas.

CABEZA, VERDE, AGUA, CANTAR, MUERTO, ALARGADO, BARCO, HACER, MUJER, AMISTOSO, HORNEAR, PREGUNTAR, FRÍO, TALLO, BAILAR, ALDEA, ESTANQUE, ENFERMO, ORGULLO, TRAER, TINTA, ENOJADO, AGUJA, NADAR, IR.

(Dicho sea de paso que Aitken nunca utilizó el truco común nemotécnico de asociar cada palabra con una imagen visual como se menciona en el relato. Simplemente procedió por el "sonido").

D) ¿Cuántas tentativas necesitarías para memorizar una lista de 16 números de tres dígitos? Cuando a Aitken se le leyó en voz alta la siguiente lista a una velocidad de una palabra cada dos segundos, él necesitó cuatro intentos, en la primera tentativa, tuvo 6 correctas, en la segunda, 10 correctas, en el tercer intento tuvo 14 correctas, en la cuarta tentativa las tuvo todas correctas.

194, 503, 876, 327, 714, 961, 583, 259, 487, 364, 950, 613, 294, 437, 182, 659.

EJERCICIO: Dígitos divididos

Instrucciones: Divide la cuadrícula de 5 X 5 que se da a continuación en cinco secciones iguales, de modo que cada una tenga el mismo valor numérico y no tenga dos dígitos iguales.

1	3	8	1	2
8	4	3	2	1
3	2	1	4	5
2	7	5	6	4
4	1	2	5	6

Pista: La quinta columna en su totalidad es una de las cinco secciones iguales. Las otras están configuradas de manera irregular.

Los ruidos de trasfondo, incluyendo la plática, afectan tu habilidad para recordar

Algunos experimentos demuestran que los diferentes niveles de ruidos de trasfondo, que fluctúan desde "el ruido blanco" (un sonido sedante como un silbido bajo que es casi imperceptible) hasta una conversación, afectan el desempeño de una variedad de tareas que implican memoria a corto y a largo plazo. Las pruebas variaron según el sexo, la hora del día y la clase de ruido.

Podemos ver que aun los sonidos un tanto interesantes obstaculizan las tareas que requieren de memoria. El trabajo del cerebro es proteger al organismo. Éste no puede saber si los sonidos de trasfondo son más importantes para la supervivencia que la tarea que se tiene entre manos. Es por eso que al cerebro se le dificulta mucho concentrarse adecuadamente si hay sonidos que distraigan.

¿Tienes entre 30 y 40 años? ¿Te ha tocado conversar recientemente con alguien en un bar ruidoso o en una reunión o fiesta?

Algunos experimentos que involucran tareas con atención dividida demuestran que la capacidad para trascender las distracciones y disimular las exigencias que desafían nuestra atención, es una de las habilidades más frágiles que poseemos. Las tareas con atención dividida requieren que los sujetos verifiquen dos o tres fuentes de información de manera simultánea. Por ejemplo, es posible que al sujeto se le pida escuchar tres pares de dígitos en secuencia. Cada vez que un oído es expuesto a un número, de manera simultánea se presenta otro número al otro oído. Enseguida, el sujeto debe reportar los dígitos que escuchó.

Es característico que la habilidad para salir adelante con esta clase de tarea empieza a declinar entre los 30 y 40 años. ¿Acaso representa este hecho una pérdida de la memoria relacionada con la edad? Sí y no. Las estrategias para procesar información y para recuperarla son realmente importantes para la memorización, sin embargo, en el sentido estricto de la palabra, no es la memoria *en sí* la que en este caso se ve afectada. Una disminución en la capacidad para recordar una sola secuencia numérica que se presenta a un oído, tarea que aísla la memoria a corto plazo con mayor nitidez, no ocurre sino *mucho* más tarde en la vida.

EJERCICIO: Números entrelazados

Para realizar estos dos ejercicios se requiere concentración, que es un componente esencial de la memoria. Por esa razón los ruidos que distraen, o cualquier otro incidente, deben ignorarse mientras se trata de conservar en la memoria cada respuesta antes de escribirla. Las instructivos que se dan en la página siguiente aplican para ambos ejercicios.

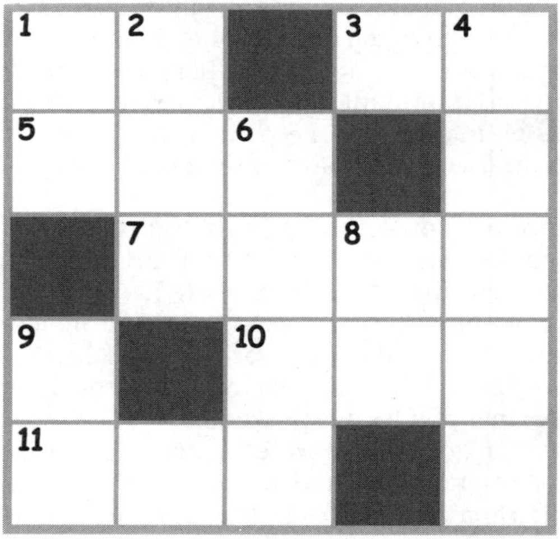

HORIZONTAL

1. El cuadrado de un número impar que es en sí un cuadrado.
3. El cuadrado de un número par que es en sí un cubo.
5. El cubo de un número primo o simple.
7. Dígitos que descienden con igualdad.
10. Un cuadrado seguido de su raíz.
11. Eleva al cubo la raíz del 3 horizontal.

VERTICAL

1. La suma de sus dígitos es 11.
2. Un cuadrado.
4. El número compuesto del tercer y cuarto dígito es 1/3 del número compuesto de los dos primeros dígitos y de tres veces el último dígito.
6. Los primeros dos y los últimos dos dígitos son múltiplos de la suma de los dígitos de 1 horizontal.
8. El cuadrado de un número primo o simple.
9. Igual que los dos primeros dígitos del 4 horizontal.

Pista: El indicio que se da en el 6 vertical es 3322. Un número „primo" sólo es divisible por sí mismo y por la unidad. El „cuadrado" de un número es el número que se obtiene al multiplicarlo por sí mismo.

Instrucciones: Se utilizan los dígitos del 1 al 9; no hay ceros. Sólo se podrá colocar un dígito en cada casilla y se podrá utilizar un dígito más de una vez en una combinación. Cuando suceda que es posible tener más de una combinación de dígitos, busca pistas adicionales en números entrelazados.

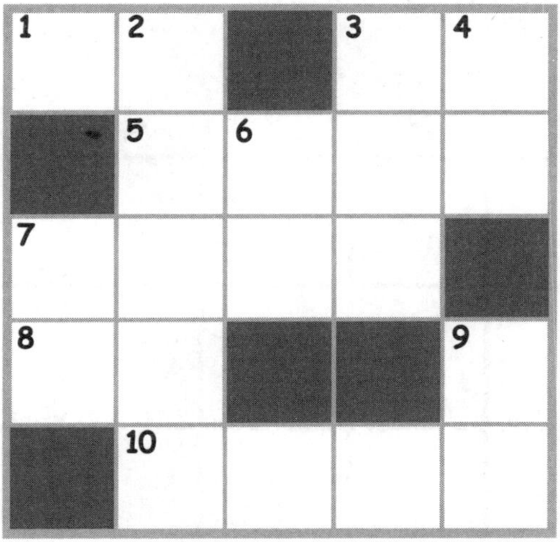

HORIZONTAL

1. Cuadrado de un grito de advertencia en golf.
3. Martes negro, día de la depresión.
5. El año del 3 horizontal.
7. Año del Segundo Congreso Continental.
8. Día de "Trick-or-treat" ("regalo o travesura" en U.S.A. Halloween).

10 Los tres primeros dígitos son el cuadrado del 9 horizontal y el 4o. es como el 3o.

VERTICAL

2. Un palíndromo.
3. Un múltiplo del 9 vertical.
4. El cuadrado de un número primo o simple.
6. Un múltiplo del 3 horizontal.
7. El día después del Día de la Raza.
8. El cuadrado de un número primo o simple diferente al del 4 vertical.

Pista: Un número „primo„ sólo es divisible por sí mismo y por la unidad. El „cuadrado„ de un número es el número que se obtiene al multiplicarlo por sí mismo. Un palíndromo es un escrito que tiene el mismo sentido leído de izquierda a derecha que a la inversa.

EJERCICIO: Anagramas combinados

Este ejercicio requiere concentración y tal vez será difícil mantenerla si hay ruidos que te distraigan.

Arregla las letras de las claves para el anagrama y forma una palabra. El objetivo es que las palabras correspondan a la clave tanto horizontal como verticalmente.

	1	2	3	4	5
1					
2					
3					
4					
5					

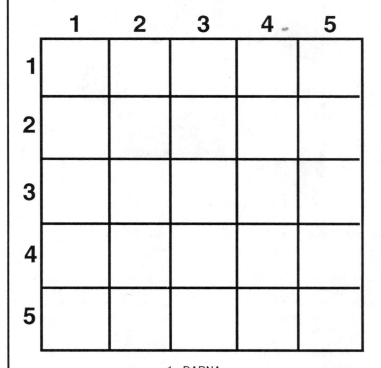

1. DARNA
2. IATAN
3. CNEID
4. NATAE
5. SRANA

Pista: La respuesta correcta a la palabra 4 es ATENA.

¿Por qué los relatos son más fáciles de recordar que las listas?

Con la excepción de algunos sabios necios o de esos individuos excepcionales dotados con una memoria fotográfica, la mayoría de nosotros memoriza mejor la información si la podemos relacionar con algo que ya conocemos. Por ejemplo, cualquier relato será más fácil de recordar si lo equiparamos a lo que se llama *"schemata"* (esquema) o *"script"* (guión): reseñas genéricas estructuradas de acontecimientos o rutinas conocidas.

Un ejemplo sencillo lo ilustrará:

A cualquiera que esté familiarizado con las reglas generales y la estructura del ajedrez, se le facilitará más recordar el recuento de los detalles de un partido que a alguien que nunca aprendió a jugarlo. Según un punto de vista, muchas personas con buena memoria deben su habilidad al solo hecho de que tienen tal almacenamiento de conocimientos que pueden depender de éste para contextualizar información nueva y hacerla significativa de manera personal. Eso explica la razón por la que se les facilita organizar y manejar nuevos sucesos.

Tu mente trata arduamente de ajustar nuevos datos a los patrones que ya conoce para poder sustituir lo que "posiblemente" sucedió por lo que en realidad aconteció

Nuestra necesidad por integrar la información nueva a la base de conocimientos previos y por así decirlo, transformar los simples estímulos en conocimientos y por ir más allá de los hechos objetivos simples, es tan fuerte y tan automática, que algunas veces nos lleva a cometer grandes errores en nuestra comprensión y evocación de los acontecimientos. Si escuchamos el relato en el que un amigo le entrega su tarjeta de crédito a un mesero y después le pide la cuenta, es posible que cuando nos toque repetir la historia, de manera inconsciente "corrijamos" la secuencia para acomodarla al esquema conocido. El hecho de referirnos al "esquema del restaurante" en la frase anterior es para ti, como lector, algo más bien razonable que confuso, es resultado de tu *suposición* de que alguien que solicita la cuenta a un mesero ha terminado de comer en un restaurante, aunque eso nunca se haya mencionado.

En cierta ocasión, un hombre y su hijo joven fueron atropellados por un automovilista descuidado al cruzar la calle. El padre murió de manera instantánea y el hijo quedó gravemente lesionado. El joven fue llevado al hospital para ingresarlo de inmediato a la sala de emergencias, en donde el médico exclamó, "¡No puedo operar a mi propio hijo!"

El efecto confuso de este relato depende en gran parte de la *suposición* que hacemos respecto al médico como hombre y no como mujer y por lo tanto la madre del muchacho. La mayoría de las personas se aferrarán a esta hipótesis de manera tan tenaz que les tomará mucho tiempo comprender el relato sin cuestionar su imagen del médico varón y sin embargo, en ningún lugar se indica que el doctor fuera en realidad del sexo masculino.

¿Por qué resultan útiles los estereotipos?

Aunque con frecuencia se nos critica por mantener estereotipos de esta clase, éstos sólo son una de las tantas generalizaciones sin las que con seguridad no podríamos funcionar de manera efectiva en el mundo. Si se utiliza una lógica estricta no se justifica suponer que sólo por el hecho de que en alguna ocasión nos quemamos al poner un dedo en una flama, no pudiera pasar lo mismo si lo hacemos de nuevo; sin embargo, imaginemos lo rápido que moriría nuestro organismo si no hiciéramos esta clase de razonamiento. Ningún organismo lógico como tal, tendría la oportunidad de transferir sus genes.

Nuestra necesidad de transformar un simple estímulo en conocimiento coherente es tan fuerte, que las aportaciones de conversaciones auténticas que no tienen *nada* qué ver con el comentario previo, rara vez se interpretan como tales. Los que escuchan hacen su mejor esfuerzo para encontrar algo en su experiencia pasada que haga que el comentario se relacione *de alguna forma.* Imagina que una joven ha hecho una solicitud de trabajo en tu compañía de programas de computación y tú te pones en contacto con su jefe anterior para verificar su idoneidad. Cuando preguntas sobre su capacidad como programadora, su antiguo jefe responde, "La señorita Widget siempre llegó a tiempo a su trabajo y se vistió de manera adecuada". Como es natural, esto lo interpretarías como un juicio prudente de sus habilidades "reprobación con una alabanza débil" como comúnmente se dice, y no la contratarías. Sin embargo, tal vez el jefe anterior de la pobre joven sólo decía lo que le venía a su mente sin realmente tratar de responder a tus preguntas. Algunas veces, como hasta Freud tuvo que admitir, un cigarro es simplemente un cigarro.

La parte más deplorable de tu memoria que puedes llegar a perder es tu capacidad para relacionar una experiencia nueva a las experiencias pasadas

En el campo de la rehabilitación clínica de la memoria, uno de los tipos de amnesia más difíciles de superar incluye la incapacidad del paciente para integrar nueva información al conocimiento que se ha adquirido con anterioridad. Laird Cermak y sus colegas describen a un paciente con amnesia severa a quien, aunque capaz de aprender unos pocos auxiliares de la memoria, le era completamente imposible sacar provecho de ellos. Siempre que memorizaba hechos, lo hacía como lo haría un perico, con poca o ninguna comprensión de ellos. Sin la capacidad de atribuir significado a simples estímulos y lograr adquirir conocimientos básicos, este paciente había perdido más que la simple memoria, mucha de la capacidad fundamentalmente humana.

AUTOEVALUACIÓN: La memorización de patrones significativos *versus* modelos aleatorios

La capacidad de memorización depende de la integración de datos en patrones familiares o conocidos. Cuando se les presenta una configuración de 28 piezas de ajedrez de un juego real (abajo a la izquierda), los jugadores profesionales son capaces de memorizar unas 16 piezas en tan sólo cinco segundos, mientras que los principiantes memorizan sólo unas cuatro piezas. Cuando se les presenta un tablero de ajedrez que tenga las mismas piezas pero acomodadas de manera aleatoria (abajo a la derecha), los expertos y los principiantes se desempeñan de igual manera. Si conoces las reglas del ajedrez, estudia durante un minuto el tablero de la izquierda y memoriza tantas posiciones como te sea posible. Enseguida, intenta hacer lo mismo con el tablero de la derecha.

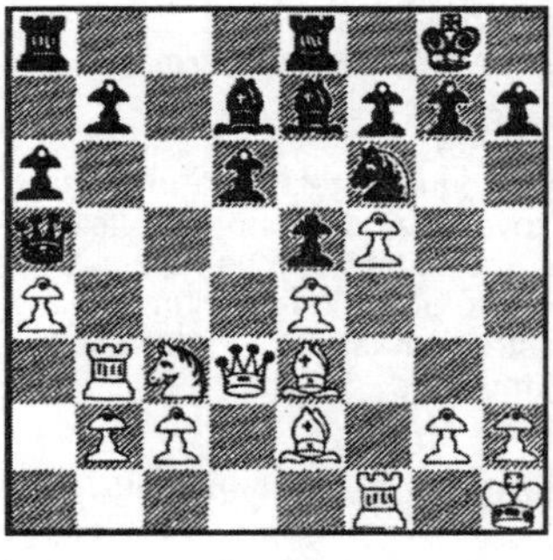

AUTOEVALUACIÓN: Memorizar listas como si fueran relatos

Un truco típico para memorizar listas arbitrarias es conectar los elementos de manera significativa, relacionándolos unos con otros en un relato. Por ejemplo, toma la siguiente lista de elementos que en apariencia no se relacionan:

avión	bola
hiena	grasa
queso crema	monumento
luna	cartero
volcán	almuerzo

La mayoría de las personas, cuando se les presenta una lista como ésta, sienten que su memorización resulta una tarea tediosa o hasta intimidante. Sin embargo, considera una forma alternativa de presentación (basada en Bower and Clark 1969; Higbee 1977; y Crovitz 1979):

La primera palabra es avión, sólo recuerda esto en la forma que desees. La siguiente palabra es hiena, porque todos los pasajeros que van sentados en los asientos son hienas. La siguiente palabra es queso crema, porque cada una de las hienas está comiendo un sándwich de queso crema. La siguiente palabra es luna, porque la luna está en realidad hecha de queso crema. La siguiente palabra es volcán, porque hay un volcán en la luna. La siguiente palabra es bola, porque el volcán en la luna hace erupción, arroja bolas. La siguiente palabra es grasa, porque las bolas están cubiertas de grasa. La siguiente palabra es monumento, porque las bolas tienen tanta grasa que ésta fluye hasta el Monumento a Washington. La siguiente palabra es cartero, porque un grupo de carteros está haciendo un recorrido por el Monumento a Washington. La última palabra es almuerzo, porque cuando los carteros terminan su recorrido irán a almorzar.

Después de que se les presenta este pequeño relato, la mayoría de las personas puede recordar, al revés y al derecho, las diez palabras que se incluyen en él. Este tipo de método nemotécnico, lo que en nuestros días se conoce como una "codificación elaborada" del material, se puede rastrear hasta por 2,500 años, virtualmente hasta el poeta griego Simonides.

(continúa en la siguiente página)

Una nemotecnia que no funciona bien para memorizar listas arbitrarias, implica lo que algunas veces se conoce como "nemotecnia de la primera letra". Por ejemplo:

hacha
sport
pelota
tronco
leopardo

Al utilizar la primera letra de cada palabra e insertar vocales cuando se necesiten, puedes formar una palabra como "HOSPITAL". ¿Es acaso un truco efectivo para codificar y recuperar? No. Este tipo de método nemotécnico sólo es útil para memorizar *el orden* de elementos ya conocidos, como en el uso de la frase en inglés "Richard of York Gave Battle in Vain" para memorizar el orden de los colores del arco iris.

AUTOEVALUACIÓN: El efecto del contexto sobre la memoria

No sólo son los relatos mucho más fáciles de recordar que las listas, sino que la narración más fácil de recordar es aquella que se torna significativa al presentarse en un contexto determinado. Al saber de manera anticipada de lo que se trata el relato, hace que sea mucho más fácil recordar los detalles después de que se narra.

Considera el siguiente relato:

Mil caras felices soñaban en sus amigos y amantes que los esperaban en el norte. En la profundidad, un recipiente con la sustancia que respiramos dio chispas de vida, estalló y se incendió. De la vida vino la muerte. Todo se ahogó dentro de un capullo ensombrecido. El mundo inferior de criaturas escamadas se apresuraron a saludarlo y el lodo llenó sus ojos. Una nación daba vueltas conmocionada. Los amigos y los amantes observaban cajas encendidas y lloraron.

Después de leer el relato, ¿cuánto recuerdas? Es posible que no mucho. Ahora, considera que el relato es acerca de un desastre en los Everglades o región pantanosa de Florida en el que un jet comercial lleno de pasajeros se estrelló en los pantanos plagados de reptiles. Enseguida lee la narración una vez más. ¿Qué tanto puedes recordar esta vez?

EJERCICIO: Sendero de la memoria

Empieza en cualquier casilla marcada con "Kn" y avanza como lo haría un caballo de ajedrez (un movimiento en forma de **L**: sobre un escaque y dos hacia abajo, o sobre dos y uno hacia abajo) en cualquier dirección. Sólo puedes avanzar hacia otro de los puntos y no debes pasar sobre los puntos. No puedes estacionarte dos veces sobre el mismo punto ni retroceder mientras buscas tu camino hacia la parte inferior. Tu última jugada debe terminar exactamente sobre una estrella. Para dificultarlo aún más, puedes entresacar un orificio del tamaño de una moneda en el centro de un pedazo de papel y colocarla sobre el tablero, de forma que puedas ver sólo unos cuantos puntos a la vez mientras avanzas y buscas la ruta correcta. Al final de esta página se te da una pista si se te dificulta.

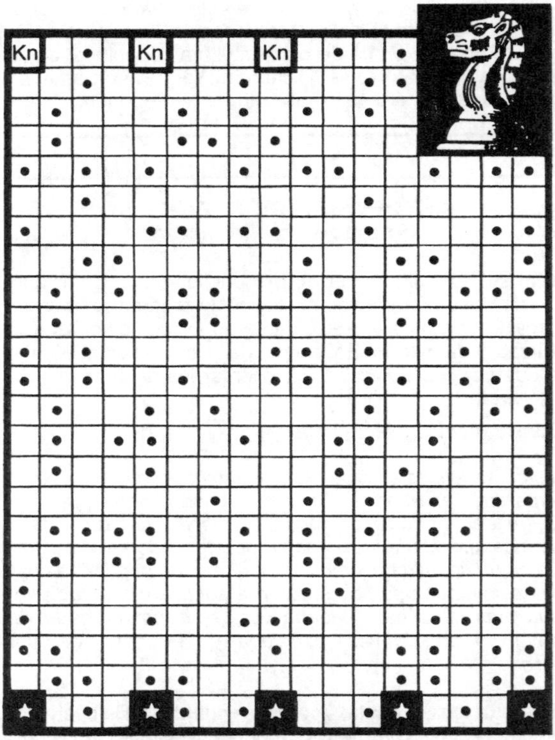

Pista: Una ruta que comprende 26 movimientos empieza al extremo derecho de la casilla marcada con "Kn" y se entrelaza hacia la estrella en la parte inferior de ésta, después se lanza hacia la izquierda y termina en la estrella inferior izquierda.

Un poco de estrés ayuda a la memoria pero demasiada tensión la destruye

Algunos trabajos recientes relacionados con afirmaciones neurológicas de las deficiencias cognoscitivas de las personas de edad avanzada, refuerzan aún más otro ejemplo de sabiduría tradicional: *¡demasiado estrés te envejece antes de tiempo!*

Como sabemos en la actualidad, la memoria es todo, menos una capacidad pasiva. Muchos factores pueden influenciar el hecho de que se forme o no una memoria a largo plazo de un acontecimiento o evento específico. Uno de estos factores es nuestro estado emocional: es más factible que un suceso estresante con carga emotiva se recuerde mejor que uno que se presente cuando no existe una fuerza emocional.

Razón por la cual mejora la memoria después de ingerir alimentos...

Aunque existen varias teorías respecto a la razón exacta por la cual ocurre esto (véase "Imagínate un medicamento para acrecentar la memoria" página 79), una propuesta dice lo siguiente: El estrés físico y sicológico origina que el sistema nervioso simpático estimule la liberación de ciertos neurotransmisores tales como la epinefrina. Estos neurotransmisores hacen que el cerebro utilice una cantidad mayor de glucosa, aunque por otra parte, algunas investigaciones difieren en cuanto a la razón por la que la glucosa tiene este efecto —se ha demostrado de manera concluyente, que la glucosa acrecienta la memoria, aun en pacientes que padecen Alzheimer. Ésta es la razón por la cual la memoria se mejora después de tomar algún alimento.

...pero el estrés interfiere con la memoria

El estrés también libera una segunda oleada de hormonas de acción más lenta que se conocen como glucocorticoides. A niveles bajos, como los que se presentan de forma natural durante el día, los glucocorticoides favorecen la formación de la memoria a largo plazo. Sin embargo, en concentraciones más altas de estrés producido por inducción, estas hormonas tienen un efecto inhibidor sobre la memoria y un efecto tóxico en las neuronas. (véase "Cortisol", página 209).

Una vez que todos los detalles del papel de los glucocorticoides se clarifiquen, existe la esperanza de que algunos medicamentos que manipulan los niveles de estas hormonas puedan ayudar a disminuir los efectos del envejecimiento y, en particular, logren prevenir el deterioro del poder de la memoria. Mientras tanto, sigue el consejo de tu madre y aprende a relajarte.

LA INVESTIGACIÓN

Existen dos clases de células receptoras glucocorticoides en el hipocampo (parte del cerebro que tiene un papel decisivo en algunos tipos de memoria —véase "De hecho, tu memoria está formada de muchos procesos", página 75) Una clase que estimula la función de incremento de la memoria, se activa por niveles bajos de esta hormona. Una vez que estos receptores se saturan, los niveles más altos activan un tipo diferente de célula receptora que tiene un efecto opuesto que inhibe la memoria. (¡Imagínate cuántas mujeres desearían soportar un segundo parto si esto no sucediera!) Una de las formas probables en que este conjunto de células puede inhibir la función de la memoria es interferir con la conducción y captación de la glucosa.

Si los glucocorticoides se mantienen a niveles de estrés inducido durante periodos de varias semanas, ocasionarán una atrofia de las bifurcaciones dendríticas de las neuronas del hipocampo. (Las dendritas son las estructuras ramificadas que transmiten señales hacia el cuerpo celular de una neurona.) Sin embargo, este daño es reversible.

Por el contrario, si los niveles de estrés de los glucocorticoides se mantienen estables por un periodo de varios meses, se presenta una pérdida irreversible de las neuronas del hipocampo. En algunos experimentos con ratas, los efectos de esta clase de pérdida se parecen a los efectos de envejecimiento acelerado. Además, mientras más viejo sea el animal, más vulnerable será.

AUTOEVALUACIÓN: Formación de la memoria por medio de un incremento de las emociones

A continuación presentamos un experimento que puedes utilizar para probar la versión que afirma que las emociones favorecen la formación de la memoria. En las siguientes páginas se exponen dos relatos, de igual tamaño y complejidad, pero que evocan diferentes niveles de emoción. La prueba no toma mucho tiempo, sin embargo, necesitarás varios participantes que estén dispuestos a hacerla.

Para evitar efectos que interfieran, selecciona una persona diferente para cada relato, y no presentes ambos a la misma persona o grupo de sujetos.

No informes con anticipación que se preguntará a los participantes detalles del relato. Con el pretexto de querer descubrir qué clase de emociones despierta el relato, lee la versión neutral a un amigo mientras éste lo sigue y observa al mismo tiempo las ilustraciones que lo acompañan. Intenta lo mismo con un amigo diferente pero utilizando la versión que despierta emociones.

VERSIÓN NEUTRAL

1. *Una abuela y su nieto salen de su casa por la mañana.*
2. *Ella lo lleva a la parada del autobús en donde tomará un camión que lo lleve al trabajo de su mamá.*
3. *Su madre trabaja en un laboratorio muy grande de investigaciones químicas en la periferia de la ciudad.*
4. *Caminan hasta la parada del autobús.*

5. *Mientras que la abuela estudia los horarios del autobús, llega un autobús a la parada.*
6. *Dos mujeres bajan del autobús.*
7. *Una saluda al niño y le acaricia la cabeza.*
8. *Cuando la abuela le pregunta a la mujer si ése es el autobús correcto que lo llevará al laboratorio de investigaciones químicas, ella dice que sí.*

9. *La mujer se retira y la abuela pone al niño en el autobús.*
10. *El autobús lleva al niño hasta la periferia de la ciudad.*
11. *Cuando se baja el niño, advierte que se encuentra en un área hermosa en donde hay muchos árboles y pájaros.*
12. *El chofer le indica al niño que si quiere que su madre lo recoja, la debe llamar desde un teléfono público.*

13. *Encuentra un teléfono público cerca de la parada del camión y le llama.*
14. *Ella lo recoge y lo lleva hasta su lugar de trabajo.*

(continúa en la siguiente página)

VERSIÓN QUE DESPIERTA EMOCIONES

1. *Una abuela y su nieto salen de su casa por la mañana.*
2. *Ella lo lleva a la parada del autobús en donde tomará un camión que lo lleve al trabajo de su mamá.*
3. *Su madre trabaja en un laboratorio muy grande de investigaciones químicas en la periferia de la ciudad.*
4. *Caminan hasta la parada del autobús.*

5. *Mientras que la abuela estudia los horarios del autobús, un automóvil se acerca a la parada del autobús.*
6. *Dos hombres saltan del automóvil.*
7. *Uno de ellos agarra al niño y de un golpe lo deja inconsciente.*
8. *Cuando la abuela empieza a gritar, el otro hombre le dispara.*

9. *Los dos hombres vuelven a subir al automóvil llevándose al niño y se van, dejando a la abuela sangrando en la banqueta.*
10. *Se llevan al niño a su escondite.*
11. *Cuando el niño vuelve en sí, está en un sótano oscuro con muchas ratas y telarañas.*
12. *Uno de los secuestradores le advierte al niño que si no quiere que lo lastimen, debe llamar por teléfono a su mamá y decirle que debe traerles diez mil dólares.*

13. *Le dan un teléfono y él la llama.*
14. *Ella paga el rescate y el niño regresa con su madre.*

(continúa en la siguiente página)

Deberás esperar una semana aproximadamente antes de hacer a los sujetos una pregunta abierta acerca de los detalles del relato que cada uno recuerda. Como verificación adicional, haz las siguientes preguntas de opción múltiple:

PRUEBA PARA LOS QUE ESCUCHARON LA VERSIÓN NEUTRAL

Pregunta # 1 (referirse a la ilustración #1): ¿Quiénes son estas dos personas?
A) una madre y su hijo **B)** una nana y un niño pequeño **C)** una tía y su sobrino **D)** una abuela y su nieto

Pregunta # 2 (referirse a la ilustración #2): ¿Qué es lo que le pregunta una mujer a la otra?
A) ¿a qué hora llega el autobús? **B)** si sabe el nombre del niño **C)** ¿de dónde viene el autobús? **D)** ¿a dónde va el autobús?

Pregunta # 3 (referirse a la ilustración #3): ¿Qué le dice el chofer al niño? **A)** que debe llamar a su madre de un teléfono público para que lo recoja **B)** que olvidó pagar su boleto **C)** que debe esperar a su mamá cerca del árbol **D)** que espera que tenga un buen día

PRUEBA PARA LOS QUE ESCUCHARON LA VERSIÓN QUE DESPIERTA EMOCIONES

Pregunta # 1 (referirse a la ilustración #1): ¿Quiénes son estas dos personas?
A) una madre y su hijo **B)** una nana y un niño pequeño
C) una tía y su sobrino **D)** una abuela y su nieto

Pregunta # 2 (referirse a la ilustración #2): ¿Por qué le dispara el hombre a la mujer?
A) porque trató de quitarle al niño **B)** porque empezó a gritar
C) porque no quiere testigos **D)** porque ella dijo que llamaría a la policía

Pregunta # 3 (referirse a la ilustración #3): ¿Qué le dice el hombre al niño? **A)** que debe dejar de gritar **B)** que nunca volverá a ver a su madre **C)** que debe llamar a su madre y pedirle el dinero del rescate **D)** que lo matarán si le dice algo a la policía

EJERCICIO: Alfabético

Los ejercicios "alfabéticos" son similares a los crucigramas, pero hay que usar cada consonante del alfabeto una vez nada más. (Si quieres hacerlo muy difícil, no veas las claves.)

No trates de leer el texto invertido que está al final de la página hasta que hayas llenado la solución lo mejor que puedas. Después cubre el ejercicio y las claves con una hoja de papel. Anota las dos o tres claves y soluciones que recuerdes con más facilidad. ¿Tienen mayor significado emocional para ti que las que no te fue tan fácil recordar, o no?

HORIZONTAL

1. Expresión de disgusto.
4. Pronombre relativo y posesivo.
6. Peluca que cubre sólo la parte delantera de la cabeza.
7. Líquido que sale de la cáscara de algunas frutas.
9. Ave con cresta roja y pico corto.

VERTICAL

2. Vender un producto al extranjero.
3. Cubre y protege almohadas.
5. Medida de peso.
8. Fruta de la que se extrae el vino.

"¿En dónde puse mi Prozac?"

Todos sabemos que la pérdida de la memoria va de la mano con el envejecimiento. Mientras que la falta de memoria puede prevenirse hasta cierto grado, por lo general aceptamos que las personas mayores no tienen la misma agilidad mental para recordar que los niños o los jóvenes. ¿No es así?

Sí y no. Ciertas evidencias cada vez más numerosas, muestran que en muchos casos, un deterioro en la capacidad de la memoria se puede deber no sólo a los cambios neurológicos inevitables propios de la edad, sino que, por lo menos en parte, pueden provenir de una depresión sicológica. La depresión parece relacionarse con un acrecentamiento del riesgo de desarrollar la enfermedad de Alzheimer y otras demencias seniles —así como con un pronóstico deficiente de la recuperación de una embolia o infarto.

Por supuesto que no debe subestimarse la complejidad de la interacción entre la disposición de ánimo y la memoria. Las personas de memoria superdotada se tratan en otra parte de este libro (véase "¿Por qué los relatos son más fáciles de recordar que las listas?" página 105). Estos individuos son, por lo general, personas que sostienen un conjunto tal de intereses con su entorno que la nueva información se codifica con rapidez de manera significativa y "elaborada". Esta clase de *compromiso* activo con el mundo, es casi por definición, lo opuesto a una depresión sicológica. Según los manuales de diagnóstico, los síntomas comunes de la depresión incluyen apatía y falta de interés en pasatiempos y actividades que por naturaleza son agradables.

La depresión destruye la memoria con mayor rapidez que la edad

De igual manera, el apartarse de una participación en actividades mentales que presentan un reto, puede llevar a la depresión. Esta es la razón por la cual la depresión con frecuencia se presenta junto con la jubilación o retiro.

La lección que puede derivarse de esto es sencilla. Ya que la alegría y la agudeza mental son mejores amigas que la falta de memoria y el envejecimiento, la mejor manera de ser feliz es mantenerse alerta y activo, lo quieras o no. Por supuesto, si aquello que te reta intelectualmente es algo que te gusta hacer, será aún mejor. La mejor manera de mantener tu mente alerta es mantenerte rodeado de lo que los sicólogos llaman "un entorno enriquecido" —actividades desafiantes y relaciones interesantes— lo que a su vez te convertirán en una persona más feliz.

AUTOEVALUACIÓN: Geografía

A continuación se proporcionan siete naciones de Oriente Medio que están en las noticias. Sus conflictos fronterizos pueden resolverse con rapidez con sólo trazar tres líneas rectas desde cualquier lado del recuadro a otro sin tocar ninguna nación. Cuando termines, cada una de las naciones debe quedar completamente encerrada en su propia área. Escribe el nombre de cada una de las siete naciones enseguida de los números que se dan en la parte inferior del mapa. A continuación escribe ese número en el círculo que aparece cerca de la configuración de cada nación.

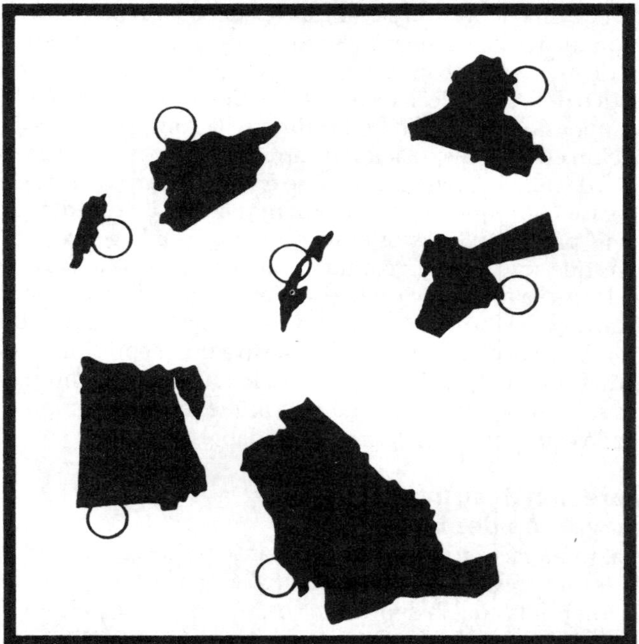

1 ________	**4** ________	**7** ________
2 ________	**5** ________	
3 ________	**6** ________	

Normas: Siete respuestas correctas — excelente
Cinco respuestas correctas — bueno
Cuatro respuestas correctas — regular

Pista: Líbano, el más pequeño al extremo izquierdo, e Israel, el más pequeño en el centro, están encerrados en un triángulo pequeño diferente. La primera línea que traces debe dividir a Arabia Saudita de Egipto y separar a Siria de Irak.

¿Puede una actividad mental desafiante realizada durante toda la vida prevenir el deterioro cognoscitivo relacionado con la edad?

En un estudio hecho sobre la capacidad cognoscitiva y el envejecimiento en profesores universitarios, los catedráticos mayores mostraron el deterioro normal en tiempo de reacción y en algunos aspectos de la memoria, pero ninguna decadencia en la adquisición y organización de conocimientos conceptuales. Esto indica que la prosecución durante toda la vida de una actividad intelectual que requiera esfuerzo, puede contrarrestar la disminución propia de la edad en cuanto a planeación, organización y manejo de la información.

A los catedráticos más jóvenes (entre los 30 y 44 años), a los de edad media (entre los 45 y 59 años) y a los de mayor edad (entre los 60 y 71 años) de la Universidad de California en Berkeley, se les mostraron fragmentos en prosa y todos demostraron su capacidad para recordar el contenido. A diferencia de sujetos mayores de entre la población general, los profesores de mayor edad recordaron los hechos tan bien como sus colegas más jóvenes. (Véase "Conforme avanzan en edad, ..." página 123)

Memoria funcional

En una prueba de este proceso de memoria a corto plazo que comprendía verificación en línea o control de información, los profesores mayores no mostraron ningún efecto de "inhibición proactiva" —la interferencia de los detalles de una tarea de aprendizaje con la ejecución de otra semejante—. Por lo general, los individuos mayores mostraron una marcada disminución en su capacidad para excluir detalles accidentales de su mente mientras realizaban esta clase de tarea. Sin embargo, los catedráticos mayores parecían haber utilizado estrategias para superar o prevenir esto.

AUTOEVALUACIÓN. Razón por la que un testimonio puede ser inexacto pero no falso

Lee la siguiente lista a un amigo y pídele que repita cada una de las palabras que recuerde:

Cama, sopor, sueño, somnolencia, cojín, siesta, bostezar, dormitar, roncar

Es probable que tu amigo no sólo recuerde algunas de las palabras de la lista real, sino que también recuerde con falsedad una palabra obvia que no mencionaste: *dormir*

En algunos experimentos en los que se utilizan listas como la anterior, los escanogramas PET demuestran que la corteza auditiva se activa cada vez que se recuerda una palabra que se ha pronunciado con anterioridad, pero no lo hace cuando una palabra se recuerda de manera incorrecta.

AUTOEVALUACIÓN: Memorización de una prosa

No leas el texto en cursivas que se encuentra más abajo. Si es posible pide a un amigo que te lea uno de los párrafos. La lectura no debe ser apresurada, pero no se permite hacer pausas prolongadas y nada se debe repetir. Después de escuchar el pasaje completo, debes volver a relatar la narración con tanta exactitud como puedas recordar. Sé lo más específico que puedas. Incluye todos los detalles, no sólo las ideas generales o trama. Tu amigo debe seguir con atención la cantidad de hechos que recuerdas cuando le relatas de nuevo el pasaje que acaba de leerte. Cuando hayas terminado, compara tu calificación con las normas que se muestran al final de la evaluación.

Esta autoevaluación también puede hacerse sin ayuda si tienes un cronómetro. Lee el pasaje que no está dividido en segmentos (abajo) una sola vez a una velocidad normal de lectura; no tomes más de 30 segundos. Enseguida, escribe el relato de memoria como mejor lo recuerdes y asígnate puntos con referencia al pasaje que está dividido en segmentos (lado opuesto).

Jimmy Johnson, un corredor de pista de la parte oeste de Los Ángeles, estaba un día comprando ropa en Beverly Hills. A unos 10 metros de distancia de él, un joven de 15 años de los alrededores asaltó a una anciana de 70 años. Jimmy persiguió al asaltante por cinco cuadras, lo atrapó y le regresó a la anciana sus 10 dólares. La anciana le dijo que necesitaba el dinero para celebrar el Bar Mitvah de su nieto. Le dio 15 centavos de recompensa.

Las neuronas son las unidades funcionales del sistema nervioso. Transmiten señales de una parte del cuerpo a otra. Las neuronas tienen un cuerpo celular relativamente amplio y dos tipos de lo que se conoce como "procesos": uno que envía señales a las células del cuerpo, que se llaman dendritas; el otro tipo que lleva las señales fuera del cuerpo celular y que se llaman axones. Con frecuencia, un axón se bifurca y al final de cada ramificación se encuentran botones sinápticos, que al liberar unos químicos que se conocen como neurotransmisores, envían señales a lo largo de una sinapsis y hacia otras células.

(continúa en la siguiente página)

Versiones divididas en segmentos

Jimmy Jonson,/ un corredor de pista/ de la parte oeste de Los Ángeles,/ estaba un día/ comprando ropa/ en Beverly Hills./ A unos 10 metros de distancia,/ un joven de 15 años/ de los alrededores/ asaltó/ a una anciana de 70 años./ Jimmy persiguió al asaltante/ por cinco cuadras,/ lo atrapó/ y le regresó/ a la anciana sus 10 dólares./ La anciana le dijo/ que necesitaba el dinero/ para celebrar el Bar Mitvah de su nieto./ Le dio/ 15 centavos de recompensa./

Las neuronas/ son las unidades funcionales/ del sistema nervioso./ Transmiten señales/ de una parte del cuerpo a otra./ Las neuronas tienen un cuerpo celular/ relativamente amplio/ y dos tipos de lo que se conoce como procesos:/ uno que envía señales/ a las células del cuerpo,/ ue se llaman dendritas;/ el otro tipo/ que lleva las señales fuera del cuerpo celular/ que se llaman axones./ Con frecuencia, un axón se bifurca/ y al final/ de cada ramificación se encuentran botones sinápticos,/ que al liberar unos químicos/ que se conocen como neurotransmisores,/ envían señales/ a lo largo de una sinapsis/ y hacia otras células.

Calificación: Cada pasaje se divide en 20 "hechos" o detalles significativos, como se indica en la versión dividida en segmentos (en la que las frases que contienen un hecho se separan por líneas diagonales). Se debe recordar de manera correcta cada uno de los hechos para poder obtener el número máximo de puntos. Si recuerdas todos los 20 hechos, tu calificación será 20/20 ó sea 100%. Si se recuerdan 12 hechos se obtendría un puntaje de 12/20 ó sea 60%.

Normas (cuando el pasaje se lea en voz alta al sujeto): Para el primer pasaje, la norma para jóvenes es de 12 correctos o 60%; para sujetos de edad avanzada, 10 correctos o 50%.

El segundo pasaje, que es más técnico, tendría normas un poco más bajas. (Al menos aprenderás algo interesante.)

EJERCICIO: Pares personales

Forma los 10 pares más lógicos de entre los 20 objetos diferentes. Utiliza cada dibujo sólo una vez y no omitas ninguno. Forma parejas de tal manera que las 10 sean las combinaciones de similitudes más viables. No existe una respuesta "correcta". Este ejercicio requiere que conserves imágenes específicas en la "memoria funcional" a corto plazo mientras que trabajas con los 10 pares sin tomar notas. En la sección de "Soluciones" se presentan 2 posibles combinaciones de 10 pares.

A vía de diversión, pide a un amigo que haga lo mismo y compara si seleccionaste los objetos de la misma forma que lo hizo tu amigo. Asigna dos puntos para cada par de los tuyos que se igualen a la respuesta de tu amigo y un punto por cada uno que no concuerde con su respuesta. Si tienes que omitir algún dibujo, resta un punto por cada uno de ellos.

Después de terminar este ejercicio, haz lo mismo con los ejercicios en las páginas 124 y 127. Aunque ya hayas hecho esos ejercicios una vez, te sorprenderá descubrir cómo la inhibición proactiva interfiere con tu habilidad para formar, de manera correcta, pares de rostros, palabras o símbolos, sin volver a estudiarlos.

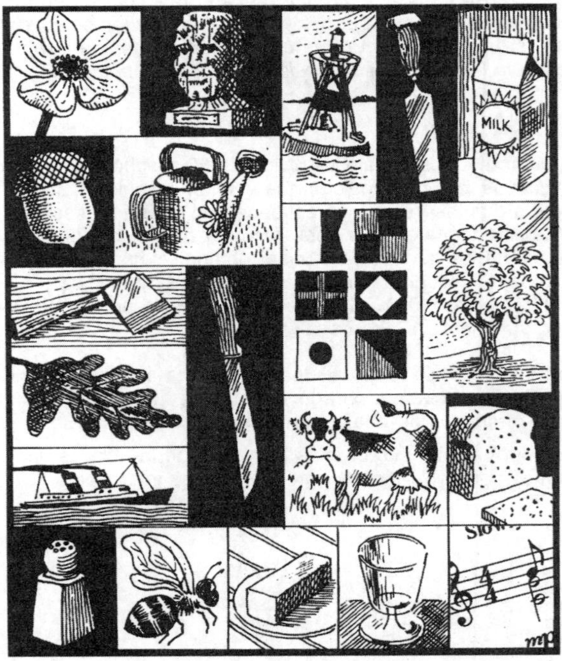

Conforme avanzan en edad, la mayoría de las personas, tienden a advertir ciertos problemas con su "memoria funcional"

La memoria funcional es el tipo de sistema de memoria a corto plazo que utiliza el cerebro cuando necesita retener información sólo el tiempo suficiente como poder manejarla o verificarla "en línea." En las personas de edad avanzada, el uso de la memoria funcional tiende a fallar porque los datos que aprenden de forma temporal para hacer algo, interfieren con la información nueva que tratan de ubicar en su memoria funcional para abordar el siguiente asunto. Este fenómeno se conoce como "inhibición proactiva" —la interferencia de los detalles de una tarea de aprendizaje con la ejecución de una segunda que sea semejante— (véase" Una causa importante del olvido," página 89).

A las personas, conforme avanzan hacia los 60 años, por lo general les empieza a fallar su "memoria funcional" a corto plazo. Por ejemplo un número telefónico que acaban de buscar, se les confunde con otro número que memorizaron recientemente.

Por lo general, las personas mayores muestran una disminución marcada en su capacidad para excluir detalles accidentales de su mente mientras ejecutan las clases de tareas que se muestran en las siguientes evaluaciones de "aprendizaje por asociación de pares". (De manera semejante, muchas personas de edad avanzada también advierten que se les hace más difícil concentrarse en una conversación si otras personas están hablando en el trasfondo).

Sin embargo, los profesores universitarios de edad avanzada con frecuencia logran superar este problema

Un estudio reciente de profesores en la universidad de California demostró que aparentemente los profesores de edad avanzada utilizaban estrategias para superar o prevenir los efectos de la inhibición proactiva, de la misma forma en que lo hacían los más jóvenes. Estos resultados sugieren que aquellos individuos cuya mente se ha mantenido activa hasta la senectud (de los 60 a los 71 años en ese estudio), no muestran esa clase de disminución "normal" en la capacidad mental.

Casi cualquier prueba con fines de diagnóstico, cognoscitiva o de otra índole, fácilmente puede saltar y revelar algo más que la tarea limitada para la que fue diseñada. Las pruebas que presentamos a continuación fueron diseñadas para revelar el efecto de la inhibición proactiva (véase "¿Puede una actividad mental desafiante..." página 119). Si cualquiera de los nombres o rostros que aparecen en ellas provoca una respuesta emocional, quizá la evaluación mejore porque es posible que los datos estén almacenados como parte de una memoria más permanente.

AUTOEVALUACIÓN: Inhibición proactiva (pictórica)

Necesitarás un cronómetro. Tu tarea es recordar qué rostro femenino va con qué rostro masculino. Antes de ver la siguiente página, estudia, durante 4 segundos cada uno (24 segundos en total), los seis pares de rostros que se encuentran en esta página; después lee las instrucciones que se dan a continuación.

Enseguida, observa el recuadro de los seis rostros masculinos que se dan en la siguiente página. Equipara cada rostro masculino con uno de los rostros femeninos que aparecen en el recuadro inferior, basándote en los pares de esta página, como mejor los recuerdes. No tardes más de un minuto. (En estas tareas de tiempo limitado, pide a un amigo que te tome el tiempo para que te desentiendas del cronómetro.) Repite la tarea dos veces, observa el mismo tiempo límite.

(continúa en la siguiente página)

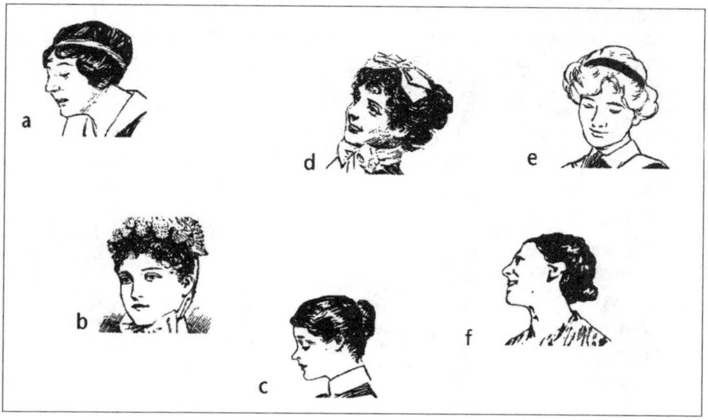

Normas:

Primer intento: dos correctas para adultos mayores (60-71 años), tres correctas para personas más jóvenes (18-21 años)

Segundo intento: dos correctas para adultos mayores, cuatro correctas para personas jóvenes

Tercer intento: tres correctas para adultos mayores, cinco correctas para personas jóvenes

1 ______

2 ______

3 ______

4 ______

5 ______

6 ______

AUTOEVALUACIÓN: Inhibición proactiva (verbal)

Teresa – Arturo Lupita – Sergio Nina – Carlos Marta – Armando
Lucía – David Gloria – Manuel Alma – Ricardo Carmela - Enrique
Estela – Edmundo Esperanza – Guillermo

Durante cuatro segundos, estudia cada uno de los 10 pares de nombres que se proporcionaron. Tu tarea es recordar cuál va con cuál. Utiliza un cronómetro para que no utilices más de 40 segundos en total. A continuación, cubre la lista con una hoja de papel. Enseguida, observa la lista de los 10 nombres femeninos que se dan a continuación. Relaciona cada uno de ellos con los nombre masculinos que se encuentran en la columna de la derecha, según los pares de la primera lista que se dio al principio. No te tardes más de un minuto en tu intento de equipararlos. Repite el mismo procedimiento dos veces, observa los mismos tiempos límite. Compara tus resultados con las normas respecto a edad que se proporcionan en la parte inferior.

Gloria	*Arturo*
Teresa	*Ricardo*
Nina	*Armando*
Lucía	*Enrique*
Carmela	*Guillermo*
Lupita	*Manuel*
Alma	*Sergio*
Marta	*Carlos*
Estela	*David*
Esperanza	*Edmundo*

Normas:

Primer intento: dos o tres respuestas correctas para las personas de edad avanzada, seis para los jóvenes

Segundo intento: cuatro a cinco respuestas correctas para las personas de edad avanzada, ocho a nueve para los jóvenes

Tercer intento: cinco correctas para las personas de edad avanzada, nueve correctas para los jóvenes

AUTOEVALUACIÓN: Inhibición proactiva (gráfica)

A continuación se presentan dos rejillas de 36 casillas, con un diseño en cada casilla. Algunos de los diseños aparecen en más de una casilla. Tu tarea es trabajar con rapidez a través de la primera rejilla y poner *una sola* marca en cada diseño cuando aparezca por primera vez. Para evitar que revises los hileras anteriores, cubre las filas superiores con una hoja de papel conforme vayas progresando. Para cuando llegues a la casilla inferior del lado derecho, deberás haber marcado cada uno de los diseños solamente una vez. Tienes un minuto para terminar esta tarea.

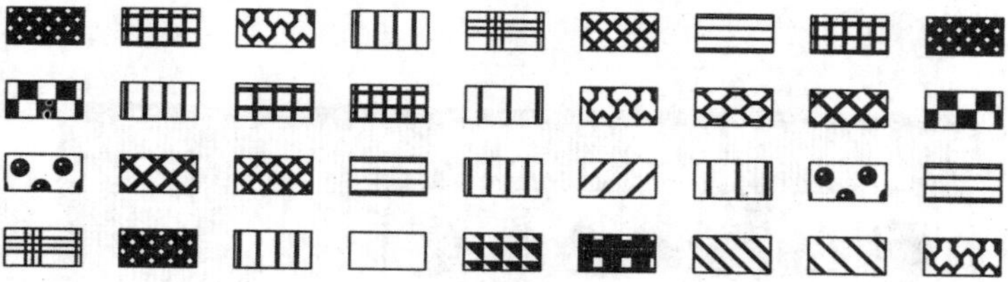

Al terminar la primera tentativa, suma tus errores y repite lo mismo en la segunda rejilla.
En esta tarea, a las personas mayores, por lo general les va peor en el segundo intento que en el primero. El incremento de errores que cometen las personas mayores promedio en la segunda tentativa, se debe a la inhibición proactiva —interferencia de una tarea previa con el desempeño de una tarea subsecuente del mismo tipo—. En general, las personas mayores tienen más problemas con este fenómeno y con la habilidad para dilucidar información accidental en tareas como ésta.

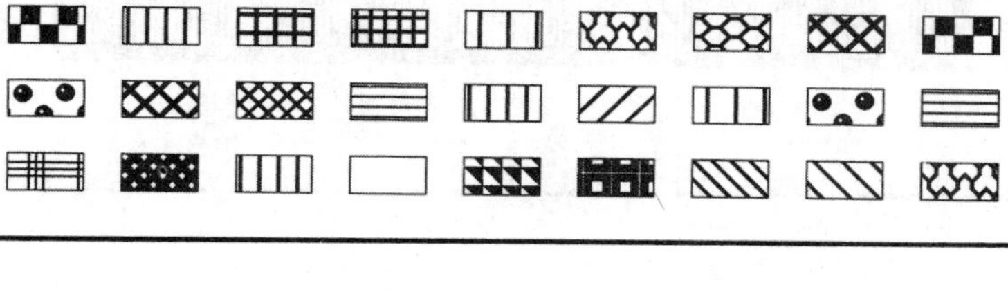

EJERCICIO: Un truco mental

Este ejercicio requiere de dos personas. Funciona en dos niveles. Un nivel es deducir cómo funciona el truco. El truco consiste en aparentar que eres capaz de leer la mente de alguien más al decirle en cuál de estos símbolos está pensando. Pide a la otra persona que seleccione cualquier símbolo y que sólo te indique en qué fila (1, 2, 3, 4, y 5) se ubica. Si, por ejemplo, se te dice "aparece en las filas 2, 4 y 5", te concentras en la gráfica durante unos instantes y después, con aire de gran misterio y sabiduría, declaras: "Seleccionaste la estrella dentro del círculo". En otro nivel, este ejercicio pone a prueba la habilidad para mantener los números de las hileras en la memoria funcional durante el tiempo suficiente como para lograr la respuesta correcta. Una "pista" de la forma en que este truco funciona, aparece en la parte inferior de esta página.

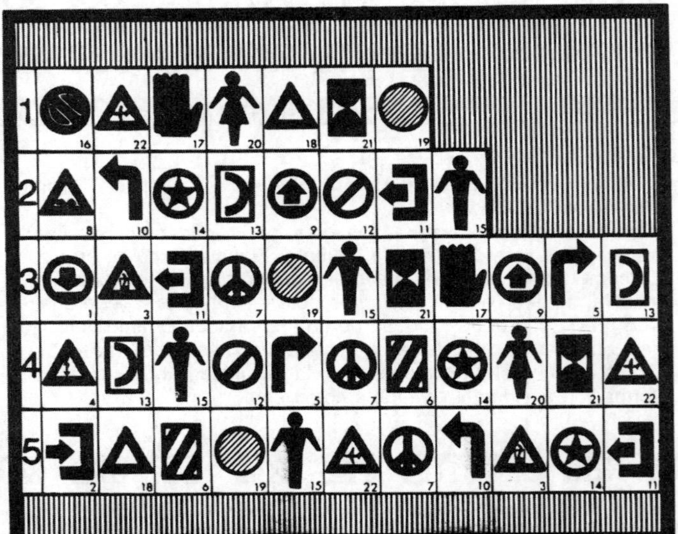

Pista: ¿Observaste los números pequeños que tiene cada símbolo? Los que están a la orilla de cada fila, cerca de los números grandes que identifican cada hilera son los más importantes.

El deterioro normal de la memoria a muy corto plazo se hace evidente en algunas pruebas aplicadas a personas mayores

El cerebro produce una sustancia química denominada acetilcolina cuya función es transportar mensajes entre las células que son responsables de la acción de recordar y del manejo de estrategias. La disponibilidad de dichos químicos neurotransmisores parece incrementarse en los cerebros que están acostumbrados a enfrentarse con frecuencia a retos de solución de problemas. Esto puede explicar, por lo menos en parte, el hecho de que algunas personas mayores no pierden estas habilidades tanto como otras de su misma edad. Los neuropsicólogos utilizan algunas variantes del ejercicio que se muestra en las páginas 130 y 131 para medir dichos cambios.

También cambia la capacidad para encontrar la estrategia más eficiente

En un estudio de las correlaciones entre la edad y las estrategias para resolver problemas que se emplea para el ejercicio que se presenta en las siguientes páginas, las personas mayores (60 años o más) demostraron que tenían menos probabilidad de utilizar la estrategia óptima de la que tenían las personas más jóvenes (14-35 años). Además, en un grupo de 64 participantes dividido en partes iguales entre jóvenes y adultos mayores, sólo el grupo de personas mayores utilizaron la estrategia menos eficiente. Para consultar un estudio relacionado véanse los artículos que se encuentran en las páginas 119 y 123.

Una autoevaluación semejante a la investigación de la memoria relacionada con la edad

Para este ejercicio necesitas un compañero de juego. Las dos rejillas extras que se encuentran en la página 133, te permiten experimentar con diferentes estrategias. Sin embargo, tal vez quieras fotocopiar las rejillas para que puedas realizar este juego cerebral otra vez con el mismo compañero o con uno diferente. En la cuadrícula de objetivos, puedes llevar cuenta de las diferencias que quien examina tenía en mente.

De algún modo esta prueba es semejante al juego denominado "Buque de Guerra". Para cada rejilla, el que "examina" debe seleccionar una cuadrícula sin decirle al "examinado" cuál ha escogido. (Se han escrito números y letras a las orillas con el fin de tener referencia e identificación accesibles). La tarea del "examinado" es encontrar la cuadrícula seleccionada por medio de la formulación de una serie de preguntas que tengan una respuesta afirmativa o negativa (sí o no). Mientras menos preguntas se formulen, el resultado será más elevado.

Para resolver un problema como éste, existen esencialmente tres posibles clases de estrategia

La estrategia más sencilla, pero la menos eficaz, es preguntar en cada cuadrícula que se vaya presentando: "¿es ésta la cuadrícula correcta?" Esta estrategia no está mal para las cuadrículas muy pequeñas, pero muy pronto se vuelve totalmente ineficaz para las más grandes. Por ejemplo, en una rejilla de 2 x 2, siempre obtendrás la respuesta correcta después de un máximo de tres preguntas; sin embargo, en una rejilla de 8 x 8 tal vez tengas que formular más de 63; y para una rejilla de 100 x 100, tal vez necesites 9,999 preguntas antes de acertar la cuadrícula seleccionada.

Por supuesto, con la estrategia menos eficaz, tal vez tengas suerte y le atines a la cuadrícula correcta después de la primera pregunta. Para una rejilla realmente grande, esto tendría la misma probabilidad que se tendría para sacar la lotería. Con la estrategia óptima, nunca obtendrás la cuadrícula correcta en la primera pregunta. No obstante, en promedio, para cualquier rejilla de 2 x 2 o más grande, te irá mejor con la estrategia óptima. En la parte inferior se da "una pista". En la sección de "Soluciones" se da una descripción de la estrategia óptima y mas eficaz.

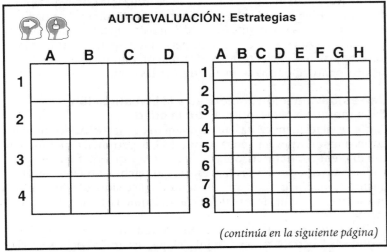

AUTOEVALUACIÓN: Estrategias

	A	B	C	D
1				
2				
3				
4				

	A	B	C	D	E	F	G	H
1								
2								
3								
4								
5								
6								
7								
8								

(continúa en la siguiente página)

Pista: Una estrategia un tanto más eficaz es proceder hilera por hilera y después, una vez que se encuentre la hilera correcta, proceder cuadrícula por cuadrícula hasta que se llegue a la correcta. Para una rejilla pequeña de 2 X 2, esta estrategia funciona tan bien como cualquier otra (número máximo de preguntas permitidas = 2), mientras que para una rejilla más grande, 8 X 8, el máximo número de preguntas que se permiten es de 14. Para una rejilla de 100 X 100, necesitarás hasta 198 preguntas, nunca excedas este número.

	A	B	C	D
1				
2				
3				
4				

	A	B	C	D	E	F	G	H
1								
2								
3								
4								
5								
6								
7								
8								

Rejillas de práctica

	A	B	C	D
1				
2				
3				
4				

	A	B	C	D	E	F	G	H
1								
2								
3								
4								
5								
6								
7								
8								

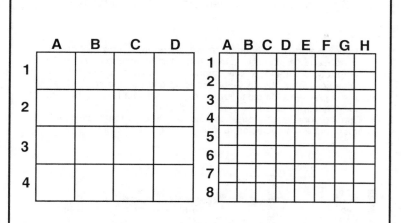

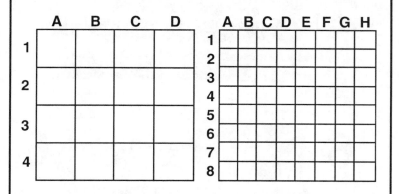

Rejillas de práctica

EJERCICIO: Eliminación de posibilidades

A continuación se presentan tres cajas de fruta: una contiene una docena de plátanos, otra una docena de limones y la tercera seis plátanos y seis limones. Todas las tapas de las cajas se han cambiado. Ahora imagina que puedes seleccionar una caja. Cierra los ojos, abre la caja, toma sólo la primera fruta que toques. No busques dentro de la caja. Cierra la tapa. Cuando veas la fruta que has seleccionado, ¿puedes decir qué frutas o qué combinación de frutas hay en cada caja?

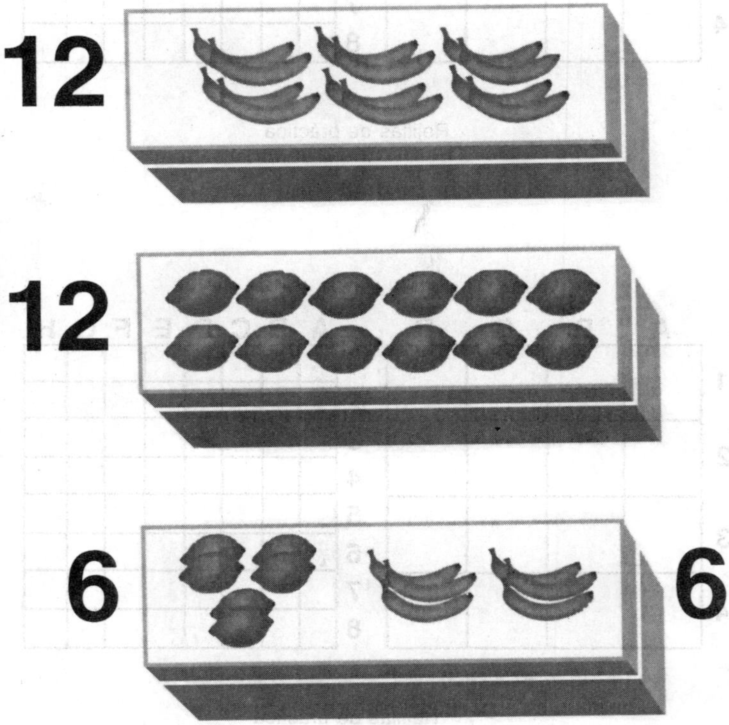

Pista: Empieza por la caja que te proporcione más información.

Nueva esperanza para aquellos que están en riesgo de padecer la enfermedad de Alzheimer: Terapia de reemplazo a base de estrógenos

Respecto a lo que un investigador sobresaliente llama "lo más prometedor que hasta ahora se ha dado respecto a la enfermedad de Alzheimer", algunas nuevas evidencias indican que los suplementos hormonales de estrógenos pueden prevenir y tal vez hasta revertir la forma más común de la demencia senil en las mujeres. Para respaldar esta conclusión existen estudios de población que muestran una incidencia reducida de Alzheimer y otros tipos de demencia, entre mujeres que están siendo sometidas a una terapia de reemplazo a base de estrógenos (en inglés ERT: *estrogen replacement therapy*), así como síntomas menos severos entre pacientes de Alzheimer que también están siguiendo esta terapia. Además, algunos estudios en animales demuestran que los estrógenos pueden estimular el crecimiento de las neuronas en las regiones cerebrales que se afectaron con la enfermedad de Alzheimer.

Desde la década de 1940, la terapia de reemplazo de estrógenos ha sido utilizada por millones de mujeres con el fin de contrarrestar algunos de los efectos o riesgos de la menopausia

En la década de 1950, era común que las mujeres tomaran estrógenos para los síntomas relativamente benignos como los bochornos y la resequedad vaginal. Algunas investigaciones recientes indican que la terapia de hormonas también puede ser eficaz para contrarrestar el creciente riesgo postmenopáusico de una osteoporosis o afección cardiaca.

La opinión médica relacionada con esta práctica ha sufrido fluctuaciones a través de las décadas por un entusiasmo inicial que se moderó en la década de 1970, debido a ciertas investigaciones que mostraban un aumento de 5 a 15 veces en el riesgo de la posibilidad de padecer cáncer uterino en aquellas mujeres que ingerían suple-

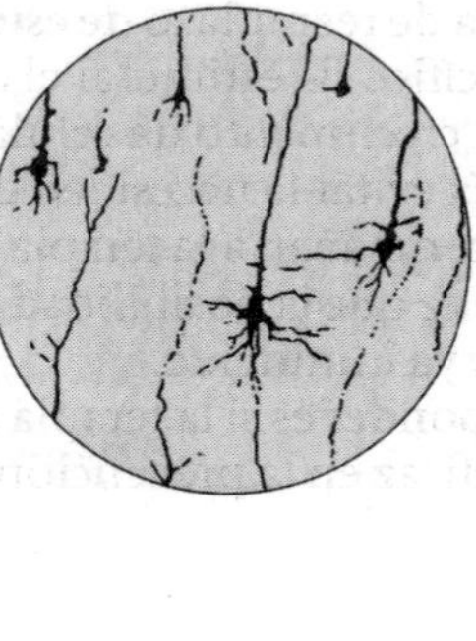

Compara esta ilustración de las células cerebrales conocidas como neuronas con la siguiente. La diferencia no está en el número de células, ya que ambas muestran alrededor de siete, sino en el número y longitud de las dendritas que se bifurcan de ellas. Mientras más dendritas se ramifiquen, mejor podrán aunar fuerzas para recordar información o dar solución rápida a problemas.

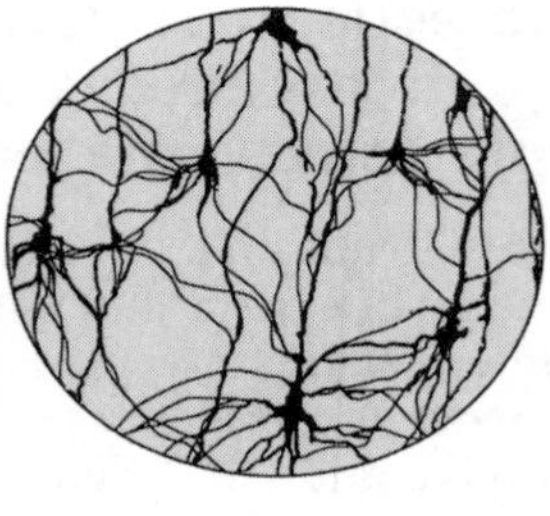

Este grabado ilustra algunas neuronas saludables y activas. El cerebro humano del adulto tiene millones de millones de éstas y cada una de ellas tiene miles de contactos con otras neuronas. Es posible que los estrógenos hagan que las células del cerebro expandan estos contactos. Por otra parte, un cerebro que se mantiene activo produce más dendritas que uno que está ocioso.

mentos de estrógeno. Esto condujo al empleo de la progesterona aunada al estrógeno, lo que parece disminuir la incidencia de cáncer uterino mientras que no priva de la capacidad de los estrógenos para combatir las afecciones cardiacas.

Uno de los cuestionamientos que todavía no ha recibido contestación es si los posibles beneficios del estrógeno para combatir el Alzheimer rebasan cualquier remanente potencial de riesgos de cáncer

También es todavía incierto si la progesterona, que parece anular el efecto del estrógeno en el desarrollo de un posible cáncer al inhibir la estimulación del crecimiento de células en el útero y los senos, pueda también inhibir la capacidad de los estrógenos para estimular el crecimiento de células nerviosas en el cerebro. En los roedores, una elevación en los niveles de estrógeno se asocia con un incremento de la densidad sináptica y de las dendritas nerviosas del cerebro, mientras que un aumento en los niveles de progesterona se asocian con una pérdida de sinapsis y dendritas.

Algunas investigaciones recientes ofrecen esperanzas de que cierto componente químico de un medicamento común de reemplazo de estrógenos, pueda llegar a incrementar las células cerebrales sin favorecer el crecimiento de células cancerígenas

Una de las facetas más alentadoras de esta nueva investigación es la posibilidad de aislar un componente derivado del medicamento común que se prescribe como terapia de reemplazo de estrógenos. Ese subcomponente tiene el efecto específico de estimular el crecimiento de las neuronas cerebrales mas *no* el crecimiento de células mamarias y uterinas. El éxito en esta área podría evitar la necesidad de los suplementos de progesterona que acompañan a la terapia de reemplazo de estrógenos. Ya existen reportes de que la posibilidad de aislar dicha molécula hormonal puede ser ya inminente.

Otro interrogante todavía sin responder es si la terapia de reemplazo de estrógenos puede llegar a ser eficaz en la prevención del Alzheimer en mujeres que están, de manera perentoria, en un grave riesgo de desarrollar la enfermedad, o sea las portadoras del "gen del Alzheimer," ApoE4. Si el estrógeno es eficaz para prevenir la demencia en este subgrupo de alto riesgo, no cabe duda de que sus efectos benéficos por lo menos pesarían más que sus riesgos.

En qué parte empiezan a degenerarse las neuronas en la demencia del Alzheimer

La incapacidad para recordar sucesos recientes es el primer signo del deterioro progresivo de la función cerebral y se presenta junto con una acumulación paulatina de "placas" proteínicas amiloideas. Empieza en la corteza a lo largo del interior del lóbulo temporal, propiamente en el hipocampo. Después se extiende a otros circuitos que incluyen la memoria de eventos que sucedieron en el pasado lejano. Empieza a fallar la capacidad para encontrar las palabras adecuadas para objetos comunes y se sigue por la ineptitud para reconocer lugares y personas conocidas y llega hasta no saber para qué se utilizan ciertos objetos como una taza para café. Las mujeres que mantienen su mente activa hasta la vejez son menos propensas a sufrir estos síntomas. Sin embargo, un inicio temprano del Alzheimer, que por lo general se manifiesta un poco después de cumplir los 50 años, es una condición que se ha heredado por genética que no puede reducirse o retrasarse con sólo mantener la mente activa.

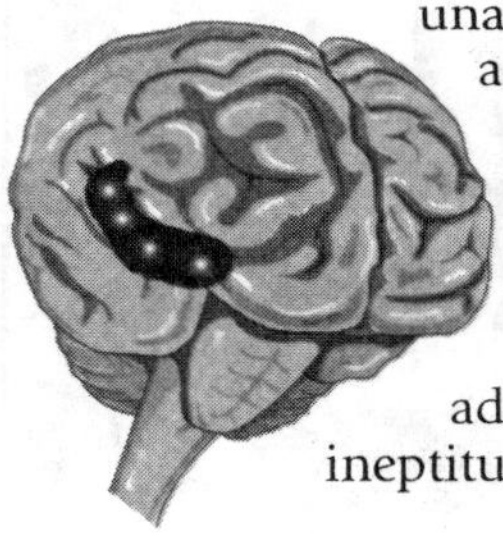

La acumulación de "placas" proteínicas amiloideas —en el hipocampo— acompañan la pérdida de memoria de eventos recientes.

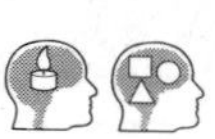

EJERCICIO: Sólo objetos únicos por favor

El propósito del ejercicio que a continuación se presenta es expandir un poco tu memoria a corto plazo. Hay dos de casi todos los objetos. Lo que lo hace interesante es la palabra "casi". No debería tomarte más de cuatro minutos el contar cuántos objetos se ilustran *una* sola vez.

Antes de revisar la pista que se te da al final del ejercicio o la respuesta en la sección de Soluciones, trata de encontrar la solución procurando conservar las imágenes sólo en tu mente y sin marcar ni escribir los nombres de los objetos que no tienen par. Antes de empezar prepara el cronómetro y toma sólo cuatro minutos.

(continúa en la siguiente página)

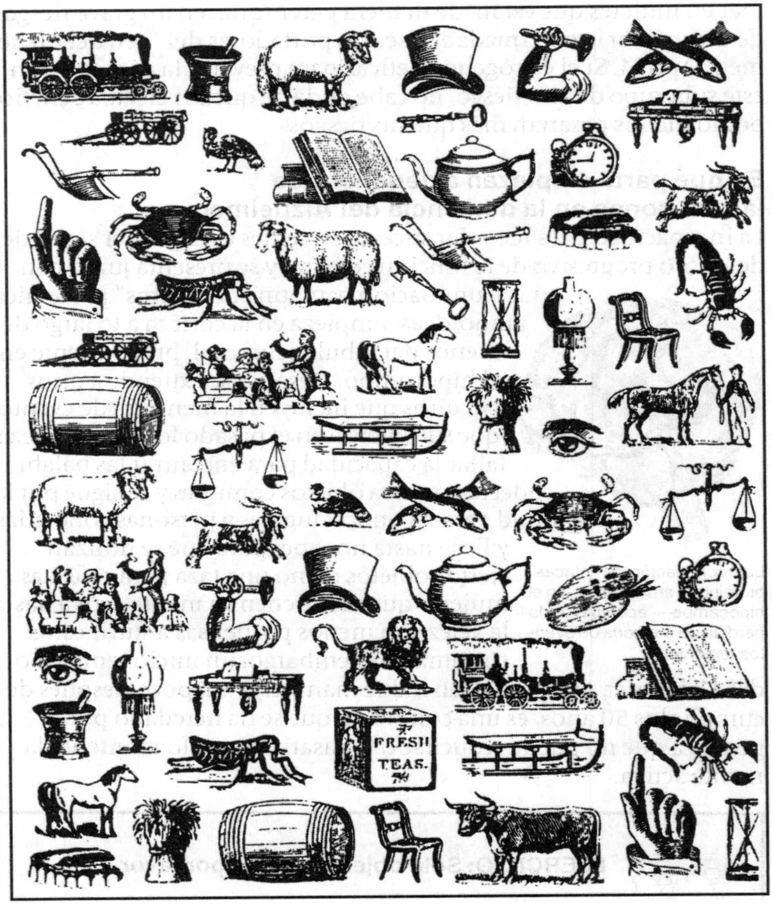

Pista: Busca los animales de sangre caliente y el té que es más agradable al paladar.

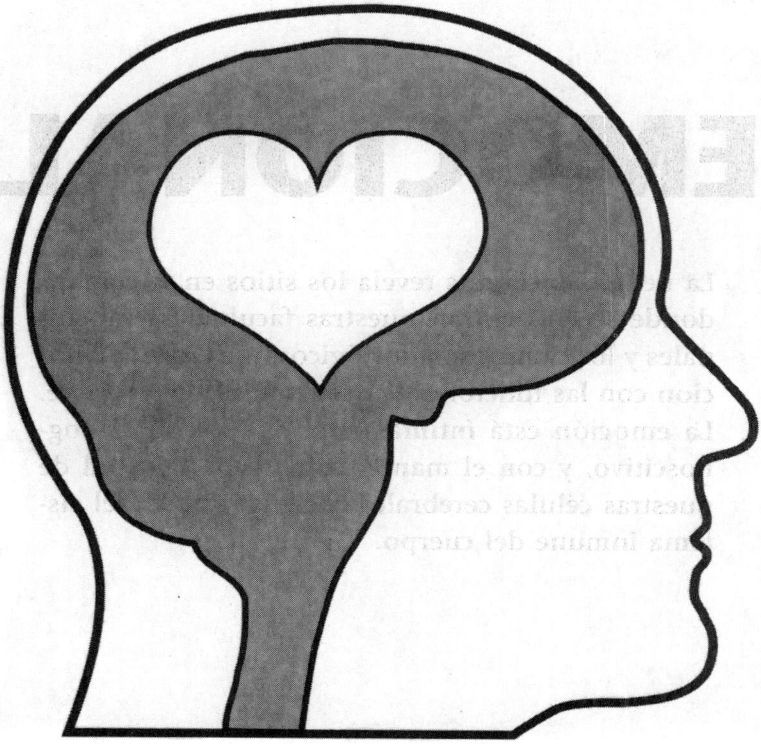

función emocional

EMOCIONAL

La neurociencia nos revela los sitios en el cerebro donde se encuentran nuestras facultades emocionales y los caminos neurológicos que unen la emoción con las funciones "intelectuales" de la mente. La emoción está íntimamente ligada con lo cognoscitivo, y con el mantenimiento de la salud de nuestras células cerebrales, al igual que la del sistema inmune del cuerpo.

Según un punto de vista que nos es familiar a todos, nuestro cerebro y nuestras emociones son elementos totalmente distintos, que a menudo compiten el uno con el otro. Aunque es posible que ya no estemos de acuerdo con la antigua noción occidental de que los estados de ánimo y los diversos humores, brotan de los fluidos de nuestros órganos corporales, aún conservamos la teoría popular de que el amor reside en el corazón. Quizá el hecho de que la neurociencia moderna se haya concentrado más en el papel que el cerebro tiene en los procesos cognoscitivos como la memoria, y no en la emoción, sea en parte un remanente de esta tradición.

Todo eso está cambiando. Ahora sabemos que la emoción, la cual depende de estructuras que se encuentran en el cerebro, tiene un papel crucial en la formación de la memoria. Hay una ruta neurológica que une directamente los centros del cerebro que se encargan de las emociones y de la memoria. La corteza, donde residen las facultades de "nivel superior" y las más complejas, podría participar en la acción de interpretar o evaluar un estímulo amenazador, pero sólo después de que la experiencia cargada de emociones se ha registrado en la memoria. De hecho, es muy difícil extinguir los recuerdos emocionales, aunque algunos que son especialmente traumáticos pueden desterrarse de la mente consciente, sólo para aparecer de nuevo años más tarde en momentos de tensión.

El estado de ánimo y el temperamento fluctúan de acuerdo a los niveles de neurotransmisores, sustancias químicas que participan en la transmisión de mensajes entre las células cerebrales. Algunas de las investigaciones médicas más desafiantes desde el punto de vista filosófico, que se llevaron a cabo en la última década, se centran en el manejo del estado de ánimo mediante fármacos que manipulan en el cerebro, los niveles de neurotransmisores como la serotonina y la norepinefrina. Por primera vez en la historia humana, cambiar el perfil emocional y en un sentido real, la personalidad, parece tan seguro y tan fácil como tomar una aspirina.

También estamos aprendiendo más, y a un paso muy rápido, sobre las complejas interacciones entre la emoción y la salud, lo que incluye la función del sistema inmune. La depresión se relaciona con afecciones cardiacas y con niveles bajos en el sistema inmune, mientras que la risa aumenta el número de células T. Uno de los descubrimientos más sobresalientes es que el estrés, al liberar la hormona conocida como cortisol, puede destruir células cerebrales y puede provocar Alzheimer. Cuanto más sepamos sobre esto, mejores serán nuestras posibilidades de controlar nuestra respuesta al estrés, lo que contrarrestaría sus efectos destructivos en el campo cognoscitivo, y nos ayudaría a conservar nuestro cuerpo y nuestra mente sanos.

Éste es un truco que tu cuerpo les puede jugar a tus emociones. La forma en que colocas los músculos de tu cara y tu postura pueden cambiar tus sentimientos. Si no lo crees, la próxima vez que te sientas triste, párate erguido, camina con paso ágil y forma una sonrisa con los músculos de tu rostro, abriendo bien los ojos. Empezarás a sentirte mejor. Lo opuesto también es cierto. De hecho, si se descubriera una droga capaz de alterar el estado de ánimo que fuera tan eficaz como esto, es probable que fuera ilegal venderla sin prescripción médica.

Es más barato que la ginebra

¿Qué pensarías de alguien que pudiera controlar su estado emocional con la misma facilidad con que se peina o saca la lengua? Tal vez pensarías que tiene un don especial o un poder poco usual como los que sólo se adquieren mediante años de práctica o entrenamiento. Resulta que probablemente el truco de manipular las emociones es más sencillo y más obvio de lo que jamás imaginaste; de hecho es tan obvio que ha estado frente a ti toda la vida y ni siquiera lo has notado.

Tienes más control de tus emociones de lo que crees

Por lo general pensamos en las emociones como algo que nos "pasa", algo que existe independientemente de nosotros, que surge en nuestro interior (y en ocasiones aflora) nos guste o no, o que llega del exterior y nos involucra en un suceso en el que sólo somos participantes pasivos. Considera la forma en que hablamos de las emociones: nos "vence el enojo", nos "paraliza el miedo", "entramos a un estado de confusión" o "estamos rebosantes de alegría". Un investigador de la Universidad de California ha acumulado, a lo largo de varios años, una cantidad impresionante de evidencias que contradicen este punto de vista. Entre otras cosas, ha demostrado que al manipular conscientemente los músculos faciales, uno puede generar activamente cualquier emoción que desee: enojo, miedo, disgusto, tristeza, o una alegría dulce y pura.

Puedes cambiar tu estado de ánimo cambiando tu expresión facial

Paul Ekman, junto con sus colegas de los departamentos de psicología y psiquiatría de la Universidad de California en Berkeley, la Universidad de Wisconsin en Madison y otros lugares, ha llevado a cabo experimentos que muestran que los sujetos que simplemente emplean sus músculos faciales según sus instrucciones, con frecuencia muestran muchos de los factores fisiológicos relacionados con las emociones ligadas a esas expresiones faciales: incremento en el ritmo cardiaco, temperatura más alta en los dedos, etc. Las cifras de los electroencefalogramas también muestran que al utilizar los músculos faciales que se relacionan con la felicidad, se obtiene la misma actividad cerebral en la zona frontal izquierda que se sabe se relaciona con la alegría espontánea. Y todos los sujetos informaron haber sentido subjetivamente las emociones que corresponden a todas las expresiones que formaron.

Las expresiones faciales y las emociones tienen un vínculo biológico

Esto concuerda muy bien con los descubrimientos independientes de Ekman sobre la universalidad de las expresiones faciales de la emoción. En su trabajo de campo con culturas aisladas de Nueva Guinea cuyo nivel cultural no incluye la lectura y la escritura, descubrió que los miembros de esas culturas identificaban las descripciones de emociones con fotografías de expresiones faciales, de la misma manera en que lo harían sujetos de la cultura occidental.

Este tipo de evidencia indica que existen vínculos firmes entre ciertos movimientos musculares y la actividad cerebral y motora autonómica (ritmo cardiaco, capacidad conductora de la piel, etc.). Esto en sí es tema de controversias, pero no es ofensivo. Lo que *es* asombroso por lo que implica en lo que respecta a nuestra capacidad de controlar nuestra calidad de vida, es el descubrimiento de que la dirección de esta conexión puede ir de la expresión facial, que por lo general suponemos es simplemente un *signo* de la emoción, hasta la emoción *en sí*.

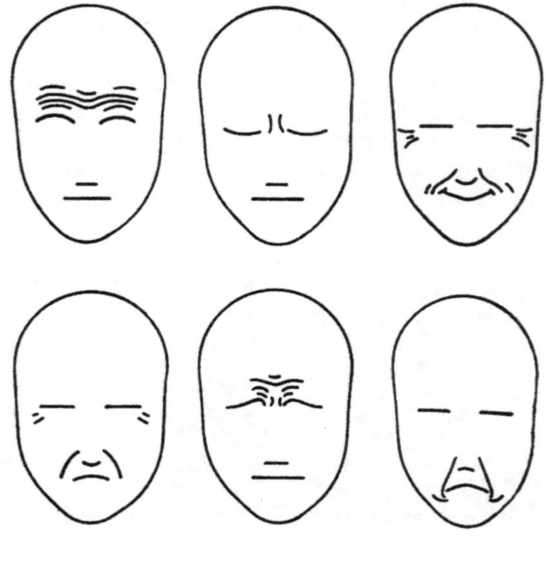

Cómo los pensamientos que distraen destruyen el control eficaz de los estados de ánimo

Casi todos nosotros tenemos cierto grado de capacidad para controlar nuestro estado de ánimo. Entre las estrategias típicas que se basan en el sentido común, se encuentran recordar sucesos felices y tristes (los actores lo hacen para llorar en el momento adecuado), prestar especial atención a pensamientos positivos o negativos (concentrándose deliberadamente sólo en pensamientos positivos o negativos), y dedicarse a actividades que apoyan la forma en que uno se quiere sentir.

Todas estas estrategias pueden ser derrotadas por tareas cognoscitivas, por el estrés o por presiones de tiempo que compiten con ellas. La teoría del "proceso irónico" de control mental usa el siguiente relato para describir lo que ocurre

El inconsciente trata de ayudar a establecer el estado de ánimo mediante aquello en que uno esté pensando a nivel consciente.

El control mental exitoso trabaja en forma simultánea a través de dos procesos que cooperan entre sí. Uno de ellos busca intencionalmente pensamientos y estímulos que apoyen el estado mental que se desea. El otro, que es menos consciente y más automático, es el proceso "irónico" que vigila el contenido mental en busca de señales de un fracaso en el intento de alcanzar el estado que se desea. Si determina que el estado que se desea no ha sido alcanzado, el proceso consciente responde con un renovado esfuerzo. El proceso irónico es como una sombra del intencional: es menos notorio, no se le puede manipular directamente, pero siempre está presente.

Pueden presentarse problemas si interfiere alguna otra tarea

Los pensamientos dispersos pueden desviar el intento y esfuerzo deliberado para alcanzar un estado deseado. Los intentos conscientes de control mental se distraen fácilmente debido a otras actividades conscientes que implican esfuerzo. El proceso irónico inconsciente puede incrementar el acceso de contenidos no deseados al nivel consciente. La sombra asume vida propia, y el resultado es exactamente lo contrario de lo que queremos lograr.

AUTOEVALUACIÓN: Control de estados de ánimo

Esto proporciona una breve ilustración del efecto "irónico": Los intentos de inhibir un pensamiento pueden hacerlo más accesible.

Por un momento considera la siguiente palabra: CASA. Ahora, debes eliminar esta palabra de tus pensamientos durante el resto del ejercicio.

Para cada una de las palabras en la siguiente lista, proporciona una palabra que se relacione con ella, como se ilustra en las dos primeras de la lista. Trabaja con rapidez; no dediques más de dos segundos a cada palabra.

sobre — carta	*aguja — ______*
don — regalo	*cortina — ______*
flor — ______	*botella — ______*
collie — ______	*calle — ______*
aceite — ______	*tienda — ______*
reloj — ______	*hogar — ______*

Después, considera la siguiente palabra: SALTO. Ahora, debes concentrarte en la palabra en lugar de eliminarla de tus pensamientos.

Para cada una de las palabras en la siguiente lista, proporciona una palabra relacionada, como se ilustra en las dos primeras palabras de la lista. Trabaja con rapidez; no dediques más de dos segundos a cada palabra.

hamburguesa — pan	*puerta — ______*
basura — desperdicios	*césped — ______*
simio — ______	*grifo — ______*
baño — ______	*claxon — ______*
cacerola — ______	*hilo — ______*
lavar — ______	*brincar — ______*

La mayoría de las personas tiende a usar la palabra *casa* como algo que corresponde a hogar, en la primera lista, más de lo que tiende a usar *salto* como algo que corresponde a *brinco* en la segunda lista, a pesar de que están tratando de inhibir la palabra *casa* y de concentrarse en la palabra *salto*.

AUTOEVALUACIÓN: El proceso irónico en el control del estado de ánimo

Paso 1.

En primer lugar, busca en tu memoria un suceso particularmente triste de tu pasado. Usa todo el tiempo que necesites para pensar. Cuando pienses en uno, pasa al siguiente párrafo.

Trata de imaginar el suceso triste tan vívidamente como puedas, sin permitirte sentir una tristeza real. Crea una imagen del evento tal como ocurrió. Recuerda tantos detalles como puedas. ¿Quién estuvo presente? ¿Qué objetos había allí? ¿Qué sonidos escuchaste? Intenta tanto como te sea posible recrear el suceso triste en tu mente, incluyendo todos tus pensamientos en ese momento, pero sin sentirte realmente triste.

Paso 2.

Aquí debes memorizar un número de siete dígitos: 7834562. Sin importar que otra cosa hagas, debes memorizar este número, así que dedica el tiempo que necesites a grabarlo en tu memoria. Al final, debes demostrar que todavía recuerdas el número para que los resultados sean significativos y no se te permite volver a mirarlo. Ve al siguiente paso cuando estés seguro de que no se te va a olvidar el número.

Paso 3.

Después, vuelve a pensar en ese suceso triste en que estabas pensando en el Paso 1. Vuelve a pensar en eso sin permitirte sentir tristeza. ¡Y no olvides el número!

Paso 4.

Después, dedica unos minutos a escribir los pensamientos que cruzaron por tu mente. Simplemente empieza con el pensamiento que quieras, y luego anota los pensamientos, sentimientos, fantasías, ideas y recuerdos que pasaron por tu cabeza. No te preocupes por la estructura ni por la gramática: se supone que esto no es otra cosa que un informe al estilo de un "flujo continuo de memoria". Mientras escribes, asegúrate de no olvidar el número de siete dígitos que se te pidió que memorizaras. Después de aproximadamente siete minutos, ve al siguiente paso.

(continúa en la siguiente página)

Paso 5.

Finalmente, mira la siguiente lista de adjetivos. Evalúa tu estado de ánimo actual de acuerdo a los adjetivos, en una escala de siete puntos, en la que el siete es lo más alto y lo más fuerte y el uno lo más bajo y lo más débil.

Feliz

Nervioso

Deprimido

Preocupado

Sereno

Inspirado

Incómodo

Calmado

Melancólico

Alegre

Paso 6.

Sin volver a ver el número que memorizaste, escríbelo aquí.

____

Resultados: La tarea de memorización del Paso 2 por lo general hace que te sea más difícil controlar tu estado de ánimo como quisieras. En este caso, interfiere con tu intento por reprimir los sentimientos de tristeza. Esto significa que tus evaluaciones en la lista de 10 adjetivos del Paso 5, indicarán un estado de ánimo más triste que si se hubiera omitido la tarea de memorización del Paso 2. Puedes comprobar esto realizando el ejercicio en otra ocasión sin el paso de memorizar el número.

Tus ilusiones te hacen bien

El sentido común nos dice que una percepción correcta de uno mismo es esencial para una buena salud mental. Según este punto de vista, las personas "normales" tienen una comprensión realista de quiénes son, de qué son capaces de hacer, y de lo que sucederá en el futuro. Por el contrario, las personas que no tienen una comprensión equilibrada de esto, podrían estar mal, o en casos extremos, estar dementes.

Los hechos muestran que lo contrario podría ser cierto. Parece que las personas más sanas y felices son las que tienen ilusiones positivas aunque poco realistas sobre sus buenas cualidades, su control de sucesos imprevistos y sus planes futuros. La gente realista tiende a sufrir cierto grado de depresión.

¿Te consideras una persona más feliz, más saludable, más afortunada, más virtuosa y más capaz que otras?

Las personas que tienen resultados bajos en evaluaciones de depresión tienden a exagerar sus cualidades positivas. Consideran que tienen un sentido ético más fuerte que la mayoría de las demás personas, que son más creativas, más imaginativas, y más inteligentes. A nivel individual, este tipo de evaluación de sí mismos puede o no ser realista. Pero cuando el 80% de la población opina que son mejores conductores que la mayoría, eso simplemente no tiene sentido: Ochenta de cada cien personas no pueden ser mejores que 51 de cada 100. Las personas restantes que no consideran que conducen mejor que el conductor promedio, y que por lo general son más realistas, tienden a estar algo deprimidas.

¿Crees que tus buenas cualidades son únicas, y que tus defectos son comunes?

Para empezar, las personas equilibradas tienden a no concentrarse en sus aspectos negativos, pero si se les presiona para que reconozcan sus defectos, les restan importancia a menudo porque "todo el mundo es así". Por otra parte, los aspectos positivos, las habilidades, los talentos y las virtudes, se perciben como algo poco usual que las distingue. La gente deprimida tiende a tener una visión más equilibrada de sí misma y de los demás.

¿Crees que tu futuro será mejor que tu pasado?

La mayoría de las personas se caracterizan por orientarse más hacia el futuro que hacia el pasado, y la mayoría cree que el futuro será mejor que el pasado. En realidad no hay manera de saber con anticipación si esas creencias se van a justificar o si son realistas. Pero diversos factores señalan directamente el hecho de que la mayoría de nosotros simplemente estamos encarando la realidad.

¿Por qué es tan difícil vender seguros de vida? Porque la mayoría de nosotros cultivamos ilusiones consoladoras sobre nuestra mortalidad. Son muy pocas las personas que creen que alguna vez sufrirán un accidente automovilístico serio, o que serán víctimas de un crimen violento, si esto se compara con lo que las estadísticas consideran realista. ¿Por qué razón las personas que son felices e inteligentes disfrutan de actividades que amenazan su vida, como fumar o conducir a más de 120 kilómetros por hora, si son realistas en cuanto a los riesgos que estas actividades implican? La gente feliz y optimista no es realista; cree que *otras* personas tendrán cáncer pulmonar o morirán en un accidente automovilístico.

Las personas que tienen depresión leve y baja autoestima tienden a ver sus posibilidades futuras de una manera que va más de acuerdo con las estadísticas y la visión retrospectiva de las cosas, y tienden a ser más analíticas sobre su futuro. Un comentario elocuente sobre la influencia omnipresente del optimismo poco realista es que a menudo se acusa a los realistas de ser pesimistas. De hecho, es *deprimente* ser realista, e incluso se considera que permitirse ser realista acerca del futuro no es aceptable a nivel social. Y pobre del político que admita que el futuro podría no ser mejor que el pasado.

¿Te permites pensar mágicamente?

Al parecer es una buena señal de salud mental tener una visión exagerada del control que uno tiene de los sucesos y de las personas que lo rodean. Las personas "normales" se permiten este tipo de forma de pensar la mayor parte del tiempo. En juegos que dependen totalmente de la casualidad, imaginamos que de alguna manera podemos influir en el resultado aunque en realidad eso no sea cierto. Por ejemplo, tirar los dados con suavidad si queremos números bajos y tirarlos con dureza si queremos números altos.

Muchas personas escogen números de la lotería con cifras que son personalmente significativas para ellas: fechas de nacimiento, de aniversario, o algo similar, en lugar de comprar números al azar. Esto no tiene sentido desde un punto de vista racional. En primer lugar, no hay forma de que una secuencia de números significativos para una persona tenga mayor probabilidad de triunfar que una secuencia de números al azar. En segundo, aunque se admite que los números al azar no tienen una mayor probabilidad de triunfar, es posible que de hacerlo obtengan premios más grandes. Las personas que tienen este punto de vista tienden a elegir números relacionados con fechas (del 1 al 31), lo que incrementa sus posibilidades de tener que compartir el premio con personas que tienen la misma manera de pensar. Podríamos especular que tal vez sea posible identificar a las personas que están en riesgo de caer en niveles leves de depresión por el hecho de que eligen el enfoque racional y no el irracional y "mágico". Por otra parte, tomando en cuenta que la probabilidad de que te ganes la lotería es menor que la de encontrar un tesoro enterrado en el patio trasero de tu casa, el mero hecho de que compres un billete de lotería de vez en cuando, podría indicar que tienes un temperamento saludable.

Las ilusiones no sólo son consoladoras; también mejoran nuestro desempeño

A la gente le gusta tener la ilusión de control. Los negocios han reconocido esto durante muchos años: Los empleados tienden menos a resistirse al cambio si se les informa con anticipación sobre lo que está ocurriendo y se les incluye en el proceso de toma de decisiones, aunque no se les otorgue ninguna autoridad para cambiar el resultado final.

Pero eso no es todo. El hecho de tener una autoimagen no realista positiva y un sentido exagerado del control que se tiene sobre los sucesos, puede considerarse como cierto tipo de egocentrismo. La memoria se organiza de manera egocéntrica: cuanto más significativo es algo a nivel personal, o cuanto más relevante es para uno, es más fácil recordarlo. Por lo tanto, las ilusiones positivas sobre uno mismo podrían ser benéficas para la memoria.

Pero lo que es aún más importante es que las ilusiones positivas proporcionan retroalimentación al desempeño. Las personas que tienen percepciones altas y no realistas de sí mismas, que creen en su control personal y son optimistas acerca del futuro, muy a menudo están motivadas y son persistentes, y gracias a esto pueden tener un mejor desempeño.

AUTOEVALUACIÓN: Inventario de ilusiones

El objeto de hacer este examen es medir los tipos y grados de ilusiones que tienes sobre ti mismo. Como explica el artículo anterior, cuanto más alta sea tu autoestima, más posibilidades tienes de escapar de la depresión..., hasta cierto punto, por supuesto. Tener puntos de vista totalmente irreales es la naturaleza de la demencia, como te lo confirmarán tus amigos si obtienes una puntuación de 20 en este examen.

Al final de esta autoevaluación, encontrarás una tabla de calificaciones que se basa en el número de puntos que obtengas al sumar los puntos que se asignan a cada respuesta en las siguientes preguntas:

¿Crees que eres más honesto que otros?

(a) Sí, en gran medida (2 puntos)
(b) Quizás un poco (1 punto)
(c) No (0 puntos)

Tú y un amigo compran un billete de lotería eligiendo los números al azar. Le pides que sostenga tu boleto mientras atas los cordones de tu zapato y más tarde te das cuenta de que los boletos se confundieron: el que tú tienes no es el mismo que tenías originalmente. ¿Esto te molesta?

(a) Sí, en gran medida (2 puntos)
(b) Quizás un poco (1 punto)
(c) No, me da igual (0 puntos)

De todos tus talentos y habilidades, ¿cuál consideras que es el mejor o el más importante? ______________

¿Qué porcentaje de personas en el país crees que comparte tu nivel de destreza en esta habilidad?

(a) 0-30% (2 puntos)
(b) 30-70% (1 punto)
(c) 70-100% (0 puntos)

(continúa en la siguiente página)

¿Crees que eres mejor conductor que otros?

(a) Indudablemente (2 puntos)
(b) Mejor que el promedio, pero no en forma dramática (1 punto)
(c) No (0 puntos)

¿Crees que el éxito que has tenido en la vida se debe más al trabajo duro, que simplemente a estar en el lugar correcto en el momento correcto?

(a) En gran medida (2 puntos)
(b) En cierta forma (1 punto)
(c) No (0 puntos)

De todos tus defectos, ¿cuál consideras que es el peor o el más significativo? ________

¿Qué porcentaje de personas en el país crees que también tiene este defecto?

(a) 70-100% (2 puntos)
(b) 30-70% (1 punto)
(c) 0-30% (0 puntos)

¿Crees que eres más sincero que otros?

(a) En gran medida (2 puntos)
(b) Más o menos (1 punto)
(c) No (0 puntos)

¿Qué tan verdadero crees que es lo siguiente? La mayoría de las personas actúan basándose en sus intereses personales, pero yo trato de ayudar a la gente en lugar de lastimarla.

(a) Muy cierto (2 puntos)
(b) Más o menos cierto (1 punto)
(c) No es cierto (0 puntos)

(continúa en la siguiente página)

¿Crees que a la gente que hace el bien le pasan cosas buenas y que a la que hace el mal le pasan cosas malas?

(a) Definitivamente sí (2 puntos)
(b) En cierta medida (1 punto)
(c) No (0 puntos)

¿Crees que las personas que tienen accidentes automovilísticos conducen mal?

(a) Casi siempre (2 puntos)
(b) Sólo en ocasiones (1 punto)
(c) No, básicamente suceden al azar (0 puntos)

Calificación:

Suma el total de tus puntos

15-20 puntos =

Probablemente tienes muy fuertes ilusiones que incrementan tu felicidad.

8-14 puntos =

Tienes ilusiones moderadas que incrementan tu felicidad.

0-7 puntos =

Eres realista, y es muy posible que tengas grandes riesgos de caer en una depresión leve.

Cómo reconoce el miedo el cerebro

Recientemente se encontró evidencia de que una estructura cerebral conocida como amígdala, que más o menos tiene el tamaño y la forma de una almendra, y se encuentra en las profundidades del lóbulo temporal, tiene un papel altamente especializado pues percibe las emociones que muestran las expresiones faciales humanas.

Las personas que han sufrido daños en la amígdala debido a enfermedades o a un tratamiento agresivo de la epilepsia, pierden la capacidad de discernir el miedo en otros rostros, y no pueden relacionar imágenes de expresiones faciales con los nombres de las emociones o con otras imágenes de rostros que muestran las mismas emociones. Al parecer, también se afecta la capacidad de identificar la dirección de la mirada de otra persona. Sin embargo, a estos pacientes no se les dificulta reconocer e *identificar* el rostro de una persona que les es familiar.

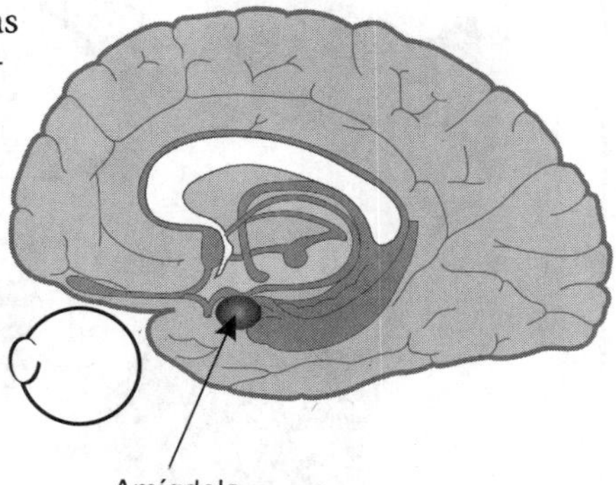

Estos nuevos estudios corroboran evidencias de experimentos anteriores relacionados con el papel de la amígdala en la comunicación social. En la década de 1950, se llevaron a cabo experimentos con gatos en los que se vigilaron las neuronas de sus amígdalas mientras se relacionaban entre ellos o con seres humanos. Las neuronas de la amígdala entraban en acción cuando los gatos maullaban o se frotaban contra algo, pero no entraban en acción cuando terminaba esta actividad social. En la década de 1970, los experimentos también implicaron a la amígdala en diversos aspectos del comportamiento social en monos, lo que incluye distinguir la dirección de la mirada de otros monos.

Se especula que los daños orgánicos a la amígdala podrían explicar ciertas enfermedades mentales, incluyendo las que se relacionan con un estado paranoico delirante: si no eres capaz de distinguir las emociones de una persona al observar su expresión facial, es posible que a eso siga una actitud paranoica con respecto a sus intenciones.

EJERCICIO: Martha y Jorge Washington

La mayoría de las respuestas emocionales parten de un punto de vista. Por favor emite un juicio sobre lo que está ocurriendo emocionalmente en la ilustración que aparece a continuación.

No hay duda, ¿verdad?

Invierte la página. ¿Qué está ocurriendo ahora? Las expresiones ocultas, y la vista aguda que las percibe, están en los ojos del observador a cada momento.

¿De acuerdo?

Pista: Antes de involucrarte en un compromiso emocional con una persona, tómale una foto en que aparezca todo su rostro. Usa cualquier excusa. Amplifica la foto. Coloca una hoja de papel blanco más o menos a la mitad del rostro, entre el cabello y la barba, dividiendo la nariz en dos. Juzga el carácter de la mitad de la persona que ves ahí. Ahora cambia de lugar la hoja de papel de modo que oculte el otro lado y juzga a la persona que ves. ¿Puedes vivir con una mezcla de ellas? Si un lado es una revelación, vuelve a leer este artículo. La preponderancia cuenta.

AUTOEVALUACIÓN: Expresiones faciales y emociones

Existe una fuerte evidencia de que hay seis emociones básicas que se relacionan con expresiones faciales a nivel universal, sin importar la cultura de las personas. Estas emociones son: felicidad, tristeza, enojo, miedo, sorpresa y repugnancia. Aunque en un entorno cultural específico o dentro del marco de un idioma específico es posible distinguir emociones mucho más finas, (por ejemplo, la palabra alemana Schadenfreude, *que significa "el sentimiento de placer que se experimenta a causa de la desventura de otros"), estas seis emociones básicas se reconocen en todas las culturas y se pueden distinguir universalmente a partir de la expresión facial.*

Relaciona estas seis palabras que expresan emociones, con las seis ilustraciones:

Tristeza	**Repugnancia**	**Enojo**
Sorpresa	**Miedo**	**Felicidad**

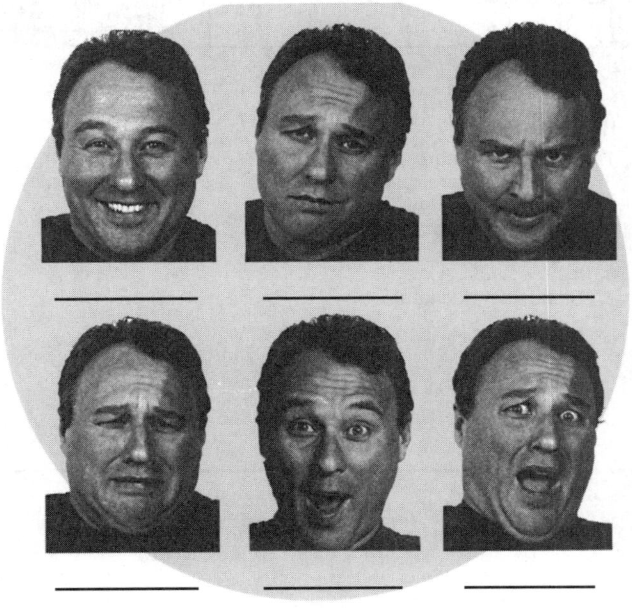

EJERCICIO: Emociones

HORIZONTAL

1. Parte del cerebro que percibe la emoción de otros
3. Repulsión
5. Respuesta emocional a lo inesperado
6. Ira.
7. Bienestar y contento

VERTICAL

2. Sentir temor.
4. Pesar y llanto

"Ve dos películas de los hermanos Marx y llámame en la mañana"

La ciencia finalmente se está enterando de algo que siempre hemos sabido: la risa es benéfica para nosotros. O como dice en el libro de los Proverbios 17:22: "Un corazón alegre mejora la salud".

La risa mejora la circulación de la sangre, ejercita los músculos abdominales, incrementa el ritmo cardiaco, hace salir de los pulmones el aire estancado, ayuda a la digestión y libera tensión muscular. Después de una buena carcajada, la presión sanguínea desciende a un nivel más saludable. Según William F. Fry, investigador del tema de la risa, cien carcajadas representan el mismo beneficio cardiovascular que diez minutos remando.

Por qué es posible que la *sopa de pato* sea mejor que la sopa de pollo

Además, los investigadores que trabajan en el novísimo campo de la psico-neuro-inmunología, el estudio de los efectos del estado psicológico en la función inmune, han determinado que la risa tiene efectos benéficos en el sistema inmune. Mientras que las emociones relacionadas con el estrés, provocan la liberación de cortisol y aldosterona, que pueden reducir la inmunidad al disminuir la cantidad de células T, la risa hace exactamente lo contrario. También activa a las células que destruyen virus y al interferón-gama, reduce los niveles de epinefrina, (a.k.a. adrenalina), un neurotransmisor relacionado con el estrés, eleva los niveles de inmunoglobulina y aumenta la producción de neuropéptidos, tales como la endorfina, que reducen dolores en forma natural. ¡Bueno, eso sí que es como para doblarse de risa!

¿Qué pasa cuando te ríes?

El psicólogo Peter Derks, que utiliza lecturas de electroencefalogramas (EEG), ha realizado estudios que mejoran nuestra comprensión de las bases neurológicas de la risa. Cuando te cuentan un chiste, los centros del lenguaje del hemisferio izquierdo del cerebro inician la tarea de procesar las palabras. Milisegundos después, las regiones "emocionales" del lóbulo frontal entran en acción, seguidas al instante por las zonas en el hemisferio derecho que son responsables de plantear yuxtaposiciones o de encontrar las incongruencias implícitas para captar la broma en un chiste. (Los pacientes que han tenido embolias y han perdido las funciones de esta región no podrán encontrar lo graciosc en un chiste o en un relato, o se reirán de manera inadecuada ante cualquier incon-

gruencia). Milisegundos después viene la participación de la región que procesa sensaciones, la cual se encuentra en el área occipital, y finalmente, sólo una fracción de segundo después de escuchar la parte crucial del chiste, ondas delta de carga negativa bañan toda la corteza cerebral cuando "captas" el chiste y empiezas a reír. Algunas personas han especulado que el potencial creativo del humor viene precisamente de esta activación de tantas regiones del cerebro en este esfuerzo maravillosamente complejo e integrado.

Las mujeres tienden a reírse más a menudo en una conversación

Todos los seres humanos de todas las culturas tienen la capacidad de reír. Los bebés humanos empiezan a reír más o menos a los dos o tres meses, y quienes investigan a los primates nos dicen que los chimpancés responden con una risa similar a un jadeo fuerte cuando se les hacen cosquillas o se les corretea. Incluso los niños anacefálicos, que nacen sólo con el tronco cerebral, parecen reír cuando se les hacen cosquillas. Por tanto, la risa es un comportamiento automático y nato. Sin embargo, también existen algunas variaciones culturales interesantes.

En nuestra cultura, el número de risas diarias tiene su nivel más alto alrededor de los seis años de edad, y luego desciende a medida que llegamos a la edad adulta. Éste es un hecho cultural específico, como también lo es que en nuestra cultura, cuando un hombre habla con otro hombre, el que habla y el que escucha tienden a reír más o menos igual. Cuando una mujer habla con otra mujer, la que habla tiende a reír con más frecuencia que la que escucha. Este efecto es mucho más intenso cuando una mujer habla con un hombre. Pero cuando un hombre habla con una mujer, ella ríe con más frecuencia que él.

Es discutible, sin embargo, que este tipo de risa social y de cortesía produzca los mismos beneficios fisiológicos y psicológicos que la risa que es producto de una alegría sin restricciones. ¿Y es la risa burlona tan saludable como la risa alegre? Aparentemente no. ¿Y qué decir de la risa a expensas de otro? Tal vez lo sea en un principio, pero después la culpa u otras repercusiones negativas podrían reducir cualquier efecto inicial de reducción del estrés. Es sorprendentemente difícil fingir una risa de verdadera alegría. No se trata sólo de una acción física, lo importante es el estado emocional que la respalda.

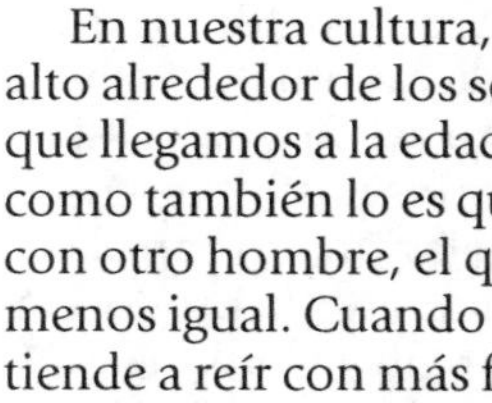

De hecho existen diferencias individuales de temperamento que son en gran medida innatas (Ver "Muéstrame un niño de siete

años..." página 61) que predisponen a algunas personas a reír más que otras. Pero la comprensión de lo humorístico en que se basa la risa alegre es más un asunto de perspectiva que de determinación biológica. Cualquiera puede desarrollar esta perspectiva, y a veces lo único que se necesita es que uno se permita un momento de irreverencia, para que un suceso tenso se libere a través de la catarsis que produce una apreciación de lo absurdo de la vida. Shakespeare explotó esto alternando escenas serias con escenas en que reina el buen humor. Para Goethe, el buen humor era un medio para liberar los bloqueos emocionales que dañan tanto a la mente como al cuerpo; y en la medicina oriental, se sabe que ciertos estados físicos o emocionales pueden bloquear el flujo de la energía de la vida, conocida como Chi.

EJERCICIO: Encuentra la clave del chiste

Lee el relato que aparece a continuación y elige la frase que consideres más cómica. No hay una respuesta correcta. Sin embargo, la ausencia de una habilidad para detectar el humor a menudo se relaciona con el hemisferio derecho del cerebro, donde también se sintetizan los componentes de la poesía y la música.

Un político que estaba en una campaña para ser reelegido, hizo arreglos para hablar en un asilo de ancianos, buscando el voto de las personas de la tercera edad. Cuando se puso de pie para empezar su discurso, le preguntó al público: "¿Saben quién soy?"

Después de un breve momento de silencio, una voz temblorosa surgió de entre el público:

1. *"No, pero de todos modos después no vamos a recordarlo".*
2. *"Sí, por eso los que vinimos estamos sentados cerca de la puerta".*
3. *"No, pero si vas a recepción te lo dirán".*

¿Eres flemático o bilioso? ¿Sufres de cólera? ¿Preferirías ser más sanguíneo si fuera tan fácil como tomarse una aspirina?

Si el estado de ánimo se determinara mediante sucesos identificables en nuestra vida (por ejemplo, el que el jefe te dé buenas noticias o el que recibas malas noticias de la oficina de impuestos), entonces podríamos ver nuestra vida emocional como un lienzo sobre el que nuestro entorno pinta un cuadro de ansiedad, de depresión, de

Melancolía por Albrecht Dürer, 1514 (Ver el Ejercicio de la página 159).

euforia o de optimismo. Pero es obvio que ésta es una forma equivocada de verlo. Nuestros estados de ánimo parecen fluctuar hora tras hora durante el día, en tal forma que no se pueden reducir a los sucesos externos. Y algunas personas simplemente parecen tener un punto de vista amargo o melancólico, mientras que otras son optimistas por naturaleza. Si la metáfora del pintor es adecuada, entonces al parecer nuestro estado de ánimo interno es lo que da color al entorno, y no viceversa.

En la medicina medieval europea, las fluctuaciones y las diferencias individuales de temperamento se atribuían a los efectos de diversos *humores* corporales (literalmente, "humedad" o "flujos"): la sangre (relacionada con el optimismo, y por tanto: "sanguíneo"); la flema (apatía, o sea: "flemático"); la bilis (melancolía o irascibilidad; por tanto, "bilioso"); y la bilis amarilla o cólera (enojo, o sea "colérico"). Por tanto, un desequilibrio de "flema" causaría apatía, y para curarla, lo único que se tenía que hacer era llevar a la flema a un equilibrio adecuado con los otros fluidos. Se decía que una persona con el equilibrio justo y adecuado de cada uno de estos flujos tenía "buen humor".

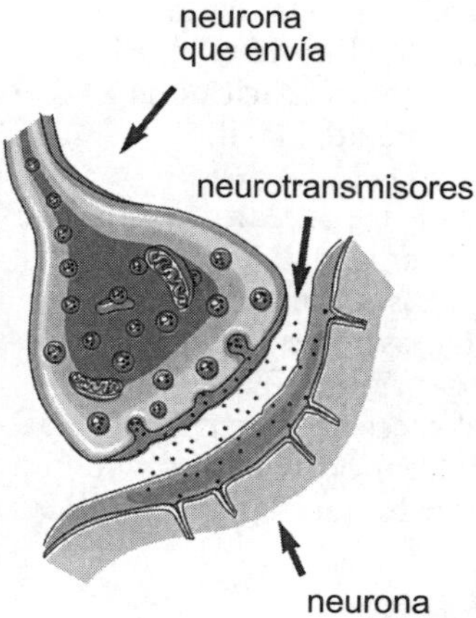

El enfoque tradicional capta la idea de que el estado de ánimo es un estado interno que puede fluctuar independientemente de las circunstancias externas. La sabiduría actual difiere de la teoría del "humor", en cuanto a que no considera que las sustancias sean responsables del estado de ánimo.

El estado de ánimo reside en el cerebro, no en el bazo

La teoría dominante en la actualidad es que la ubicación del estado de ánimo está en el cerebro, y las sustancias precisas implicadas en la fluctuación del estado de ánimo, al igual que de estados maníacos o de depresión crónica, son sustancias químicas conocidas como aminobiogénicos, a las que también se da el nombre de neurotransmisores.

Así es como funcionan:

La base celular del estado de ánimo se encuentra en la transmisión de mensajes a través de las sinapsis de ciertas neuronas cerebrales.

Las sustancias químicas que facilitan este tipo de transmisión se llaman neurotransmisores. Un miembro importante de esta clase de sustancias recibe el nombre de amino, un grupo de sustancias químicas con una estructura similar a la del amoniaco.

Cuando la célula nerviosa libera los aminos introduciéndolos en la sinapsis, se transmite un mensaje a la célula contigua. (Una célula nerviosa en particular sólo produce un tipo de neurotransmisor amino, y por consiguiente, sólo envía un tipo de mensaje; sin embargo, cualquier célula nerviosa puede tener receptores para más de un neurotransmisor, y por lo tanto, puede recibir más de un tipo de mensaje). Este proceso termina cuando los aminos se reabsorben en la célula que los transmitió y las enzimas "encargadas de la limpieza" los desactivan.

Se considera que un exceso de aminos produce manías, y una deficiencia de ellos, depresión. Por lo tanto, una forma de tratar a quienes padecen una depresión crónica, que en otros tiempos se consideraba padecían de bilis o flema, sería incrementar el nivel de aminos, bien sea haciendo que su reabsorción en la célula nerviosa sea más lenta o bloqueando a las enzimas "de limpieza" que los desactivan. De hecho, así es precisamente como funcionan los antidepresivos, como el imipramine, iproniazid, Elavil, Norpramin y Prozac.

Al igual que la teoría de los humores que la precedió, la teoría de los aminobiogénicos dista mucho de ser perfecta. Un problema es que, aunque la imipramina bloquea la reabsorción de aminos en cuestión de minutos u horas, pasan semanas antes de que el paciente realmente empiece a sentirse menos deprimido. En segundo lugar, algunos antidepresivos que son eficaces no tienen una interacción directa con los aminos del cerebro. De modo que es obvio que los hechos son un poco más complejos de lo que al parecer indica la teoría de los aminos.

¿Debemos interferir con la naturaleza?

Una de las razones por las cuales es un riesgo tratar los trastornos relacionados con el estado de ánimo con este tipo de fármacos, es que las interacciones de las sustancias químicas del cerebro son tan complejas que es difícil aislar y tratar sólo un problema sin causar otro problema en otro lugar. A este respecto, el entorno de la estructura y la química del cerebro no es distinta a un ecosistema externo. Por ejemplo, una clase de sustancias que inhiben la monoaminooxidasa (MAOI), cuyo uso todavía es común en Gran Bretaña, funcionan bloqueando a las enzimas de limpieza que digieren aminos. Pero algunos aminos elevan la presión sanguínea, y estos mismos aminos están presentes en alimentos como quesos añejos, algunos vinos, higos maduros y otros. De modo que cuando un paciente que está tomando MAOIs ingiere estos alimentos, su presión sanguínea puede elevarse a niveles que ponen en peligro su vida.

Muchos médicos consideran que los antidepresivos como el Prozac son superiores a otros reguladores de aminos, precisamente porque son muy específicos en sus efectos: sólo interactúan con un amino, la serotonina, bloqueando su reabsorción al interior de la célula nerviosa. Esto tiene como resultado altos niveles de serotonina (lo que debería producir más confianza en uno mismo, menos ansiedad, mayor optimismo, más energía y claridad mental), y menos efectos secundarios, y sin ninguna de las distorsiones de la percepción o los descensos dramáticos de estado de ánimo que provoca el alcohol y la cocaína. La verdad es que el Prozac no es una droga tan "limpia" como se podría imaginar. La serotonina tiene por lo menos quince diferentes tipos de receptores en el cerebro, y sólo algunos de ellos se relacionan con el estado de ánimo; otros regulan diferentes funciones como la digestión y el apetito sexual. El Prozac, al inhibir la reabsorción generalizada de serotonina, en lugar de estimular o bloquear los sitios sensibles a ella, afecta a estos receptores. En Europa y Estados Unidos ya se están llevando a cabo pruebas clínicas con una nueva generación de antidepresivos "más limpios", que se dirigen a receptores específicos en lugar de elevar los niveles de neurotransmisores en el cerebro.(Los franceses, por cierto, consumen más antidepresivos que los norteamericanos, per capita; lo que echa por tierra el mito de que el estilo de vida en el Mediterráneo carece de estrés).

Al parecer el Prozac tiene efectos benéficos en el estado de ánimo y en el temperamento de muchos individuos que no satisfacen los criterios de una verdadera depresión clínica: personas que tradicionalmente podría haberse dicho que tenían niveles de depresión y ansiedad que estaban dentro de los límites de lo "normal", o que padecían trastornos leves de personalidad. Esto ha iniciado el dilema, característicamente moderno, de la psicofarmacología "cosmética": ¿Es correcto tomar una droga cuyo único efecto es hacer que uno se parezca más al tipo de persona que uno siempre quiso ser: confiada en sí misma, espontánea, optimista y llena de energía, o debería uno simplemente aceptar su temperamento innato como algo que la naturaleza le dio?

EJERCICIO: "Melancolía I"

El grabado de Albrecht Dürer que aparece en la página 160 se basa en los escritos de Marsillo Ficino, quien afirmaba que cualquiera que destaque en las artes es un "melancólico". Él señalaba una diferencia entre la "bilis negra" y la "bilis blanca (o amarilla)"; la negra representaba las manías y la blanca la brillantez.

Los arquitectos, artesanos y artistas (que utilizaban las matemáticas como instrumento) se inclinaban hacia el temperamento "imaginativo" melancólico que se representa en el grabado. Es obvio que el significado medieval de la palabra *melancolía* no era tristeza, como lo es en la actualidad, sino una frustración ilustrada debido al intento de comprender y diseñar un orden significativo a partir de la observación del caos y las contradicciones de la naturaleza.

Sin volver a ver el grabado, haz una lista de tantos objetos del grabado como puedas, que se relacionan con el arte, la arquitectura, los oficios de los artesanos y las matemáticas. Éste es un ejercicio de observación, memoria e imaginación.

EJERCICIO: Humores

HORIZONTAL

1. Se identifica con el temperamento apático.
4. Temperamento iracundo.
7. Temperamento que antiguamente se identificaba con la sangre.
8. Humor que se identifica con la melancolía.

VERTICAL

2. Neurotransmisor de estructura química.
3. Medicamento como Prozac se usan para aliviar la...
5. En la medicina medieval, fluidos corporales que determinan el temperamento.
6. Monoaminooxidasa.

INVENTARIO PERSONAL: Neurosis, extroversión, apertura, afabilidad y rectitud

Una de las herramientas que más se utilizan para clasificar a los individuos, de acuerdo a sus rasgos básicos de personalidad, es lo que se conoce como Inventario de la NEO-Personalidad; las siglas NEO representan las palabras inglesas *Neurotism*, [Neurosis], *Extraversion* [Extroversión] y *Openness* [Apertura] ante la experiencia; una versión más reciente agrega Afabilidad y Rectitud.

Es fácil convertirse en juez con respecto a la "definición" que alguien da de estos rasgos. Por ejemplo, nadie querría describirse como una persona básicamente moralista o que se siente incómoda con las complejidades, lo que se opondría a ser introspectivo, creativo y abierto a nuevas experiencias. Por tanto, siempre es necesario encontrar una forma menos directa de obtener este tipo de información, ya sea entrevistando amigos o miembros de la familia, o preguntándole a la persona cómo pensaría, se sentiría o actuaría en una situación específica, sin mencionar jamás los adjetivos en sí.

También es importante comprender que los valores altos o bajos en cualquiera de las dimensiones no necesariamente indican que la persona tiene una personalidad "mala" o "buena", que está bien o mal adaptada, que tiene éxito o no lo tiene, etcétera. Los pilotos de aviones de combate tienen un alto nivel de extroversión, pero un nivel bajo en cuanto a afabilidad. La modestia y la ternura podrían ser cualidades positivas en ciertas profesiones, pero ciertamente no representan la "actitud indicada" cuando se trata de volar un F-14. Es muy posible que se haya dado una selección evolutiva en una amplia gama de rasgos de la personalidad en diferentes individuos, pues diferentes tipos de personas con modalidades distintas de acción e interacción podrían incrementar las posibilidades de supervivencia de un grupo social en general.

Por cierto, existe evidencia convincente de que algunas de estas variables se determinan en gran medida por el orden del nacimiento de la persona dentro de la familia. Los hermanos mayores podrían tender a tener niveles más altos de rectitud que los menores, pero los menores tienden a tener niveles más altos en apertura. El hecho de que uno crea que un nivel alto de rectitud es "bueno" o "malo", que significa que la persona es ética y responsable, o simplemente moralista o santurrona, bien podría depender del hecho de ser de los mayores o los menores de la familia.

Encuentra tus niveles contestando las siguientes preguntas y sumando los puntos de cada sección. Hay una clave al final que te da una idea de los rasgos de personalidad que podrías tener.

(continúa en la siguiente página)

A.

1. Cuando viajas estando de vacaciones, ¿te gusta planear un itinerario con anticipación y hacer reservaciones para cada noche, o prefieres dejar las opciones abiertas?

a) planear el itinerario (1 punto)
b) dejar opciones abiertas (2 puntos)

2. Cuando vas a un nuevo restaurante y te sirven un platillo que realmente te gusta, ¿pides el mismo platillo de nuevo en una segunda visita, o pruebas algo diferente?

a) pido el mismo platillo (1 punto)
b) pruebo algo diferente (2 puntos)

3. Ralph Waldo Emerson escribió que "una constancia tonta es el duende tramposo de las mentes pequeñas" ¿Crees que la gente tiende a adherirse a la constancia de manera muy poco crítica, o crees que seríamos mejores si la constancia se valorara más?

a) se debería dar un alto valor a la constancia (1 punto)
b) la gente se adhiere a la constancia de manera muy poco crítica (2 puntos)

4. Si ves que un niño demuestra destrezas acrobáticas en la bicicleta en medio de una acera con mucho tráfico de personas, ¿te enojarías con él por poner en peligro a otras personas o lo admirarías por su destreza?

a) me enojaría (1 punto)
b) lo admiraría (2 puntos)

5. Si tu hija te pidiera que pusieras un condimento o acompañamiento poco usual en su comida, por ejemplo, queso parmensano en el cereal del desayuno o jalea en el espagueti, ¿te inclinarías a permitirle que lo probara o se lo prohibirías estrictamente?

a) Se lo prohibiría (1 punto)
b) Le permitiría que lo probara (2 puntos)

(continúa en la siguiente página)

B.

1. Si una compañera de trabajo diera una excusa que obviamente es falsa para quedarse en casa por enfermedad una mañana, ¿te irritaría su falta de sinceridad o te preocuparías porque podría tener algún problema que siente que debe ocultar?

a) me irritaría (1 punto)

b) me preocuparía (2 puntos)

2. Imagina que pides un platillo en un restaurante y encuentras que lo cocinaron en exceso y que tiene demasiada sal. Cuando se acerca el mesero y pregunta: "¿Cómo estuvo todo hoy?", sería muy posible que le hablaras sobre lo que no te gustó, o dirías: "Estuvo bien, gracias".

a) le diría qué no me gustó (1 punto)

b) diría que estuvo bien (2 puntos)

3. ¿Cuál de estos dos párrafos describe mejor tu actitud hacia la amistad?

a) es bueno obligar a los amigos a superar sus límites y hacer que cuestionen su satisfacción consigo mismos y su desempeño o su conducta, para que logren más en la vida (1 punto)

b) es importante mostrarles a los amigos que los quieres y los apoyas, evitas hacer que se sientan inseguros y tratas de no herir sus sentimientos (2 puntos)

4. Si alguien con quien estás hablando pronuncia o usa una palabra incorrectamente, ¿es más posible que lo corrijas o que ignores el error?

a) que lo corrija (1 punto)

b) que ignore el error (2 puntos)

5. Cuando vas conduciendo por la autopista y alguien te rebasa, ¿automáticamente conduces con más lentitud para que haya lugar entre tu coche y el de esa persona, o lo sigues muy de cerca por un rato o lo rebasas para mostrarle que estás molesto?

a) lo sigo muy de cerca o lo rebaso (1 punto)

b) conduzco con más lentitud (2 puntos)

(continúa en la siguiente página)

C.

1. Si una amiga cercana te dice que está preocupada por ti porque pareces estar deprimida, ¿te sentirías molesta o adulada por el hecho de que se preocupa por ti lo suficiente como para decírtelo?

a) adulada (1 punto)
b) molesta (2 puntos)

2. Si conocieras a un grafólogo (analista de la escritura) en una fiesta, ¿crees que sería divertido enseñarle una muestra de tu escritura, o te sentirías nervioso o preocupado por las conclusiones a las que pudiera llegar con respecto a ti?

a) creo que sería divertido (1 punto)
b) me sentiría nervioso (2 puntos)

3. Cuando expresas enojo o irritación hacia alguien, ¿después normalmente sientes que hiciste lo correcto, o en ocasiones te sientes culpable o te preocupas pensando que tal vez exageraste?

a) siento que hice lo correcto (1 punto)
b) me siento culpable (2 puntos)

4. ¿Crees que un extraño podría saber mucho sobre ti después de un solo encuentro, o sientes que la personalidad que proyectas cambia lo suficiente de un escenario a otro y que tal evaluación probablemente sería incorrecta?

a) podría saber sobre mí (1 punto)
b) su evaluación probablemente sería incorrecta (2 puntos)

5. ¿A veces tienes la experiencia de sentirte culpable o mortificado por algo que dijiste en el pasado, o es más probable que tengas la actitud de que todo el mundo comete errores y que lo único que puedes hacer es aprender de esos errores y tratar de evitarlos en el futuro?

a) todo el mundo comete errores (1 punto)
b) me sentiría mortificado (2 puntos)

(continúa en la siguiente página)

D.

1. Al llegar o al salir de una comida formal a la que te invitaron amigos cercanos, ¿prefieres darles un abrazo o estrecharles la mano?

a) estrecharles la mano (1 punto)
b) darles un abrazo (2 puntos)

2. Si pudieras elegir entre colaborar en un proyecto con un grupo de personas o terminar una tarea propia, ¿qué elegirías normalmente?

a) terminar mi propia tarea (1 punto)
b) trabajar con otros (2 puntos)

3. Cuando compras algo que resulta defectuoso, ¿te molesta tener que regresar a cambiarlo, o crees que es absurdo sentirse tímido al respecto?

a) me molesta (1 punto)
b) es absurdo sentirse tímido (2 puntos)

4. Si alguien quiere tomarte una foto en una fiesta, ¿por lo general sientes que deberían hacerlo sin llamar mucho la atención, o crees que está bien que interrumpan lo que estás haciendo y te pidan que poses y sonrías?

a) que la tomen (1 punto)
b) está bien que interrumpan (2 puntos)

5. Orson Wells, en un comercial de vinos que salió al aire en los años 70, dijo en una ocasión que le gustaba "repartir papeles" en una fiesta, tal como lo haría en una obra teatral. ¿Te gustaría asistir a una fiesta de ese tipo, o resentirías las expectativas manipuladoras del anfitrión y preferirías quedarte en casa?

a) preferiría quedarme en casa (1 punto)
b) me gustaría asistir (2 puntos)

(continúa en la siguiente página)

E.

1. *Digamos que el 10 de diciembre llega un paquete dirigido a ti y a tu cónyuge. Lo abres y encuentras docenas de chocolates suizos envueltos para Navidad. ¿Probarías un chocolate, o te sentirías inclinado a esperar hasta Navidad?*

a) probaría un chocolate (1 punto)

b) esperaría hasta Navidad (2 puntos)

2. *Mientras esperas en la fila de un cajero automático en el banco, pisas una bolsita de papel y dentro de ella encuentras 500 dólares en billetes de 20. No hay ningún nombre ni identificación. ¿Te quedarías con el dinero, o entrarías al banco y se lo darías a un cajero con tu nombre y número telefónico en caso de que alguien lo reclamara?*

a) me quedaría con él (1 punto)

b) se lo daría al cajero (2 puntos)

3. *¿Te inclinarías más a estar de acuerdo con quienes opinan que un escritorio en perfecto orden es señal de una mente enferma, o con quienes dicen que un escritorio desordenado refleja una naturaleza holgazana?*

a) un escritorio en perfecto orden es señal de una mente enferma (1 punto)

b) un escritorio desordenado refleja una naturaleza holgazana (2 puntos)

4. *¿Crees que todo el mundo debería obedecer las leyes siempre, o que las reglas se hacen para desobedecerse?*

a) las reglas se hacen para desobedecerse (1 punto)

b) las leyes siempre deberían obedecerse (2 puntos)

5. *Si vas a la mitad de un libro, ¿por lo general lo terminas aunque baje tu interés, o sientes que no tiene sentido terminarlo si ya no te interesa?*

a) no tiene sentido terminarlo (1 punto)

b) lo termino aunque ya no tenga interés (2 puntos)

(continúa en la siguiente página)

Clave:

A: 10 puntos = rebelde, no conformista, imaginativo, liberal: alto nivel de apertura a las experiencias

5 puntos = convencional, conservador: bajo nivel de apertura

B: 10 puntos = condescendiente, compasivo, sumiso: alto nivel de afabilidad

5 puntos = suspicaz, crítico, antagonista: bajo nivel de afabilidad

C: 10 puntos = temperamental, siente lástima de sí mismo, susceptible, vulnerable: alto nivel de neurosis

5 puntos = tranquilo, seguro de sí mismo, objetivo: bajo nivel de neurosis

D: 10 puntos = gregario, positivo, de porte sereno a nivel social: alto nivel de extroversión.

5 puntos = tranquilo, reservado, se siente más cómodo estando solo: bajo nivel de extroversión.

E: 10 puntos = bien organizado, confiable, ético, cumple con su deber: alto nivel de rectitud.

5 puntos = desorganizado, indulgente consigo mismo, caprichoso: bajo nivel de rectitud

¿Por qué las fluctuaciones de las estaciones, en lo relativo a la duración de la luz diurna, afectan más a las mujeres?

Cuando las sombras que se alargan hacen que las ardillas se apresuren a coleccionar nueces para las noches invernales que se avecinan, la química de tu propio cerebro se ajusta a la reducción de horas de luz diurna, de una manera que podría explicar el "trastorno afectivo por las estaciones" [SAD, por las siglas en inglés "Seasonal Affective Disorder"]; al menos si eres una hembra de la especie.

El SAD, conocido también como depresión invernal, es un tipo de depresión que por lo general ocurre durante los meses invernales en climas templados o en latitudes altas, y afecta mucho más a las mujeres que a los hombres. Tal vez se deba a que las mujeres son mucho más sensibles que los hombres en sus respuestas hormonales a las estaciones.

Las mujeres responden a la melatonina mucho más que los hombres

Cuando el solsticio de verano llega y se va, y las noches empiezan a ser más largas, las mujeres experimentan un incremento proporcional en sus niveles de melatonina, una hormona que segrega la glándula pineal del cerebro. (La melatonina se encarga de regular el reloj biológico del cuerpo; por esa razón la toman en forma de pastilla quienes vuelan con frecuencia y se les dificulta adaptarse a los cambios en las zonas de tiempo. Además, lo que hace que las ardillas coleccionen nueces para el invierno, es un incremento en la producción de melatonina, que ocurre como respuesta al hecho de que las noches sean más largas). Otras hormonas también se adaptan al hecho de que los días sean más cortos; la prolactina, que induce una sensación de bienestar durante lo que la Naturaleza intentó que fuera una larga noche de descanso, experimenta un flujo más largo durante la noche.

Si se permitiera a las mujeres seguir sus ajustes internos a los ritmos de las estaciones, se podría suponer que la mayoría caería con bastante naturalidad en un patrón invernal de largos periodos de sueño nocturno. Como son las cosas en nuestro mundo moderno, ellas deben obligar a su cuerpo a seguir lo que en realidad es un patrón de verano que dura todo el año, de días largos y noches cortas.

Los hombres, por otra parte, parecen ser relativamente inmunes a los cambios de las estaciones, lo que permite que su cuerpo deje que la luz artificial lo convenza de que el verano nunca termina. Para experimentar el tipo de fluctuaciones hormonales que experimentan las mujeres, durante la noche se les debe aislar del brillo amarillento de los focos eléctricos y de la cambiante luz azul de la televisión.

¿Existe una cura para el SAD?

Algunos investigadores han encontrado que una terapia de luz, es decir, exponerse a una luz artificial intensa en una clínica de fototerapia o utilizar una "caja de luz" personal que se consigue en las tiendas, tiene un efecto tan benéfico en la depresión invernal que se la ha llamado "Prozac natural". Esto no habría sorprendido a los antiguos griegos, quienes reconocían el potencial terapéutico de la luz, ni a los médicos de principios del siglo XX que recomendaban el uso de "solarios" para tratar males tanto físicos como psicológicos.

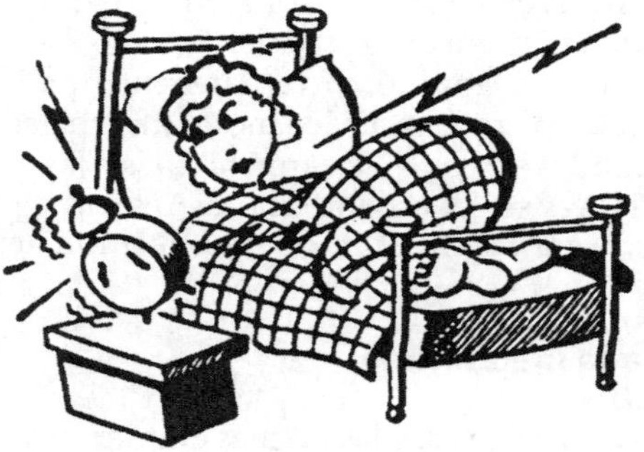

Los experimentos han mostrado que el efecto terapéutico de la luz actúa a través de los ojos, no de la piel. Las personas que están desnudas pero con los ojos cubiertos, no muestran una respuesta antidepresiva a la terapia de luz, mientras que las personas que están cubiertas como momias pero con los ojos al descubierto, responden bien.

¿Es necesario exponerse a la luz ultravioleta para curar la depresión invernal? Tal vez no. El problema de confiar en fuentes de luz artificiales para nuestras necesidades invernales, podría ser la cantidad, no la calidad. Una casa u oficina bien iluminada por lo general tiene de 300 a 600 lux (una unidad estándar de brillo que equivale más o menos a la flama de una vela), mientras que en un soleado día de verano, se podrían tener hasta 100,000 lux a la intemperie. En todo caso, las cajas de luz personales, que por lo general proporcionan más o menos 10,000 lux, se pueden conseguir en versiones con o sin luz ultravioleta.

Cómo cambian los patrones de sueño en los meses invernales

Esto es lo que ocurre cuando se exponen los seres humanos (tanto tipo XX como tipo XY) a las fluctuaciones naturales de las estaciones en latitudes altas:

Durante las largas noches de oscuridad invernal, permanecemos acostados durante mucho más tiempo de lo que normalmente permitirían las exigencias de la vida moderna. Al parecer el promedio serían doce horas, con cuatro o cinco horas de sueño profundo, seguidas de varias horas de un descanso tranquilo en el que uno está despierto pero en actitud de meditar, seguidas de otras cuatro o cinco horas en que dormiríamos soñando.

Una de las razones del carácter libre de ansiedad y meditativo del periodo de meditación tranquila entre los dos periodos de sueño, es que la liberación de la hormona prolactina se sostiene durante la totalidad de esas doce horas. Ésta es la misma hormona que impide que los animales se pongan inquietos cuando atienden a sus crías en su guarida o en su nido. Durante las noches de verano que son más cortas, la secreción de melatonina disminuye dramáticamente, y la prolactina se libera durante un periodo relativamente corto.

Quizá lo que buscan las personas que meditan en la actualidad es un estado que nuestros antepasados habrían considerado un derecho, algo que ocurría todas las noches. Tomando en cuenta el hecho de que tal vez el jefe y los hijos no nos permitan tener periodos de descanso de doce horas, ¿alguien quiere pastillas de prolactina?

EJERCICIO: Cómo no deprimirse en el invierno

Si tienes curiosidad por saber cómo debería ser el sueño invernal que en realidad deberíamos disfrutar, lleva a cabo el siguiente experimento:

Escoge una noche en la que no tengas obligaciones conflictivas, cuelga un letrero que diga "no molestar" en la puerta de tu recámara, cubre la ventana para que no entre la luz, desconecta el teléfono y acuéstate a las seis o siete de la noche, listo para una larga noche de descanso. No te preocupes si no te quedas dormido de inmediato; es probable que no lo hagas, pero eso es perfectamente natural. Después de un par de horas de estar acostado tranquilamente y pensando, es probable que te quedes dormido.

Tal vez no duermas toda la noche, pero eso también es natural. Si despiertas a la una o dos de la mañana, no te sientas obligado a levantarte y hacer algo, sólo quédate acostado tranquilamente, y deja que tus pensamientos vayan a donde quieran, y volverás a quedarte dormido después de una o dos horas. Es probable que despiertes en forma natural más o menos a las siete de la mañana, sin necesidad de un despertador. Corre las cortinas y siente lo maravilloso, refrescante y tranquilizante que es una noche en la que uno duerme bien.

Este experimento funciona mejor en el invierno, y en ese caso ni siquiera tendrás que eliminar la luz natural que no quieres (suponiendo que vivas en una latitud bastante alta). Simplemente acuéstate cuando se ponga el sol y despierta al amanecer.

DIFERENCIAS DEL SEXO EN EL CEREBRO

Muchos estudios han mostrado las diferencias del sexo en el cerebro, pero es difícil evaluar los resultados y es fácil malinterpretarlos. Por una parte, casi siempre existe una gran cantidad de elementos en común a ambos sexos, de modo que las diferencias sólo son visibles cuando el número de muestras es muy grande. El cerebro de cualquier hombre puede ajustarse a las generalizaciones que se hacen sobre el cerebro de las mujeres, y viceversa. A este respecto, las diferencias biológicas que se observaron en el cerebro reflejan lo que se ha encontrado en las capacidades cognoscitivas entre los sexos. Por lo general, los hombres logran resultados ligeramente más altos en ciertas pruebas de habilidad espacial (en las que se rotan visualmente objetos tridimensionales), mientras que las mujeres tienden a tener resultados ligeramente mejores en ciertas tareas verbales; pero cualquier mujer puede ser un genio en el campo de las matemáticas de orientación visual o en el de la física, y cualquier hombre podría ser un lingüista o artífice de la palabra de gran talento. Otro problema es que el tamaño absoluto de una región del cerebro o del cerebro en general todo, no necesariamente refleja cierto nivel de inteligencia. La densidad neurológica, más que el tamaño, podría ser un indicador más significativo de la capacidad mental.

De todos modos, estos estudios pueden ser fascinantes y provocadores. Un informe reciente publicado en la revista *Science*, indica que en un estado de descanso, los hombres tienen más actividad en la región temporal-límbica y las mujeres tienen más actividad en la región cingular. La región temporal-límbica es una parte "primitiva" y orientada a la acción del sistema límbico, una estructura cerebral que regula las emociones. La región cingular también es parte del sistema límbico pero evolucionó más recientemente. Tiene un papel en las representaciones simbólicas de acciones más que en las acciones en sí.

Otro estudio publicado en la revista *Science* informa que las mujeres tienen mayor densidad de neuronas en la corteza del *planum temporale*, dentro de la fisura Sylvio, una región relacionada con la asociación auditiva que es parte del substrato auditivo de la función del lenguaje, en especial en cuanto a la entonación.

¿En qué se ocupa el cerebro, y en qué no se ocupa, mientras dormimos?

Parece que todos, desde Platón hasta Freud, tienen su propia teoría favorita sobre la razón por la cual soñamos. Ahora es el turno de los científicos que utilizan la tecnología de la "Tomografía de emisión de positrones" [PET, de las siglas en inglés: *positron-emission tomography*]. Éste es el nuevo método de alta tecnología para obtener un mapa visual del cerebro en acción.

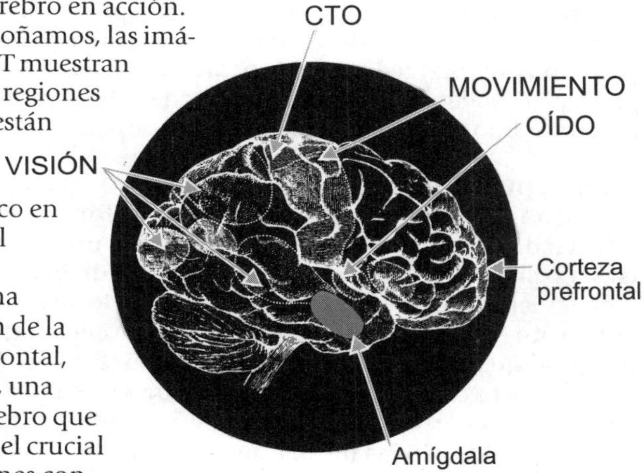

Cuando soñamos, las imágenes del PET muestran que muchas regiones del cerebro están dormidas; oscuras como el ártico en la víspera del solsticio de invierno. Una vasta sección de la corteza prefrontal, por ejemplo, una parte del cerebro que tiene un papel crucial en hacer planes con anticipación y en nuestro sentido del tiempo, se desactiva por completo; esto podría explicar las extrañas distorsiones que experimentamos en nuestros sueños. Un área que se enciende como un árbol de Navidad, sin embargo, es la amígdala: el centro de control emocional del cerebro. (Ver: "Cómo reconoce el miedo el cerebro", página 153, y el diagrama de las páginas 180-181).

¿Cuál es la conexión entre las emociones y los sueños?

Se está acumulando evidencia sobre el hecho de que una función importante del soñar es reforzar las lecciones que se aprendieron durante el día. (Ver: "La noche en que un hombre de edad madura golpeó su buró en sus sueños", página 45).

Cuando enfrentamos el desafío de aprender algo complejo, la proporción de la fase de sueño en que se tiene "movimiento rápido de los ojos", que es la fase durante la cual soñamos, aumenta. Y cuando esta fase del sueño se interrumpe o se inhibe, en una o incluso en varias noches, después de nuestra experiencia de haber aprendido una tarea compleja y lógica, es mucho más probable que olvidemos lo que hemos aprendido, aunque el resto de nuestro ciclo de sueño ocurra sin interrupciones. (Es fácil poner esto a prueba en casa, porque uno puede inhibir su ciclo de soñar con "movimiento rápido de los ojos" bebiendo alcohol antes de acostarse.)

Después, consideremos el hecho de que las experiencias con gran carga emocional tienen una fuerte tendencia a grabarse como memorias permanentes a largo plazo (ver la página 180). Como la amígdala es la ubicación principal de la emoción, de alguna manera debe ser responsable de pasar sin ser notado por el guardián que impide que los detalles de la vida diaria se recuerden por siempre (ver: "Imagina un medicamento para acrecentar la memoria...", página 79) Mientras dormimos, la amígdala lleva a cabo su tarea familiar como mediador en la formación de recuerdos.

¿Cómo puedo engañar a la amígdala para que me ayude a aprender más rápido?

Además de lo fundamental: dormir suficiente, no beber demasiado en la noche, los científicos que estudian el sueño han descubierto una manera sencilla pero eficaz para aumentar la formación de recuerdos. En un experimento con estudiantes de licenciatura en psicología, se reprodujo una cinta con un sonido similar a un tic-tac (no muy molesto, pero con suficiente volumen para ser escuchado) mientras los estudiantes se dedicaban a aprender una difícil tarea lógica. Más tarde, reprodujeron esa misma cinta en la noche, mientras los estudiantes dormían. Cuando se examinó de nuevo a esos estudiantes sobre la tarea una semana después, su rendimiento fue 23% mejor que el del grupo de control. Esto muestra que se puede utilizar ruido de fondo como indicador durante la noche para ayudar al procesamiento y la memorización de tareas de aprendizaje.

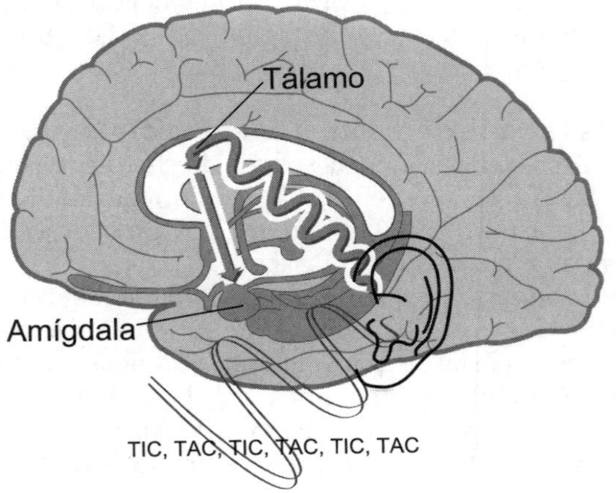

QUÉ HACEN LOS ESCANOGRAMAS CEREBRALES

El objetivo de hacer imágenes de la actividad cerebral es localizar daños o identificar dónde procesa el cerebro diversas tareas o dónde no lo hace.

Los rayos X (en la década de 1920) sólo mostraban una estructura burda, pues no podían captar la imagen de tejidos blandos como la corteza cerebral.

En la década de 1920, se descubrió que el electroencefalograma medía cambios en la actividad eléctrica del cerebro relacionada con diferentes tipos de actividad mental.

La tomografía axial computarizada [CAT de las siglas en inglés *Computerized Axial Tomography*] (a finales de la década de 1960) podía tomar instantáneas de estructuras detalladas, así que los escanogramas de tomografía axial computarizada podían utilizarse a nivel diagnóstico para localizar tumores, lesiones o coágulos en el cerebro.

En la época moderna, la tomografía de emisión de positrones (PET), las imágenes de resonancia magnética (MRI) y la magnetoencefalografía (MEG), proporcionan información sobre las actividades de diferentes áreas del cerebro al responder a estímulos específicos, como tratar de describir una escena, mirar una imagen repulsiva, leer una lista aburrida de palabras o una historia de amor, etc.

Con los escanogramas de PET, se le inyecta a un voluntario una solución ligeramente radioactiva o se le pide que inhale gas radioactivo y coloque su cabeza en un anillo lector de rayos gama. Las partes del cerebro que más trabajan reciben mayor cantidad de sangre oxigenada (que en este caso contiene radiación), y esas partes se ven de color rojo o amarillo brillante en la fotografía computarizada que se genera.

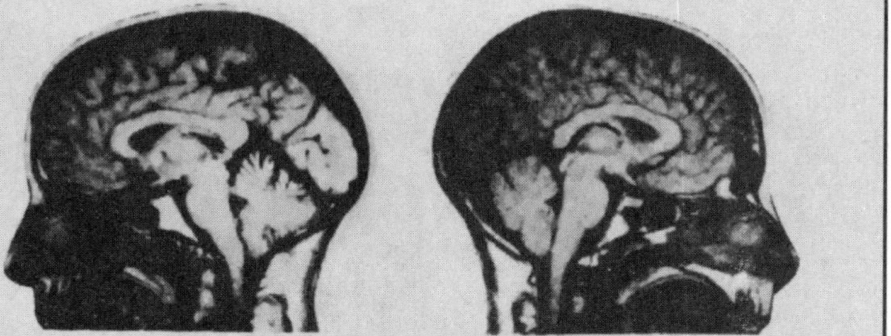

Imágenes de resonancia magnética del cerebro de una mujer (a la izquierda) y de un hombre (a la derecha). Nótese que el *corpus callosum* de la mujer (en el centro de la imagen cerebral) es más grueso que el del hombre en la parte trasera. El *corpus callosum* deja de crecer en la pubertad; como los hombres llegan a ella antes, el *corpus callosum* de un hombre, que conecta los hemisferios izquierdo y derecho del cerebro, es más delgado que el de la mujer. Esto podría explicar la mayor tendencia al pensamiento "integrador" que se ve en las mujeres a diferencia de los hombres.

LA RUTA RÁPIDA Por qué la amígdala crea un atajo para el pensamiento consciente

En una ocasión le pidieron a Louis Armstrong que definiera el jazz y ésta fue su respuesta: *"Amigo, si tienes que preguntarlo, nunca lo sabrás"*. La amígdala nunca pregunta. Oprime el botón de pánico en cuanto el cerebro percibe problemas. Almacena las experiencias que amenazan la vida, como el calor de las llamas, la forma de una serpiente o la llegada de un padre que agrede.

Su socio, el tálamo, envía los datos que entran por los sentidos a la parte de la corteza que decide cómo usar esa información; *a menos que* los datos parezcan amenazar la vida. Entonces el tálamo manda el mensaje directamente a la amígdala al mismo tiempo. En el ejemplo que se muestra aquí, la corteza visual puede tomarse su tiempo considerando si este tigre es una especie en extinción o un muñeco de peluche. Entonces puede dejar a un lado la reacción instantánea de la amígdala a la posibilidad de que la persona se convierta en el almuerzo del tigre.

Una de las razones por las que a los adultos se les dificulta entender o cambiar las respuestas al abuso que sufrieron cuando niños, es que han aprendido y almacenado esas amenazas serias en este sistema subconsciente del cerebro primitivo. Ese sistema cerebral se diseñó para mantenernos vivos. Depende de respuestas emocionales que no pueden darse el lujo de tener razonamiento crítico.

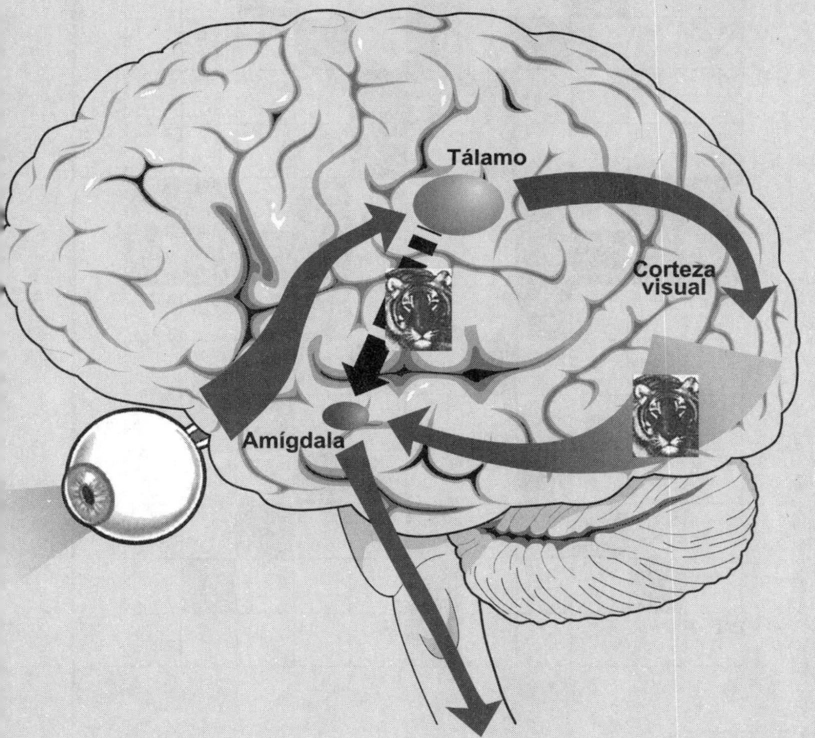

Ruta a otras partes del sistema nervioso que activan las respuestas físicas a la emoción: para aumentar el ritmo cardiaco, quedarse inmóvil, correr o atacar, por ejemplo.

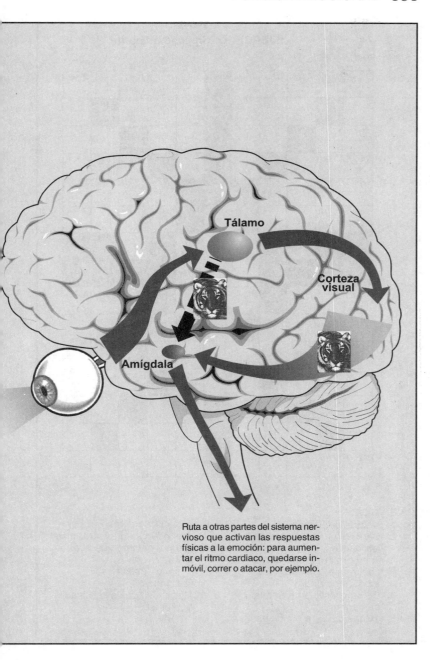

EJERCICIO: Un paso adelante

VERTICAL

1. Natural de Etiopía.
2. Cara de un solo punto en los dados.
3. Tomografía de emisión de positrones. (*Positron-Emission Tomography*).
4. De su costilla se formó la primera mujer.
5. ¿Conejo ___, a dónde vas?
6. Especie de sombrero pequeño hecho de fieltro, más alto por delante que por detrás.
7. Antiguo Testamento.
8. Ola grande.
9. Tláloc, ______ de la lluvia.
15. Auténtico.

17. Rodea la copa del sombrero y sobresale de ella.
18. Poemas líricos.
20. No ___ preocupéis.
21. Existe.
23. Corteza cerebral que tiene un papel crucial en nuestro sentido del tiempo (pre...)
25. Anillo.
26. Naciones Unidas.
28. Hacer salir a todos.
29. Coger con la mano.
30. Dos sílabas de "atinar".
32. Le pertenece a ellos.
33. Instrumentos musicales de viento.
34. Prolongación de una célula nerviosa que mediante una ramificación se pone en contacto con otra célula.
36. Símbolo químico de la plata.
36. Símbolo químico del sodio.
39. Divisa norteamericana.
40. Suceso en la trama de una novela.
46. Agarro, sujeto, tomo.
48. Escuchar.
50. Sonido para meditar.
52. Te pido que digas.

HORIZONTAL

1. Avance parcial en el desarrollo de una acción.
5. Un animal feroz es _____.
9. Siente necesidad de tomar agua.
10. Se salvó de morir en Sodoma gracias a unos ángeles.
11. ___ y comprad lo que necesitéis.
13. Tiempo Anterior.
14. Cara de un solo punto en los dados.
15. Nota musical.
16. Escuchaba.
18. Organización de Estados Americanos.
19. Se juega a caballo.
21. Años transcurridos de una vida.
22. Las que están allá.
24. Lugar para recibir visitas.
25. Anillo.
27. Licor elaborado con una mezcla fermentada de melazas y zumo de caña de azúcar.
28. Nombre de la "e" larga en el alfabeto griego.
31. Naciones Unidas.
32. Existen.
35. Expresa su opinión en una elección.
37. Flota en la atmósfera y adquiere diversos colores.
38. Centro de control emocional del cerebro.
41. Iniciales de Organismos Unidos.
42. Perro.
43. Agua en movimiento.
44. Mirar.
45. Lugar de origen de Abraham.
46. Símbolo químico del aluminio.
47. Negación.
49. Afirmación.
50. Mamífero (hembra) de gran tamaño, pardo o blanco.
51. Rodrigo Díaz de Vivar.
53. Lo que se dice entre la gente.
54. Se pone como las púas de un erizo.

Pista: Los oboes son instrumentos de viento.

EJERCICIO: Examen de términos

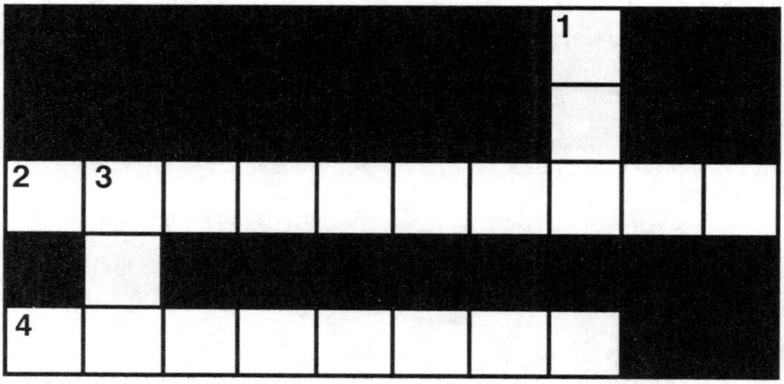

HORIZONTAL

2. Sección de la corteza que juzga el tiempo, regula las consecuencias sociales de las acciones y proyecta secuencias de sucesos hacia el futuro.

4. Parte del cerebro que interpreta datos que parecen amenazar la vida o tener poder emocional e indica la acción con que deben responderse.

VERTICAL

1. Tecnología de escáner que puede observar áreas de actividad en el cerebro.

3. Una fase del sueño que se relaciona con ensayar materiales que uno acaba de aprender.

Pista: 1 vertical es PET.

Expresar verbalmente las experiencias desagradables ayuda a la salud física

Cada vez es mayor la evidencia que indica que el grado en que uno expresa las emociones negativas puede ponerlo en riesgo en cuanto a una gama de enfermedades que van de la hipertensión al cáncer. Y, contrario a lo que tal vez pienses, si insistes en hacer las cosas a tu modo y te quejas si no lo haces, es probable que estés mejor que si siempre tratas de mantener una apariencia alegre.

¿Eres una persona que interioriza o que exterioriza?

Cuando se enfrentan a un estímulo que evoca una emoción (digamos, una historia o una imagen desagradable), las personas que interiorizan muestran una respuesta directa leve, mientras que las que exteriorizan reaccionan en forma más abierta. Quienes muestran una respuesta exterior leve, sin embargo, tienden a reaccionar con mayor tensión interna, lo que se mide en el ritmo cardiaco y en la conductividad de la piel. Además, cuando se les pide que hablen ante una grabadora sobre sus experiencias personales más traumáticas, quienes están dispuestos a revelar los detalles personales que les causaron más tensión, muestran menor conductividad en la piel (menos estrés) que aquellos cuyas historias son menos personales y menos molestas.

Estos experimentos sugieren que cuando se reprimen las experiencias desagradables, tienen un efecto más severo en el sistema nervioso autónomo que si se expresaran en forma verbal o no verbal.

La razón por la cual no eres expresivo marca una diferencia

Algunos niños simplemente nacen con poca expresividad. En una fecha tan temprana como los dos días de nacidos, las diferencias

en movimientos faciales surgen con mucha claridad, y estas diferencias tienden a estabilizarse a medida que el niño crece. Por lo tanto, parece que la expresividad emocional es innata, al menos en cierto grado. Es probable que las personas que por naturaleza no son expresivas experimenten, como resultado, pocos conflictos o problemas de salud. Pero los adultos que no son expresivos porque han aprendido a ocultar sus emociones (un proceso de aprendizaje que se ha demostrado empieza en una edad tan temprana como uno o dos años), podrían enfrentarse a más riesgos.

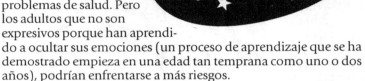

Perdóneme Padre, pues he pecado

¿Cuáles son las consecuencias de interiorizar los sentimientos desagradables? Las investigaciones muestran que muchos problemas de salud se relacionan con inhibir las emociones negativas; por el contrario, se ha demostrado que hablar o escribir sobre los traumas personales tiene un efecto terapéutico y mejora la salud.

En un estudio, se pidió a estudiantes universitarios y a empleados de corporaciones que indicaran en un cuestionario cuál de varias categorías de traumas personales (por ejemplo, la muerte o el divorcio de los padres, el abuso sexual) habían experimentado en algún momento de su vida. También se les pidió que determinaran el grado en que habían hablado con otros sobre sus traumas. Brotó una correlación entre el hecho de no hablar de una experiencia traumática y la diagnosis de cáncer, alta presión sanguínea, úlceras y otros problemas de salud.

Escribir podría ser tan eficaz como hablar

Otros estudios han mostrado que escribir sobre sucesos en extremo traumáticos produce una mejoría en la resistencia a infecciones y enfermedades, de acuerdo a cifras sobre la función inmune tomada de muestras de sangre.

¿Pero qué decir de la comunicación no verbal?

El lenguaje, ya sea oral o escrito, es sólo una de las muchas formas de comunicación que tenemos. Otra forma de dar a otros una idea de nuestros sentimientos son los gestos conscientes o inconscientes. Algunos ejemplos obvios son la expresión que damos a nuestras facciones, o los movimientos y actitudes del "lenguaje corporal" como cruzar la pierna en dirección a la persona con quien estamos hablando o en dirección contraria a ella. Los estados de ánimo y actitudes de los artistas se expresan a través de sus pinturas o su música con la misma fuerza, al menos, que si los expresaran con palabras. ¿Puede también tener efectos benéficos la expresión de la emoción a través de estos otros sistemas simbólicos? Aunque la evidencia es menos concluyente, es posible que los tenga.

Por una parte, las personas que exteriorizan sus sentimientos no sólo hablan de lo que sienten; tienden a mostrarlo en su rostro. En experimentos donde se muestran a los sujetos imágenes agradables y desagradables, los jueces pueden adivinar con facilidad la naturaleza de las imágenes con sólo observar las reacciones faciales de personas que exteriorizan sus sentimientos. Sus juicios son menos precisos cuando se trata de personas que los interiorizan.

Inhibir las respuestas faciales tiene el mismo tipo de efecto en el cuerpo que inhibir las respuestas verbales. En un estudio reciente, se dio a un grupo de personas normales cierto "conocimiento secreto de culpabilidad" y se les dijo que lo ocultaran de otros encubriendo sus expresiones faciales. Se les dijo que este "conocimiento" era parte del experimento. A pesar de eso, sus niveles de conductividad en la piel se incrementaron de la misma forma en que lo hacen cuando la gente miente o reprime sus emociones al conversar o al contestar preguntas.

La terapia artística, la solución al dolor o al conflicto psicológico interno a través de medios no verbales como el dibujo o la pintura, se usa a menudo con pacientes que tienen severas dificultades con la comunicación verbal, como los autistas o los niños que han sufrido abusos. Es posible que la expresión artística no verbal común y corriente tenga también un efecto benéfico en los sistemas nervioso e inmune.

AUTOEVALUACIÓN: Test de personalidad con manchas de tinta

El psiquiatra suizo, Herman Rorschach pensaba que las respuestas de una persona a imágenes al azar traicionan factores que afectan su personalidad. Rorschach les mostraba a los sujetos de sus tests diez diferentes machas de tinta, algunas a color y otras en blanco y negro, y les pedía que le hablaran de las imágenes e ideas que cada mancha evocaba. En este tipo de tests no hay respuestas "correctas" o "incorrectas", pero los resultados podrían ayudar a encontrar pistas sobre las características de la personalidad de alguien o sobre su estado mental temporal.

Examina las tres imágenes Rorschach que aparecen a continuación. Encuentra una forma que te recuerde una experiencia desagradable del pasado a nivel personal. Descríbele a otra persona lo que sucedió y lo que viste en la mancha que te recordó esa experiencia. Pídele a la persona a quien acabas de abrirle la ventana de tu experiencia que escoja una mancha y haga lo mismo.

¿Por qué no te sorprende que exista un vínculo entre tus respuestas inmunológicas y tus respuestas cerebrales?

El sistema inmune ha evolucionado como un instrumento para responder a las amenazas contra el cuerpo que se originan tanto dentro como fuera de él; es algo así como un sexto sentido. (Los otros cinco, por cierto, son la vista, el olfato, el tacto, el gusto y el oído.) Sin embargo, las interacciones del sistema inmune con otros sistemas del cuerpo (el nervioso y del comportamiento, y el endocrino-hormonal) hacen que no parezca tratarse de un solo órgano sino parte de un sistema complejo que abarca muchos sitios físicos en diferentes partes del cuerpo.

Incluso responden a los transmisores químicos de otros sistemas

Por ejemplo, los neurotransmisores son las sustancias químicas mediante las cuales las células nerviosas (lo que incluye a las neuronas del cerebro) se comunican entre sí. Las citoquinas son su complemento en las células del sistema inmune. Aunque antes se creía que los dos sistemas trabajaban en forma independiente, ahora se sabe que ambos tipos de sistemas producen *ambos* tipos de sustancias químicas y responden a ellas. De hecho, ambos son parte de un único mecanismo de defensa integrado. El nuevo nombre que se creó para el estudio de la interacción entre los estados psicológicos y el sistema inmune es *psiconeuroinmunología.*

Las personas zurdas son más susceptibles a enfermedades del sistema autoinmune

Tomando en cuenta la aceptación del fundamento neurológico de las emociones, no debería causarnos impacto alguno el hecho de que también existan vínculos entre la emoción y el sistema inmune. La razón es que desde hace mucho tiempo se sabe que los daños a las neuronas del cerebro pueden causar problemas en el sistema inmune.

Las lesiones al cerebro pueden incrementar o disminuir las respuestas del sistema inmune, dependiendo de la parte del cerebro que se lesione. En los ratones, una lesión en el hemisferio izquierdo inhibe la actividad de las células T (las "tropas de ataque" del sistema inmune), pero una lesión en el hemisferio derecho incrementa la función de las células T. Tal vez este tipo de asimetría explique por qué el hecho de ser zurdo, que según cierta teoría se desarrolló como respuesta a cierto tipo de enfermedad o lesión en el hemisferio izquierdo, tiene una correlación con la dislexia y las enfermedades del sistema autoinmune que no puede atribuirse totalmente a la **casualidad.**

¿Cómo muere la gente de tristeza?

La gente siempre ha sabido que ciertas experiencias que producen estrés parecen incrementar el riesgo de infecciones, enfermedades e incluso la muerte. Por ejemplo, después de la muerte de la esposa, la mortalidad de los viudos desolados es mayor. En ocasiones las personas de hecho mueren de tristeza.

Se ha sabido que esto ocurre entre los primates no humanos. Jane Goodall observó a un chimpancé joven cuya madre murió. Él nunca se había "destetado" totalmente de una relación íntima poco usual con su madre. Aunque él era totalmente capaz de alimentarse y cuidar de sí mismo (tenía ocho años, lo que para un chimpancé es una edad en la que ya se superó la infancia), nunca se recuperó psicológicamente de la muerte de su madre, y se volvió cada vez más desganado y apático. Un mes más tarde, murió. Goodall llegó a la conclusión de que "los trastornos psicológicos y fisiológicos relacionados con la pérdida lo hicieron más vulnerable a las enfermedades".

En qué forma el estrés y la depresión reducen la resistencia a las enfermedades

A nivel celular, la depresión clínica se relaciona con un nivel inferior de las defensas naturales del cuerpo contra infecciones bacteriales y virales, y contra la enfermedad, lo que incluye a las células T y a las llamadas células asesinas naturales. Esto podría significar que los virus que siempre están cerca de nosotros (lo que quizá también incluye a los virus del mal de Parkinson, diversas formas de cáncer, e incluso verrugas), podrían vencer a las defensas del cuerpo durante periodos de depresión, ansiedad crónica u otros tipos de estrés.

Algunos virus que podrían estar presentes en el cuerpo, pero inactivos, podrían reactivarse durante épocas de estrés. Esa es la razón de que existan mayores posibilidades de que los estudiantes universitarios, por ejemplo, padezcan herpes durante la época de exámenes.

Los familiares de pacientes con Alzheimer padecen de un deterioro en la reactividad de los linfocitos (una medida de la salud del sistema inmune). Y lo mismo les ocurrió a las personas que vivían cerca de Three Mile Island después del accidente en la planta nuclear de ese lugar. También los animales son más susceptibles a las deficiencias inmunológicas y a enfermedades cuando se les somete a condiciones de apiñamiento.

Por otra parte, el alivio del estrés podría tener el efecto contrario. En un estudio, un grupo de hombres homosexuales experimentó un incremento doble en la reactividad de linfocitos una semana después de que se les notificó que eran HIV-negativo.

Las experiencias placenteras podrían tener un efecto más duradero que las desagradables

Un estudio reciente muestra que las experiencias agradables, como actividades sociales que la gente disfruta, juegos o deportes, podrían ayudar al sistema inmune durante un periodo de dos días. Por otra parte, los efectos de sucesos habituales desagradables que tienden a inhibir el sistema inmune, como encuentros molestos o frustrantes con un jefe o un compañero de trabajo, normalmente se desvanecen en un día. En este estudio, se pidió a personas voluntarias que llenaran evaluaciones diarias de sus altibajos. Muestras de su saliva señalaron la eficacia con que su sistema inmune producía anticuerpos contra una píldora de proteína de conejo que tomaban todos los días.

El mismo estudio muestra que la ausencia de sucesos agradables predice una susceptibilidad a los resfriados con más exactitud que la *presencia* de sucesos ligeramente exitosos. En otras palabras, no sólo se trata de que el estrés puede reducir la inmunidad de la persona; sino que las experiencias que se disfrutan de hecho pueden tener un efecto *protector* contra las enfermedades.

La depresión psicológica también podría causar afecciones cardiacas

Durante años, se ha acumulado evidencia de que existe un vínculo entre la depresión y las enfermedades cardiacas. Los investigadores no pueden decir con certeza si el mal cardiaco causa la depresión o viceversa.

Nuevas evidencias indican que la depresión podría ser la causa principal. ¿Cómo sucede? Cuando la gente tiene un estado de depresión, segrega cantidades más altas de hormonas de estrés que potencialmente son peligrosas, como el cortisol y la noradrenalina. Estas hormonas aceleran el ritmo cardiaco, impiden el sueño, elevan la presión arterial, incrementan la tendencia a formar coágulos en la sangre, elevan la proporción de colesterol "dañino" y trastornan el ritmo cardiaco. Además, el cortisol incrementa el potencial de series de latidos del corazón erráticos, es decir, arritmias. Cuando la depresión se trata, la bioquímica del cuerpo vuelve a la normalidad y a menudo también se corrige el ritmo cardiaco errático.

¿Cómo puedo ayudar a mi estado de ánimo y a mi salud física?

Una lección que podemos aprender gracias a estas investigaciones es que un horario que produce estrés debe compensarse con diversión y actividades que uno disfrute. Por obvio que parezca, muchas personas de éxito que trabajan intensamente parecen creer que la recreación, el sueño adecuado y una dieta saludable son lujos que no se pueden dar, y en muchos casos pagan por ello desarrollando enfermedades del sistema autoinmune o un síndrome de fatiga crónica.

En ocasiones, sentirse más feliz es mucho más difícil que seguir la sabiduría tradicional del sentido común; pregúntaselo a cualquiera que sufra *dysthymia*, literalmente "espíritu enfermo", que podría traducirse como "depresión de bajo nivel", o a cualquiera que sufra de una severa depresión clínica. Hay un neurotransmisor en particular, la serotonina, que según se ha demostrado tiene el potencial para combatir la depresión, la ansiedad, la baja autoestima, las inhibiciones sociales, y una gran cantidad de otras facetas de la personalidad que son desagradables o son indeseables a nivel cultural. Los niveles de serotonina pueden elevarse en muchas formas. La luz solar ayuda, al igual que el ejercicio físico y el sueño adecuado. Como todos los neurotransmisores, incluyendo a la serotonina, se fabrican a partir de los aminoácidos que nos proporcionan los alimentos, es esencial ingerir suficientes aminoácidos. Una buena fuente es la proteína animal. (Según una teoría, el hecho de que la *dysthymia* y otros trastornos relacionados con estados de ánimo depresivos estén tan generalizados se basa en un consumo deficiente de proteína animal, en comparación con la que consumían nuestros antepasados de la era neolítica). Durante la última década, muchas personas han descubierto que los inhibidores selectivos de la absorción de serotonina (SSRI, del inglés *Selective Serotonin Reuptake Inhibitors*) como el Prozac, pueden tener un efecto dramático en la depresión. Esto a su vez reduce la sobreproducción crónica de hormonas de estrés, y reduce el riesgo de enfermedades cardiacas y posiblemente, de males relacionados con el sistema inmune.

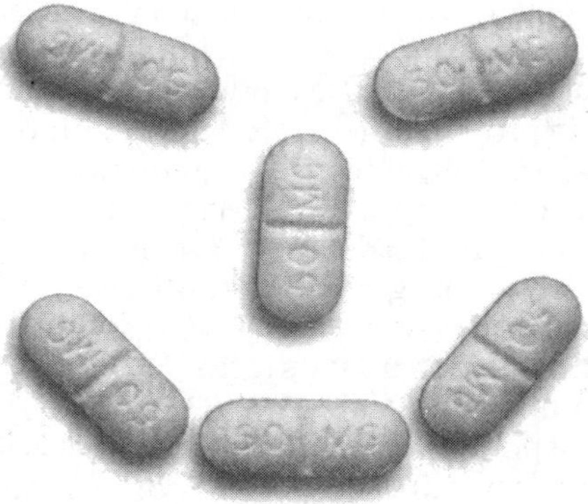

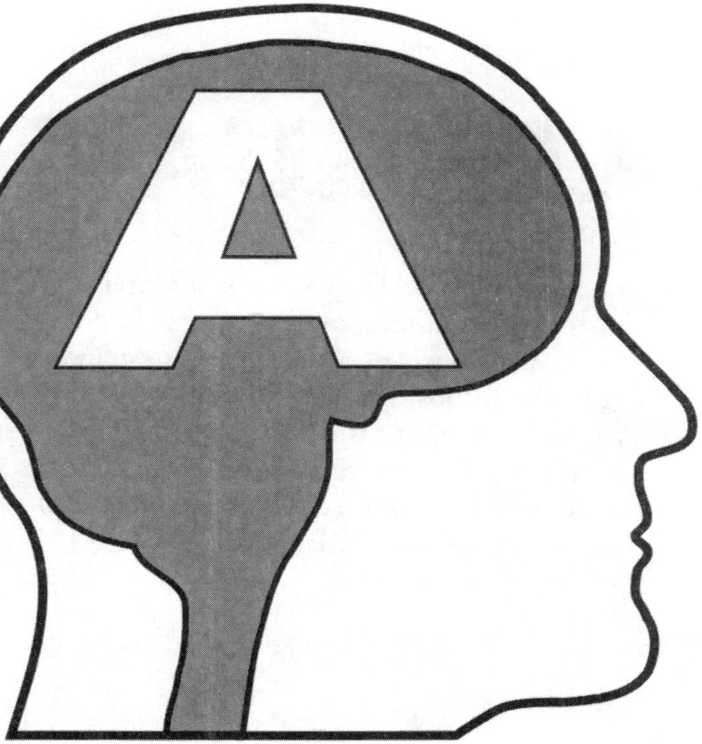

función del lenguaje

LENGUAJE

La adquisición del lenguaje en la infancia es tan instintiva y automática que a veces la damos por sentada. Evidencias recientes muestran que la buena disposición de impulsar nuestras capacidades lingüísticas a lo largo de la vida ayuda a impedir que las ramificaciones de las dendritas de nuestro cerebro se atrofien, e incluso podría evitar el Alzheimer.

La facultad del lenguaje humano es compleja y misteriosa. Sabemos que estamos diseñados para adquirir el lenguaje en la infancia, e incluso para crear una estructura lingüística a partir de una materia prima relativamente carente de estructura o caótica. Los niños pequeños no son pizarras en blanco sobre las que quienes se encargan de ellos escriben reglas gramaticales, sino *creadores* de lenguaje muy activos. Se requieren circunstancias extraordinariamente raras para impedir que estos pequeños artistas del lenguaje logren su meta de construir toda una gramática mental en los primeros años de la vida.

Así, el lenguaje es una facultad natural que une a todos los humanos, produciendo una serie impresionantemente sutil y compleja de reglas mentales internas que se adquieren sin instrucción o educación formal. Al mismo tiempo, existen importantes diferencias individuales entre nosotros.

Las personas mayores tienden a tener vocabularios más extensos que las más jóvenes. El crecimiento del vocabulario es el resultado de la acumulación general de experiencia que relacionamos con crecer en edad, y no depende en forma crucial del tipo de agilidad mental que permite que los muchachos de 20 años les ganen a sus padres en juegos de cálculos rápidos. Y todos sabemos que algunas personas tienen vocabularios más extensos que otras de su misma edad. Aunque la extensión del vocabulario no depende de la agilidad mental, tiende a correlacionarse con otras formas de medir la inteligencia, como la capacidad para manipular números, hacer girar objetos tridimensionales con los ojos de la mente, y llevar a cabo operaciones lógicas.

Aquí causa y efecto van en ambas direcciones. Un vocabulario extenso es el resultado del interés en la lectura y del aprendizaje de información nueva e intrigante. Piensa en cuánto esfuerzo y disciplina se requiere para leer un artículo en el *New Yorker*, o un artículo en el *Wall Street Journal*, en comparación con el esfuerzo y disciplina que se requieren para comprender un anuncio de papas fritas en el tablero de avisos de un supermercado.

Existe cada vez mayor evidencia que también apoya la idea de que el estar dispuesto a enfrentar retos lingüísticos ayuda a conservar las células cerebrales. En el estudio conocido como "estudio sobre monjas", se descubrió que las monjas que durante el noviciado usaban un estilo relativamente complejo, tenían menos probabilidades de desarrollar Alzheimer en años posteriores, que las monjas que escribían con un estilo caracterizado por oraciones más sencillas y cortas. Por tanto, el tener a lo largo de la vida una disposición a enfrentar retos y abordar estructuras lingüísticas complejas, podría tener un efecto preventivo contra el Alzheimer.

A medida que avanzamos en edad, tendemos a encontrar más difícil el manipular estructuras más complejas. Es probable que esto sea el resultado de una erosión en la memoria a corto plazo. De modo que se vuelve más difícil analizar oraciones como esta: *A pesar de haber terminado de comer su tarta, Enrique, no obstante, no quiso negarle a Laura la oportunidad de ofrecerle una rebanada de pastel.* También se vuelve más difícil "captar" la forma aceptable de leer oraciones "engañosas" como: *El perro que atravesó el parque ladró.* (Este tipo de oraciones te hacen entrar en un laberinto cuando estás analizando una oración gramaticalmente, palabra por palabra. Al llegar al final de la oración, tienes algo sin sentido, lo que hace que te des cuenta de que debes haber analizado incorrectamente la oración, y que la vuelvas a analizar para obtener mejores resultados. Todo esto representa una carga para tu memoria funcional).

Esta capacidad, como otras que dependen de la memoria funcional, está sujeta al principio de "lo usas o lo pierdes". Incluso siendo adolescentes, perderemos nuestra facilidad de hacer cálculos mentales si confiamos en calculadoras mecánicas en lugar de utilizar el cerebro. Las células cerebrales pueden desarrollar nuevas ramificaciones a lo largo de la vida, así que no pierdas esperanzas. Pero cuanto más tiempo esperes para rectificar la situación, más difícil será hacerlo.

Las lesiones ayudan a localizar las regiones cerebrales del lenguaje

La afasia, un trastorno relacionado con la comprensión y producción del lenguaje, producido por enfermedades o lesiones en cierta parte del cerebro, ha proporcionado datos muy valiosos sobre la ubicación de los centros de lenguaje, datos que se había necesitado más de un siglo para recopilarlos. Si se lesiona cierta parte del cerebro debido a un golpe en la cabeza o a una embolia y se pierde cierta función del lenguaje, entonces podemos deducir que esa función se localiza en esa parte del cerebro.

Dos de los tipos "clásicos" de afasia son la afasia de Broca y la afasia de Wernicke, que llevan el nombre de los neurólogos del siglo XIX que identificaron por primera vez las partes del cerebro relacionadas con estos dos tipos de disfunción. A su vez, esas partes del cerebro se conocen como el área de Broca (la parte inferior de la circunvolución frontal izquierda) y el área de Wernicke (la sección posterior de la corteza izquierda de asociación auditiva). Ambas están en el hemisferio izquierdo, y el identificar el papel de estas áreas en el lenguaje fue una contribución importante en cuanto a la comprensión de la especialización del lado izquierdo del cerebro en tareas lingüísticas.

¿Estás empezando a cometer errores gramaticales tontos?

Quienes padecen la afasia de Broca, pierden drásticamente la fluidez; su manera de hablar indica que a la persona le está costando trabajo hacerlo y es monótona; a menudo selecciona bien los sustantivos pero usa incorrectamente los verbos y los morfemas gramaticales (como el tiempo y los finales adecuados en formas verbales): una condición que se

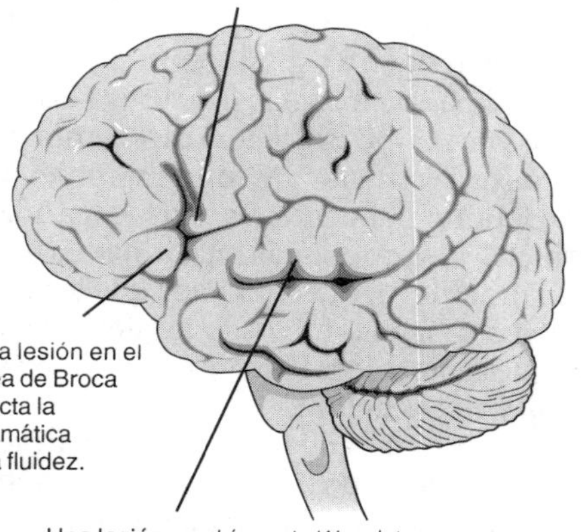
Una lesión en la ínsula, que está oculta profundamente dentro del cerebro, causa "apraxia", la incapacidad para organizar los sonidos y el ritmo para decir las palabras correctamente.
Una lesión en el área de Broca afecta la gramática y la fluidez.
Una lesión en el área de Wernicke afecta la comprensión de los significados de las palabras, no la fluidez del lenguaje.

conoce como *agramatismo*. Su comprensión es bastante buena, aunque tal vez no pueda repetir lo que otra persona dice.

Quienes padecen la afasia de Wernicke hablan con rapidez y melodiosamente, aunque lo que dicen es a menudo imposible de entender, pues con frecuencia no pueden pensar en la palabra correcta para expresar el significado que desean transmitir. Cuando se enfrentan a esta situación, estos pacientes pueden hacer una de las siguientes cosas: Una es omitir la palabra por completo. En lugar de decir "la lámpara está sobre la mesa", pueden decir: "Supongamos que la mesa está abajo". Una segunda opción es sustituir con otra palabra la palabra que se desea; un comportamiento conocido como *parafasia*. Una estrategia común es usar como sustituto una palabra cuyo significado se relaciona con la palabra deseada, como "orificio" en lugar de "rosquilla", "perro" en lugar de "oso", "Mickey" en lugar de "ratón", o "morder" en lugar de "comer". Otra opción, conocida como *circunlocución*, es parafrasear la palabra deseada, como decir "le sale agua de los ojos" en lugar de "está llorando". Otras opciones podrían ser el usar una versión confusa de la palabra que se intenta decir, como "hipidómato" en lugar de "hipopótamo", o acuñar una palabra novedosa como "el de a la cabeza" en lugar de "presidente".

En ocasiones, sólo se pierde una clase específica de palabras, como los nombres concretos en contraste con los abstractos, seres vivientes en contraste con objetos inanimados, frutas y vegetales, partes del cuerpo o colores.

¿Optas por decir "cosa" o "como-se-llame" pues no puedes pensar en la palabra correcta?

Aunque por lo general se acepta que quienes padecen la afasia de Wernicke tienden a experimentar más dificultades con los sustantivos y quienes padecen la afasia de Broca experimentan más dificultades con los verbos, no existe una dicotomía definida:

A los de Wernicke a menudo también les cuesta trabajo encontrar verbos. Tanto para quienes padecen la afasia de Broca como la de Wernicke, los problemas relacionados con encontrar verbos son normalmente más destructivos que los problemas relacionados con tener acceso a sustantivos, pues siempre se pueden utilizar sustantivos generales como "cosa" o pronombres en lugar del sustantivo que la persona no encuentra.

Quienes padecen la afasia de Wernicke, a diferencia de quienes padecen la afasia de Broca, a menudo tienen dificultad para comprender lo que dicen otras personas, y por lo tanto pueden sentir ansiedad o manifestar actitudes paranoicas. Quienes padecen la afasia de Broca, sin embargo, están más conscientes de su discapacidad y tienen mayor tendencia a frustrarse o deprimirse.

Algunas destrezas del lenguaje corresponden al lado derecho del cerebro; por ejemplo, captar lo que se dice
Aunque todas las afasias "clásicas" se relacionan con daños en el hemisferio izquierdo, existe evidencia de que el hemisferio derecho tiene un papel crucial en una habilidad del lenguaje de diferente tipo. Los daños en el hemisferio derecho pueden causar deterioro en las funciones relacionadas con el discurso: captar detalles importantes en un relato o en un chiste, u organizar una narración de modo que esté bien estructurada y sea un todo coherente.

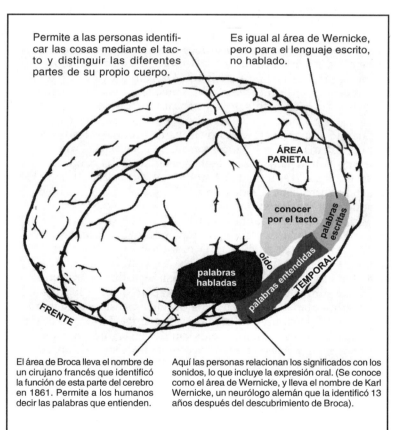

Permite a las personas identificar las cosas mediante el tacto y distinguir las diferentes partes de su propio cuerpo.

Es igual al área de Wernicke, pero para el lenguaje escrito, no hablado.

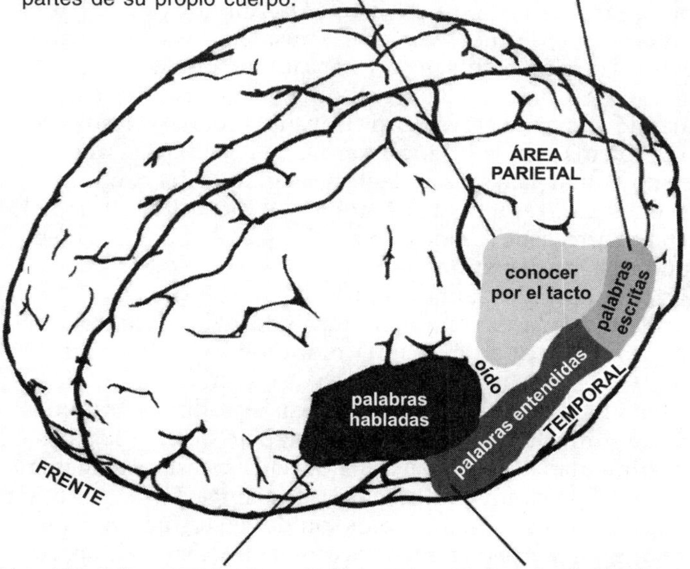

El área de Broca lleva el nombre de un cirujano francés que identificó la función de esta parte del cerebro en 1861. Permite a los humanos decir las palabras que entienden.

Aquí las personas relacionan los significados con los sonidos, lo que incluye la expresión oral. (Se conoce como el área de Wernicke, y lleva el nombre de Karl Wernicke, un neurólogo alemán que la identificó 13 años después del descubrimiento de Broca).

Las lesiones en las áreas que se muestran aquí, en las zonas temporal y parietal del cerebro, causan la pérdida de destrezas específicas de lenguaje, lo que incluye la expresión oral, la escritura y la comprensión del significado de las palabras y la capacidad para identificar objetos mediante el tacto.

Una nueva área de lenguaje

Las áreas de Broca y Wernicke, que hace más de un siglo se determinó eran cruciales para el lenguaje, se localizan a lo largo de la fisura de Silvio del hemisferio izquierdo, la hendidura que divide el lóbulo temporal del resto de la corteza cerebral. A partir de entonces, los neurólogos han supuesto que todas las áreas del cerebro que son importantes para el lenguaje deben estar en esta misma región del cerebro, excepto las funciones relacionadas con el discurso que se acaban de mencionar.

Nuevas investigaciones, llevadas a cabo con la ayuda de la tomografía axial computarizada e imágenes de resonancia magnética, han dado a conocer una estructura totalmente nueva en el cerebro que es responsable de la articulación del lenguaje. Esta región, conocida como la *ínsula*, está abajo de los lóbulos temporal y frontal en la corteza izquierda. Aunque ya se le había identificado anteriormente, se había considerado que la ínsula era responsable ante todo de procesar sabores, olores, percepciones visuales y sonidos en los seres humanos y en los simios.

Cuando una parte específica de la ínsula se daña, el resultado es un problema conocido como *apraxia*. Quienes la padecen tienen dificultad para manipular la musculatura del habla en el orden y el tiempo apropiados. Manifiestan vacilación al buscar la secuencia correcta de sonidos, en ocasiones lo logran pero luego no son capaces de repetirla.

Es fácil confundir la apraxia con la afasia de Broca, ya que ambas patologías se manifiestan a través de un habla lenta y laboriosa, errores de articulación y monotonía al hablar. Sin embargo, la apraxia no tiene ninguna de las características de errores gramaticales de la afasia de Broca. Se podría pensar que la apraxia es similar a la afasia de Wernicke, pero quienes la padecen no experimentan dificultad al tratar de tener acceso a la palabra correcta ni al percibir y comprender las palabras. En la apraxia, la persona reconoce las palabras y los sonidos en forma perfectamente normal, y está plenamente consciente de su mala articulación, lo que es una fuente de constantes frustraciones.

EJERCICIO: Habla confusa

Los 3 párrafos que aparecen a continuación, que están en cursivas y marcados "A", "B" y "C", contienen transcripciones de respuestas grabadas de pacientes que padecían daños en diferentes partes del cerebro. Trata de relacionar los párrafos con las siguientes descripciones de las áreas y capacidades dañadas.

"Apraxia": Uno de los párrafos es la transcripción del habla de una persona que padece apraxia debido a una lesión en la ínsula, un área muy cercana a los centros motores a lo largo de la parte media de la corteza cerebral, que tiene que ver con la manipulación de los músculos que se usan al hablar.

"Mal de Wernicke": Otro párrafo es la transcripción del habla de personas con daños en un área más cercana a la parte de atrás del cerebro. Encuentran las palabras con facilidad y hablan libremente, pero tropiezan con palabras inapropiadas.

"Mal de Broca": Otro párrafo reconstruye una grabación de una persona con lesiones en un área más cercana a la corteza frontal. Entiende el significado de las palabras pero se le dificulta expresar una idea cuyo significado sea claro utilizando verbos y principios gramaticales. Quienes padecen afasia de Broca hablan con lentitud, sin inflexión, y muestran preocupación al hablar. A diferencia de quienes padecen la afasia de Wernicke, están conscientes de su discapacidad.

A *Se le mostró al sujeto el dibujo de una escena en la cocina, en la que una mujer no se da cuenta de que dos niños se están robando sus galletas. Cuando se le pidió que describiera esta escena, el sujeto dijo: "La mamá está aquí lejos trabajando su trabajo para lograr su mejor, pero cuando ella mira, los dos niños miran otra parte. Ella está trabajando otra vez".*

B *Cuando se le preguntó al sujeto por qué había regresado al hospital, dijo: "Sí... ah, lunes... ah... Papá y Pedro Huerta, y Papá... ah... hospital... y miércoles... miércoles, nueve en punto y ah jueves... diez en punto ah doctores... dos... dos... un doctores y ah... dientes... sí. Y un doctor... una chica... y encías, y yo".*

C *Se pidió al sujeto que dijera la palabra "cojín" y respondió: "ah, m, m, juquín... m... m... m... duk... no sé como se llama; es c, u, mm, no, es, es... juquín... no". Cuando se le pidió que repitiera la palabra "catástrofe" cinco veces, el sujeto dijo: "catástrofe, patástrofe, t, catástrofe, catásrifrobi, a... sh... sh... no sé".*

Explicación: Lo típico es que las personas con daños en el área más cercana al lóbulo frontal puedan seleccionar las palabras correctas, pero su manera de hablar se interrumpe porque se les dificulta unir las palabras gramáticamente.

EJERCICIO: áreas del lenguaje

Los crucigramas, como muchos acertijos, facilitan una respuesta para ayudar a la persona a recordar o seleccionar otro elemento en el crucigrama. Cómo descifrar los significados de las palabras requiere de que se recuerden, las funciones de lenguaje y de memoria están estrechamente relacionadas con las herramientas cognitivas. ¿Todavía puedes recordar las respuestas —del ejercicio de las páginas 182 – 183?

(continúa en la siguiente página)

HORIZONTALES

2 Se emplea como anestésico
8 Cada una de las dos mitades del cerebro
9 Casa muy grande
13 Para qué se emplea algo
14 Área del cerebro relacionada con la fluidez
15 Iniciales de Jaime Álvarez
17 Espacio limitado de algo
19 Carne asada a la plancha
20 Si se daña esta área del cerebro la persona puede presentar "apraxia"
21 Rey de los hunos que invadió el imperio romano
23 Digno de risa o burla
24 Tengo fe
25 Nota musical

VERTICALES

1 Unión de huesos en el cuerpo
3 Canto melodioso de las aves
4 Sorteo que se hace con números
5 Neurólogo, identificó el trastorno que afecta la comprensión, no la fluidez del lenguaje
6 Metal duro de color blanco; se emplea para recubrir superficies metálicas
7 Lo que rige la conducta
10 Carta de la baraja
11 Monja
12 Liga deportiva norteamericana
15 Pueblo amerindio de la cuenca del Amazonas
16 Cualidad al hablar; dominar un idioma
17 Trastorno relacionado con la comprensión y producción del lenguaje
18 Desafío
22 Metal blanco, ligero y blando

Pista: La siete vertical es 'leyes'.

EJERCICIO: Lenguaje misterioso

Con las letras de la columna de la izquierda, forma palabras que sean sinónimos de las palabras en la columna del centro. Escríbelas junto a los números correspondientes en la columna de la derecha. En los espacios numerados de la parte inferior, escribe la primera letra de cada nueva palabra en el número que le corresponde para formar una frase (sin espacios) relacionada con el artículo que acabas de leer.

feidoici	=	CONSTRUCCIÓN	=	1. ______
ozal	=	VÍNCULO	=	2. ______
sletne	=	ANTEOJOS	=	3. ______
cterefrau	=	REALIZAR	=	4. ______
vean	=	BARCO	=	5. ______
mogeid	=	LAMENTO	=	6. ______
luasu	=	HABITUAL	=	7. ______
rabecorre	=	ODIAR	=	8. ______
charojo	=	VERACRUZANO	=	9. ______
readuc	=	INSTRUIR	=	10. ______
beru	=	URBE	=	11. ______
ronta	=	PERCATARSE	=	12. ______
radirqui	=	OBTENER	=	13. ______
joelafr	=	PEREZA	=	14. ______
ontacrece	=	SUCEDER	=	15. ______
recoroj	=	PESTILLO	=	16. ______
rasu	=	EMPLEAR	=	17. ______
lale	=	FIEL	=	18. ______
rateipa	=	TRATAMIENTO	=	19. ______
verireba	=	REDUCIR	=	20 ______
adenits	=	SINO	=	21. ______
zecamlr	=	REVOLVER	=	22. ______
gnenio	=	INOCENTE	=	23. ______
pamísita	=	APRECIO	=	24. ______
miretran	=	ACABAR	=	25. ______
apeta	=	FASE	=	26. ______
recern	=	RESENTIMIENTO	=	27. ______
aininaf	=	NIÑEZ	=	28. ______
rio	=	ESCUCHAR	=	29. ______
mosii	=	MONO	=	30. ______
bala	=	AMANECER	=	31. ______

	1 __	2 __	3 __	4 __	5 __	6 __	7 __	8 __	9 __	
10 __	11 __	12 __	13 __	14 __	15 __	16 __	17 __	18 __	19 __	20 __
21 __	22 __	23 __	24 __	25 __	26 __	27 __	28 __	29 __	30 __	31 __

La frase dice: El lenguaje; una facultad misteriosa

Las mujeres son más "equilibradas" lingüísticamente que los hombres

Los argumentos sobre la fuente de las diferencias entre los sexos en los campos del comportamiento y el desempeño, a menudo se dividen, considerándolo en forma simplista, como diferencias "naturales" y las que son producto de la "educación". ¿Se dice que los hombres son de Marte y las mujeres de Venus porque están construidos en forma diferente, o porque la sociedad los ha hecho así?

Como en la mayoría de las cuestiones, la respuesta correcta se encuentra en un punto medio. Aunque la cultura determina muchas de las diferencias entre los sexos, cuanto más aprendemos sobre la estructura y los mecanismos del cerebro humano, más evidencia encontramos de que algunas de estas diferencias tienen un fundamento innato y biológico.

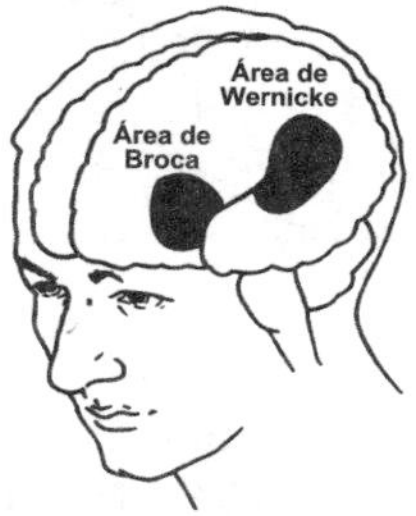

Desde hace tiempo, se han identificado en el hemisferio izquierdo del cerebro dos áreas que son los procesadores principales del habla. El área de Broca en el lóbulo frontal transforma los pensamientos en palabras. El área de Wernicke en los lóbulos temporal y parietal transforma las palabras en pensamientos.

En la actualidad, todo el mundo sabe que las "áreas del lenguaje" del cerebro se encuentran en el hemisferio izquierdo. Un experimento reciente indica que esto podría ser más verdadero en los hombres que en las mujeres. Cuando los hombres realizan un ejercicio en el que se les pide que dividan las palabras en sonidos individuales distinguibles, se apoyan mucho en el lado izquierdo de la *circunvolución frontal inferior*, un área del cerebro que desde hace mucho se sabe se especializa en el lenguaje. Cuando las mujeres realizan el mismo tipo de ejercicio lingüístico, usan ambos lados del cerebro más o menos en la misma proporción.

Este importante descubrimiento se facilitó por el desarrollo de una nueva tecnología llamada "imágenes de resonancia magnética funcional", que proporciona una imagen visual de las partes del cerebro que se activan cuando se lleva a cabo una tarea en particular.

En este experimento, se asignó a 19 hombres y 19 mujeres diestros (no zurdos) una tarea relacionada con analizar rimas, que requería que los sujetos determinaran si dos palabras sin sentido rimaban o no. Como estas palabras se presentaron por escrito, la tarea requería procesos visuales y ortográficos (reconocimiento de letras), al igual que dilucidar representaciones fonológicas (de sonido) a partir de secuencias de letras. También se les asignó una tarea en la que debían juzgar si dos conjuntos de series de letras seguían el mismo patrón al alternar letras mayúsculas y minúsculas.

PARA DETERMINAR EL ÁREA DE "SONIDOS DEL HABLA"

Cuando se lleva a cabo una tarea relacionada con analizar la rima de palabras escritas, se activa tanto la parte del cerebro relacionada con los "sonidos del habla" como la relacionada con la "lectura". Se resta la segunda de la primera y se obtiene exactamente el área del "sonido del habla". **analizar la rima:** ¿Riman o no riman estas palabras? Olor, dolor. **Reconocimiento de letras:** ¿Estas secuencias de letras muestran el mismo patrón al alternar letras mayúsculas con minúsculas? *dDDDdddDddDdddd – rRRRrrrRrr-Rrrrr.*

Siempre que las regiones del cerebro que se activaban en las dos tareas no coincidían, las regiones restantes se identificaban como áreas que sólo eran responsables de procesos fonológicos. Los hombres mostraron una proporción de 11.7:5 de activación del lado izquierdo del cerebro en esta región, la proporción de las mujeres se dividió en una proporción relativamente igual de 9.4:12.

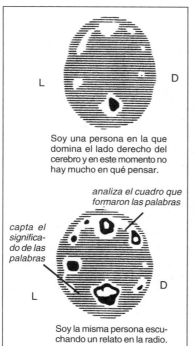

Soy una persona en la que domina el lado derecho del cerebro y en este momento no hay mucho en qué pensar.

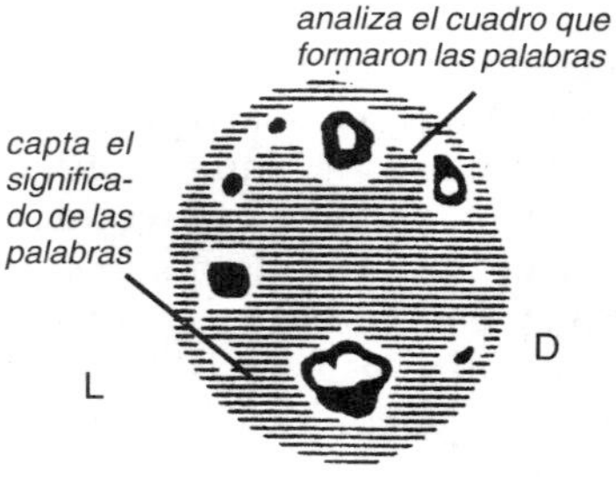

Soy la misma persona escuchando un relato en la radio.

Los hombres tienden a realizar la mayoría de las tareas relacionadas con procesar palabras sólo con el lado izquierdo del cerebro

Esto ofrece evidencia directa que apoya la hipótesis de que las funciones del lenguaje se centran más en un lado en los hombres que en las mujeres; al igual que en los zurdos cuando se les compara con los diestros. Los zurdos tienden a tener su destreza del lenguaje distribuida con más igualdad en ambos hemisferios que los diestros. Esto significa que si un zurdo sufre una lesión en el hemisferio izquierdo, es menos probable que la afasia (pérdida de lenguaje) que resulte de ella sea permanente, que en el caso de los diestros. Pero los zurdos también tienden a ser menos aptos en las habilidades de percepción, quizá porque la distribución de la capacidad del lenguaje en ambos hemisferios de hecho cambia de lugar algunas de las funciones que dependen del lado derecho del cerebro, como el juicio de relaciones espaciales y la percepción Gestalt (de la forma total).

Las mujeres y los hombres zurdos, tienden a tener más dificultad al trabajar con formas y espacios que los hombres diestros.

Se ha demostrado que las mujeres y los hombres zurdos tienen una tendencia, interdependiente con la cultura, para desempeñarse ligeramente peor en ciertas pruebas sobre relaciones espaciales que los hombres diestros. Este conocimiento ha llevado a especular que las mujeres podrían tener exactamente el tipo de distribución de la capacidad del lenguaje en ambos hemisferios que tienen los zurdos; una especulación que se ha confirmado mediante estos nuevos descubrimientos.

Aunque no surgió una disparidad significante entre los hombres y las mujeres en su desempeño de las tareas que se usaron en este experimento, las diferencias entre los sexos tienen implicaciones buenas y malas para cada sexo. El tipo de especialización en el hemisferio izquierdo en cuanto al lenguaje, que es la norma para los hombres diestros, podría permitir que la percepción espacial del hemisferio derecho funcionara a alto nivel, para permitir una captación simultánea del bosque y los árboles, por así decirlo. De hecho, ésta es una teoría dominante en cuanto al desarrollo de la lateralización hemisférica en los seres humanos.

Es menos probable que las mujeres sufran una pérdida permanente del lenguaje debido a una embolia

La distribución más equilibrada del lenguaje en ambas mitades del cerebro en las mujeres podría darles cierta flexibilidad cuando algo sale mal. Su menor nivel de especialización podría ayudarles a recuperar las capacidades lingüísticas después de una embolia o una lesión cerebral, y tal vez explique por qué las niñas parecen superar con más facilidad que los niños los trastornos relacionados con la lectura, incluyendo la dislexia.

EJERCICIO: Círculo de palabras

Instrucciones: Así como una palabra lleva a otra, las palabras se "encadenan". Si empiezas con la palabra correcta, no te costará trabajo terminar este círculo con diez palabras adicionales en cadena. Cada palabra empieza en el espacio numerado correspondiente.

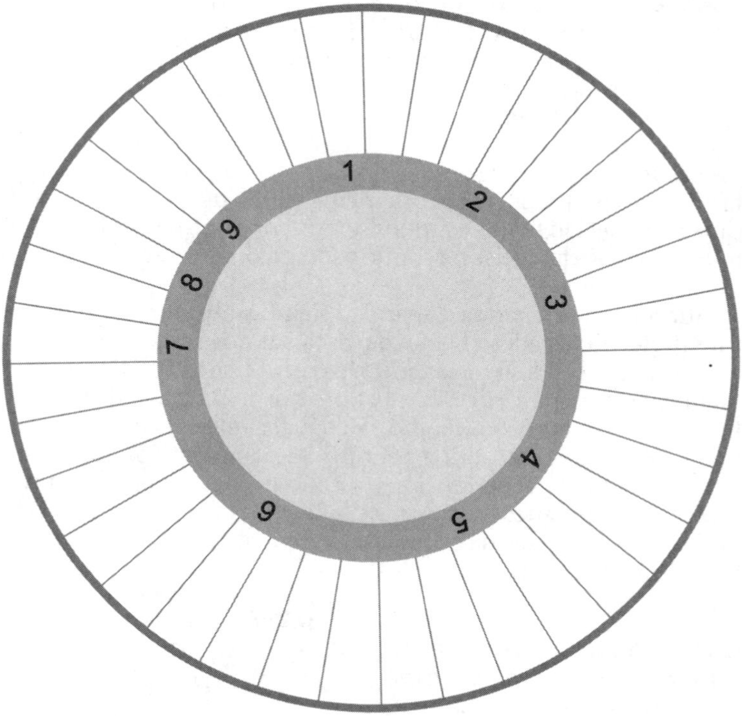

1. beso.
2. que tiene lozanía.
3. fruta con gajos de pulpa jugosa.
4. lugar donde se cultivan árboles, plantas y flores.
5. activo.
6. mujer que guisa bien.
7. estar en lo correcto cuando se dice algo es tener _____.
8. área específica.
9. planta de flores blancas y olorosas.

Pista: Una flor aromática es el NARDO.

El cortisol es tan destructivo para el cerebro como el colesterol lo es para el corazón

Los científicos que trabajan en el campo de la neurología se están acercando a una manera de impedir la pérdida de la función cognitiva en los ancianos. Un estudio reciente muestra que los niveles mayores a la cifra promedio de la hormona conocida como cortisol se relacionan con el déficit subclínico de capacidad cognitiva en los ancianos. Un grupo de ancianos sanos se sometieron a un examen de sangre para determinar el nivel de cortisol, y después se les sometió a una batería de pruebas relacionadas con las funciones cognoscitivas, incluyendo la memoria, la atención y la capacidad en el lenguaje. Los sujetos que tenían niveles relativamente altos de cortisol y en quienes el nivel de cortisol se había incrementado durante un periodo de cuatro años, obtuvieron las cifras menores en las tareas relacionadas con la memoria y la atención. Por otra parte, los ancianos cuyos niveles de cortisol iban en *descenso*, tuvieron el mismo desempeño que sujetos jóvenes saludables en las tareas cognoscitivas. Además, también se ha mostrado, en estudios independientes, que los niveles altos de cortisol se relacionan con el mal de Alzheimer, una pérdida de capacidades cognoscitivas en los ancianos, cuyos primeros síntomas son incapacidad para recordar sucesos recientes y los nombres de los amigos.

Cómo el cortisol destruye la memoria

Todos hemos tenido la experiencia de no poder pensar con claridad, de no poder aprender o recordar algo cuando estamos bajo tensión. Una de las razones es que el cortisol, que se libera en situaciones estresantes, reduce el suministro de energía que representa el azúcar en la sangre que llega al hipocampo y al resto del cerebro. Si el hipocampo deja de operar, los recuerdos a corto plazo no pueden crearse, de modo que nos sentimos mentalmente confusos.

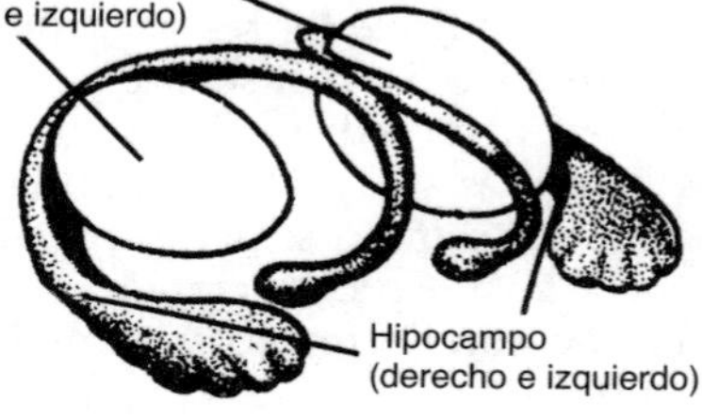

El hipocampo y los dos tálamos que tienen forma de huevo, son parte del "sistema límbico" primitivo, donde se despiertan y se recuperan las emociones y las memorias duraderas. El hipocampo es crucial para la capacidad que tiene el ser humano para aprender sobre las cosas, ideas y sucesos que forman la vida; por tanto, si sufre una lesión, la memoria se ve afectada. Sin él, la mente no puede aprender datos nuevos ni tener acceso a información que aprendió en el pasado; es precisamente el tipo de pérdida de memoria que padecen los sujetos con niveles altos de cortisol.

Otra razón para la confusión mental estando bajo estrés, es que el cortisol interfiere con los neurotransmisores del cerebro, lo que impide que se formen nuevas rutas de memoria y que se puedan recuperar memorias ya existentes de los almacenes de recuerdo a largo plazo. Es por eso que, precisamente cuando se está bajo la presión de un examen o en una situación en que hay que dirigirse a un público como orador, es muy probable que se tengan dificultades para tener acceso a los datos. Uno de los neurotransmisores más importantes que se relacionan con la memoria es la *acetilcolina*.

Demasiado cortisol puede incluso matar las células cerebrales causando un exceso de absorción de calcio en las neuronas, y estimulando la producción de "radicales libres". Los radicales libres son moléculas que son destructivas para el cerebro y el cuerpo ya que destruyen células cerebrales y otras neuronas.

Cómo reducir los niveles de cortisol y aumentar el potencial de longevidad del cerebro

Debido a que la producción de cortisol por las glándulas suprarrenales se estimula con el estrés, el exponerse a un estrés crónico acaba con las células cerebrales y puede acelerar la llegada del Alzheimer. Aprender a mitigar los factores que causan estrés en la vida, y aprender a controlar nuestra *respuesta* al estrés, no sólo hará que nos sintamos mejor, sino que ayudará al cerebro a permanecer en condiciones óptimas. Las técnicas para reducir el estrés, como el yoga, la meditación y la biorretroalimentación, pueden tener un papel crucial para ayudar a conservarnos en buena forma a nivel cognoscitivo.

Hacer ejercicios aeróbicos con regularidad también ayuda a contrarrestar el desgaste cerebral. Las personas que están en buena forma físicamente tienden a tener una respuesta menos violenta al estrés, de modo que sus niveles de cortisol tienden a ser menores. Además, media hora de ejercicios aeróbicos suficientemente vigorosos puede tener un efecto tranquilizante que dura varias horas. El ejercicio puede tener los beneficios cognoscitivos adicionales de incrementar el flujo de sangre al cerebro, e incrementar así la claridad mental, y de liberar neurotransmisores que son esenciales para el buen humor y la memoria.

Como el exceso de cortisol también crea radicales libres, es posible compensar en cierto grado el efecto destructivo del cortisol asegurándose de que la dieta tenga suficientes "destructores de radicales libres", como los antioxidantes y las vitaminas A, C y E. Una cantidad adecuada de colina en la dieta ayuda a garantizar que se tiene una cantidad suficiente del elemento esencial para la producción de acetilcolina, el neurotransmisor de la "memoria". Una potente fuente de colina es la lecitina, que puede comprarse como complemento alimenticio en cualquier tienda de productos para la salud.

EJERCICIO: Construcciones imposibles

A veces, puede ser imposible plantear una pregunta perfectamente razonable, no porque no sea aceptable socialmente ni porque carezca de significado, sino porque nuestra gramática mental no puede producir la estructura que la respalda. Éstos son algunos ejemplos de ese tipo de preguntas, que nunca vas a escuchar. El tratar de descifrarlas produce una sensación similar a la que se tendría al estudiar un idioma extranjero muy extraño. Este tipo de ejercicio es excelente para desafiar el tipo de facultad de la memoria que es crucial para conservar las habilidades lingüísticas durante la edad avanzada. ¿Puedes descifrar lo que significan estas preguntas?

1. ¿Hablaste con tu madre y con quién?
2. ¿Quién sabes que habló con tu madre?
3. ¿Hablaste con la mujer que se casó con quién?
4. ¿El hecho de que conocieras a quién molestó a Juan?

Algunas oraciones pueden generarse en principio, pero no son aceptables porque se basan en estructuras que son muy difíciles de procesar para los humanos. Con algo de esfuerzo, puedes descifrarlas, pero parece que el esfuerzo que se requiere es demasiado para situaciones cotidianas. Intenta traducir los siguientes ejemplos a un idioma normal.

5. Ésta es la mujer que el hombre con quien hablaste ayer abandonó.
6. Éste es el coche que el hombre que viste hablando con la mujer que conociste ayer estacionó.
7. Éste es el hombre al que Ricardo envió el paquete que estaba en el cuarto del que tú leíste todas las instrucciones.
8. El hecho que te dijo el hombre que conoció el individuo que viste ayer, de que me caigas mal, es molesto.

Más situaciones imposibles: ¿Cómo harías la siguiente pregunta sobre más de una caja?

9. ¿Qué tamaño de caja necesitas?

¿Cómo expresarías estos conceptos en voz activa?

10. Se rumora que él es mafioso.
11. Se decía que ella era rica.

TEST: Estado mental en cuanto a la habilidad de usar el lenguaje

Puede usarse como un test sencillo de agudeza verbal, o para detectar posibles señales del deterioro cognoscitivo relacionado con la edad avanzada. Pídele a un amigo que te haga el test, o hazle el test a un amigo o pariente cuyo estado mental te preocupe.

1. *Explícale a tu amigo que le vas a pedir que repita una frase palabra por palabra. Luego, lee lo siguiente en voz alta:* "Si no pudieras cocinar, te abandonaría tan rápido como a un montón de piedras".
   - A. No pudo repetirlo correctamente.
   - B. Cometió un error la primera vez, pero lo hizo bien la segunda.
   - C. Lo hizo a la perfección la primera vez.

2. *Menciona una categoría común, como frutas, animales o vegetales, y pídele a tu amigo que diga tantos como pueda de esa categoría en un minuto.*
   - *A. Sólo puede pensar en 10 o menos.*
   - *B. Puede pensar de 11 a 15.*
   - *C. Puede pensar en 16 o más.*

3. *Explícale que vas a leer una oración en voz alta, y que debe escribirla al pie de la letra. Usa la siguiente oración (o una tan larga y compleja como ella tomada de un artículo del periódico):*

   "Nuevos métodos de análisis han ayudado a señalar con precisión la ubicación de muchas funciones cerebrales".
   - *A. No puede hacerlo en absoluto o comete muchos errores.*
   - *B. Hace un par de errores, pero usando palabras parecidas.*
   - *C. No comete errores.*

4. *Junta 6 objetos familiares como un abridor de latas, un sacacorchos, una llave, un clip, una tachuela y un cordón. Señala un objeto a la vez y dale a tu amigo un par de segundos para nombrarlos.*
   - *A. Sólo puede nombrar correctamente dos o menos objetos.*
   - *B. Comete unos cuantos errores, como decir que el cordón es un "hilo".*
   - *C. No comete errores.*

Cómo es que un niño empieza a hablar un lenguaje cuando ni siquiera ha aprendido a ponerse los calcetines

Cualquier persona que haya criado a un niño desde la infancia sabe que la adquisición del lenguaje es un proceso misterioso, incluso milagroso. Un niño de 4 años, que probablemente no ha aprendido a atar las cuerdas de sus zapatos y quizá no esté totalmente entrenado para ir al baño, domina suficientes estructuras del idioma al que ha estado expuesto, ya sea español, árabe o swahili, para que se considere que lo habla con fluidez. Se necesitarían años de gran esfuerzo para que un extranjero adulto lograra ese nivel de dominio del árabe, por ejemplo; y muchos adultos nunca lograrán esa fluidez, sin importar durante cuanto tiempo y con cuanto esfuerzo lo intenten. Por lo tanto es obvio que, siendo niños, tenemos cierto tipo de facultad para adquirir el lenguaje que perdemos a medida que avanzamos en edad. La comprensión de los detalles de esta facultad, su origen, su duración, sus etapas y las expectativas biológicamente determinadas que nos ofrece cuando llegamos a este mundo en lo que a "posibles lenguajes" se refiere, es un campo donde la psicología y la lingüística se encuentran; es decir, es el campo de la psicolingüística.

La pregunta clave es si los humanos nacen con una función cerebral especializada que sólo se aplica a la adquisición de destrezas relacionadas con el lenguaje, que son distintas a las estrategias generales para adquirir conocimientos que pueden aplicarse a diversas tareas, incluyendo la adquisición del lenguaje. Es indudable que los infantes aportan a la tarea de la adquisición del lenguaje más de lo que se esperaría tomando en cuenta su exposición a él en su entorno.

Al menos dos evidencias apoyan esta teoría. Una es que al parecer tenemos una ventana para la adquisición del lenguaje que se nos proporciona a nivel biológico (ver "La ventana crítica de la oportunidad..." página 221. La otra es que ciertos aspectos del desarrollo del lenguaje asombrosamente se desenvuelven con uniformidad en todos los niños.

Desde el balbuceo hasta frases compuestas de varias palabras, todos los infantes humanos pasan a través de etapas predecibles cuando aprenden a hablar

De los 4 a los 6 meses de edad, los infantes producen sonidos breves y aislados de consonantes y vocales, al igual que sonidos de succión bucal, arrullos, gruñidos y suspiros que a menudo no se parecen a los sonidos del habla en ningún lenguaje. Más o menos a los 6 meses, empiezan lo que se conoce como la etapa del *balbuceo*: en la que se producen secuencias repetitivas de consonante y vocal (CV), pero casi ninguna de vocal y consonante (VC); es decir, "CU", pero no "UC". (Una evidencia importante de esto es que incluso infantes con sordera congénita empiezan a balbucear más o menos a la misma edad, y con las mismas combinaciones de sílabas, aunque a diferencia de los infantes que no son sordos, es posible que sigan balbuceando mucho tiempo después de que esta etapa debería haber terminado, en ocasiones hasta los 6 ó 7 años.) Casi al final del primer año de vida, aumenta el repertorio de sílabas del infante, y no sólo incluye combinaciones CV, sino CVC y VC. Las secuencias de las sílabas del balbuceo se repiten menos y son más variadas.

Todos los infantes balbucean de la misma manera, sin importar qué idioma hablen sus padres

Los sonidos del habla que usa el infante en estas etapas de balbuceo son universales y son independientes de los sonidos del lenguaje que se usan en el idioma específico al que el niño está expuesto. Todos los infantes prefieren las consonantes oclusivas, como las que representan a las letras "p", "t", "b", "d", "g"; sonidos nasales, especialmente la "m" y la "n", y sonidos semivocálicos, como la "y" y la "w". De las consonantes oclusivas, las sonoras son más comunes que las sordas, y los sonidos que se producen al frente de la cavidad bucal (es decir, "b", "d", "m", "n") son más comunes que los que se producen atrás (es decir: "k", "ng"). (Por otra parte, durante la etapa anterior al balbuceo, los sonidos que se producen en la parte de atrás son más comunes). Las consonantes fricativas (como la "s" y la "f"), las africadas (como la "ch") y las líquidas (como la "l") son las menos comunes, aunque si el infante emite alguno de estos sonidos, tal vez será uno que no está presente en el idioma de los padres. (Por ejemplo, el sonido velar del alemán "Ach" producido por un niño cuyos padres hablan inglés). La vocal más común en las etapas de balbuceo es la "a", quizás porque ese sonido puede producirse sin utilizar la lengua ni los músculos de la cara de una manera que requiere práctica.

Es probable que los sonidos que prefieren los infantes en general en estas primeras etapas expliquen por qué ciertos sonidos tienden a aparecer en palabras de diferentes idiomas (o incluso con más frecuencia en las palabras como las dicen los niños pequeños), como papá y mamá en español. Esto, combinado con los sonidos que prefieren los niños al balbucear, da pie a la satisfactoria ilusión de los padres de que la "primera palabra" del niño fue "mamá" o "papá".

EL MUNDO BALBUCEA AL UNÍSONO

Existen más similitudes en el sonido de las palabras que significan "mamá" y "papá" en los idiomas del mundo de lo que podría esperarse de la mera casualidad. Esto no puede explicarse diciendo que es la herencia de una raíz común, ya que estas similitudes aparecen en idiomas que no tienen ninguna relación, por ejemplo el chino y el inglés. Hasta cierto punto, la explicación para la frecuencia de ciertos sonidos tiene que ver con las limitaciones del aparato vocal del niño durante el inicio de la etapa del "balbuceo". Las consonantes oclusivas tanto orales como nasales, como la "p" y la "m" son más frecuentes que otras; y las que se pronuncian al frente de la boca ("p", "b", "t", "d", "m", "n") son más frecuentes que las que se pronuncian atrás.

Un misterio más enigmático es por qué los sonidos nasales ("m", "n") aparecen con tanta frecuencia en palabras que significan "mamá", y los sonidos orales ("p", "b", "t", "d") aparecen con tanta frecuencia en palabras que significan "papá". Sin embargo, hay excepciones; en el idioma de Georgia, una lengua caucásica que se habla en lo que era la antigua Unión Soviética, la palabra mama significa "padre". De alguna manera, parece haber cierto tipo de asociación entre sonidos y símbolos de los sonidos nasales con la idea de "madre" y de los sonidos orales con la idea de "padre".

El simbolismo de los sonidos, es decir, la conexión natural entre cierto tipo de sonido y cierta clase de significado, es un factor sutil pero real y fascinante y motivador en las palabras que se usan en los idiomas para referirse a las cosas. Otra tendencia universal en cuanto a las tendencias relacionadas con el aspecto simbólico de los sonidos, es referirse a objetos pequeños con sonidos que se producen al frente de la boca, como en la sílaba "-ito", y referirse a los objetos grandes con sonidos que se pronuncian atrás, ya sean vocales o consonantes, como en la sílaba "gra-", como en "grande".

EJERCICIO: Mamá y papá

Los niños usan palabras que significan “mamá” y “papá” que son tan similares de un idioma a otro, que eso no se debe sólo a la casualidad (Ver “El mundo balbucea al unísono”, página 213).

Entre las 16 palabras que se presentan aquí sin un orden preciso, una significa “mamá” y otra “papá” en cada uno de los ocho idiomas que se incluyen.

La tarea en este ejercicio es identificar cual palabra del par que aparece en cada idioma significa “mamá” y cual significa “papá”. Para poner a prueba tu conocimiento de la geografía lingüística, localiza la región en el mapa del mundo donde se habla cada idioma. Estas ocho áreas están marcadas con las letras de la A a la H en el mapa.

i	Galés	mam tad,tada,dad	v	Chino	pa pa ma ma
ii	Hebreo	aba ima	vi	Dakota	ena ate
iii	Swahili	mama baba	vii	Turco	annecigim baba
iv	Tamil	ammaa appa	viii	Groenlandés	annaana(q) ataata(q)

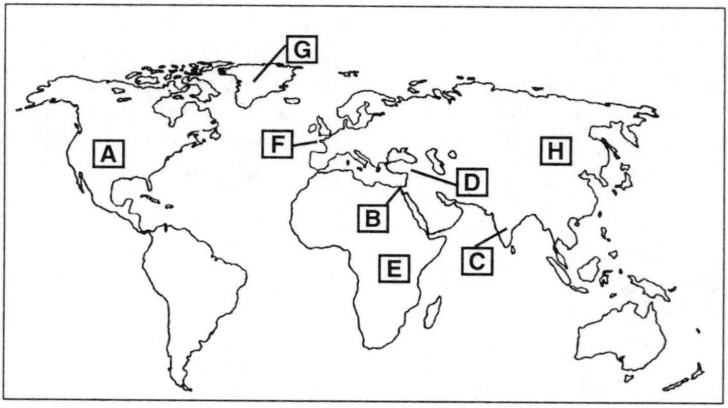

Pista: Recuerda que las consonantes nasales tienden, a nivel universal, a relacionarse con palabras que significan „mamá“.

Cómo educar a los niños

Aparentemente, los bebés humanos son capaces de adaptarse a las condiciones de vida del lugar donde nacen: Por ejemplo, a una altura de 2700 metros o al nivel del mar; a comunidades del tercer mundo, donde su dieta diaria tiene tan pocas calorías que estaría muy por debajo del nivel de hambruna para quienes viven en países industrializados; o se adaptan a enfermedades que sólo se encuentran en su comunidad y en ningún otro sitio. El biólogo molecular Gerald Edelman descubrió el origen del proceso que permite que el sistema inmune de un infante desarrolle antes de nacer anticuerpos que atacarán y controlarán las enfermedades específicas que encontrará al llegar al mundo exterior.

Edelman utilizó algunos de esos descubrimientos para elaborar una teoría llamada Darwinismo neural, con el fin de explicar cómo el cerebro de un bebé recién nacido puede dominar tanta información tan rápidamente en su primera infancia. Por ejemplo, el lenguaje. Las reglas de gramática son en extremo complejas y varían de un idioma a otro, al igual que el vocabulario. La mayoría de nosotros hemos experimentado la frustración de intentar aprender un idioma nuevo como adultos. ¿Cómo logra esto el cerebro de un recién nacido?

Edelman asegura que el cerebro de un feto es un mar de neuronas agrupadas en áreas del cerebro que permitirán al infante dominar diferentes clases de destrezas cuando estas áreas se expongan a la experiencia. Lo que ocurre es que cuando un recién nacido intenta lograr algo (como gatear por el suelo para alcanzar una galleta, por ejemplo) las neuronas que producen los movimientos corporales específicos que llevan al niño hacia la galleta, se "reúnen" y así permanecen. (La disponibilidad de tantas neuronas para dedicarse a nuevas tareas ayuda a explicar, por ejemplo, cómo es que un niño de tres años puede empezar a hablar con fluidez una segunda lengua con mucha más rapidez que un adulto). Las neuronas que producen cualquier otra acción al azar que no ayude a lograr la meta deseada van muriendo. El cerebro en desarrollo tiene tantos miles de

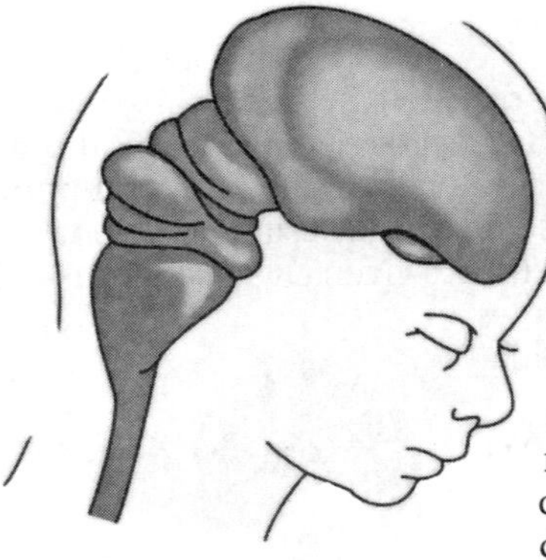
6 meses

millones de neuronas que puede darse el lujo de que "sólo sobreviva lo que funciona".

Cuidado con lo que dices; tu hijo que no ha nacido está escuchando

Es probable que el aprendizaje de los sonidos de las palabras empiece antes de que el niño nazca. Un grupo de madres con ocho meses de embarazo se dividieron en tres grupos. Cada día, las madres de cada grupo les leían en voz alta a sus hijos que todavía no habían nacido un párrafo del mismo cuento que tenía tres párrafos; cada grupo leía un párrafo distinto al que leían las madres de los otros dos grupos. Esto continuó durante más o menos un mes. Dos días después del nacimiento de cada bebé, se le alimentó con un biberón especial que le permitía mamar más rápido o más lento sin cambiar la cantidad de leche que recibía. Se le pusieron al bebé audífonos que estaban conectados a una grabadora que reproducía la voz de su madre leyendo los tres párrafos del cuento, no sólo el párrafo que le leía al niño cuando aún estaba en su vientre, sino también los otros dos. El biberón especial estaba conectado a la grabadora de tal manera que el bebé pudiera elegir cuál de los tres pasajes escuchaba cambiando su ritmo al mamar. Todos los recién nacidos cambiaban su ritmo de tal manera que pudieran escuchar el mismo párrafo que su madre les había leído durante el mes anterior a su nacimiento.

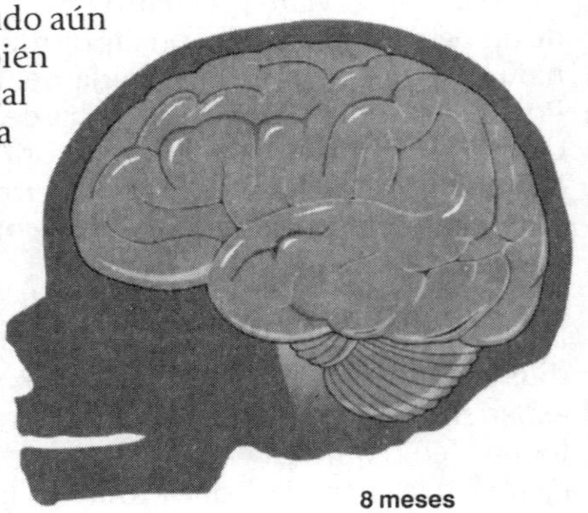
8 meses

Más o menos al final del primer año, el niño supera la etapa del balbuceo y empieza a producir palabras del idioma que se habla en su entorno, las cuales es posible reconocer

En ocasiones, la etapa de formación de palabras va precedida de un "periodo de silencio" (lo que puede causar a los padres gran ansiedad o alivio, según el caso).

Aproximadamente 6 meses después, el niño promedio tiene un vocabulario de unas 50 palabras. A partir de allí, entra a la etapa de "dos palabras". El habla inicial en que se utilizan múltiples palabras, en ocasiones se designa como una "etapa telegráfica", pues el niño omite el mismo tipo de palabras que omitimos cuando escribimos telegramas; palabras como "el, la, los", "es, son, somos". Después de eso, la adquisición del lenguaje entra a una asombrosa explosión de progreso.

El progreso del niño hacia estructuras de sintaxis más compleja ocurre más o menos a los 3 años; utiliza oraciones como "El perro que me mordió", por ejemplo. Poco después de cumplir 4 años, el niño ha desarrollado una gramática, una gramática real, no reglas artificiales de gramática como: "Nunca digas yo pide". Es una gramática que en general es la misma que utiliza un adulto al hablar ese idioma.

El grado en que este progreso se determina de antemano no debe exagerarse. De hecho, cada niño es diferente, y una niña que empieza a balbucear repitiendo los mismos sonidos a los 6 meses puede tener un hermano que espera hasta los 12 meses para iniciar esa etapa. Pero dentro de estos parámetros generales, todos los niños, excepto aquellos que tienen déficits especiales, progresan según este programa, y las etapas de adquisición del lenguaje nunca aparecen en otro orden. A este respecto, se ha dicho que la adquisición del lenguaje es similar a otros comportamientos que se programan biológicamente en los seres humanos y en otras especies, como el aprender a caminar o a volar.

Por supuesto, sigue abierta la pregunta de en qué medida cierta parte del cerebro del niño, específicamente dedicada al desarrollo del lenguaje determina estas etapas, y no su fisiología, en particular la estructura y desarrollo del tracto vocal. La razón de que los infantes balbuceen durante meses antes de mostrar una evidencia real de estar copiando el habla de sus padres, podría ser simplemente que su cerebro no se ha desarrollado lo suficiente. Dos redes críticas de neuronas se involucran en el análisis auditivo, en la capacidad de nombrar objetos y de dar significado a las palabras (el área de Wernicke y áreas adyacentes) y el área motora del habla (el área de Broca); esto significa que un bebé de 6 meses puede no estar equipado desde el punto de vista neurológico, para observar e imitar los sonidos del habla que producen los adultos.

La ventana crítica de la oportunidad de aprender idiomas con facilidad y fluidez se cierra en la pubertad

Un importante argumento a favor de la naturaleza innata y determinada biológicamente de un "módulo" específicamente lingüístico del cerebro se relaciona con el concepto del periodo crítico. Existe una serie de ventanas de oportunidad para la adquisición del lenguaje que duran desde los 6 meses hasta la pubertad. Después el aprendizaje de lenguas se limita.

Aunque existen desacuerdos sobre la duración exacta del periodo en que cada ventana está abierta, al parecer es verdad que hasta la pubertad, los humanos pueden aprender cualquier idioma o idiomas a los que se les exponga relativamente sin esfuerzo, lo que lleva a una fluidez natural similar a la de quienes nacieron con ese idioma. Más o menos después de los 12 años, la adquisición del lenguaje es mucho más difícil, y aunque el vocabulario y el uso de un segundo idioma sean correctos y fluidos, el sonido del habla siempre conserva rastros de la lengua nativa que se aprendió en la infancia, como en el caso de Henry Kissinger. Los casos aislados en que los niños se las arreglan para progresar a través del periodo crítico sin aprender ningún idioma (ver "El experimento prohibido", página 225) muestran que después de este periodo, no pueden tener fluidez ni en su primer idioma.

¿Por qué no mantenemos abierta la ventana toda nuestra vida?

La mayoría de nosotros hemos tenido la experiencia de desear que se nos hubiera expuesto a más idiomas en la primera infancia, o que de alguna manera hubiéramos podido recuperar el don de nuestros primeros años para la adquisición de lenguajes. ¿Por qué tenemos un periodo crítico?

Es probable que la razón de esta frustrante situación sea esencialmente la misma razón por la que a la mayoría de los adultos les es difícil digerir productos lácteos: si una enzima o un circuito nervioso no se necesita después de cierta etapa temprana de la vida, se cierra o se recicla para otros propósitos. Los circuitos nerviosos para la adquisición del lenguaje son un buen candidato para ser desmantelado o reciclado, ya que el cerebro consume oxígeno, energía y sustancias nutritivas con gran avidez. Un niño termina la adquisición de su lengua nativa en los primeros años de su vida, excepto en lo relacionado con el aprendizaje de vocabulario adicional. Después de eso, el cuerpo estaría desperdiciando recursos valiosos si continuara manteniendo hasta la edad adulta, la gran cantidad de circuitos instalados para adquirir la estructura y la pronunciación del lenguaje. El gran número de células cerebrales adicionales que un niño tiene disponibles para desarrollar el habla y las destrezas del lenguaje, al parecer dejan de estar disponibles, excepto aquellas que se hayan puesto a funcionar.

Por cierto, esto significa que debes desconfiar de cualquier programa de enseñanza de idiomas que prometa ayudarte a aprender un idioma extranjero con la misma facilidad, y mediante el mismo método de "sólo escuchar y aprender", con el que aprendiste

HIPERLEXIA: CUANDO LOS NIÑOS TIENEN UN RETRASO LINGÜÍSTICO, PERO SON PRECOCES EN LA LECTURA Y ESCRITURA

La mayoría de los niños aprenden el lenguaje hablado sin esfuerzo y sin una instrucción deliberada durante los años anteriores a la escuela, y aprenden las destrezas de lectura y escritura más tarde, invirtiendo mucho tiempo y un esfuerzo consciente. Sin embargo, hay unos cuantos niños que parecen invertir esto; es decir, dan el segundo paso sin haber adquirido una capacidad normal en el primero. Esto se conoce como "hiperlexia", y los niños que la manifiestan podrían ser totalmente mudos, podrían manifestar un desarrollo lingüístico y de otro tipo con un retardo moderado o severo, y sin embargo tienen destrezas de lectura y escritura que superan por mucho a las de otros niños de su edad. En la mayoría de los casos, su capacidad para leer parece surgir de manera abrupta y espontánea, sin instrucción consciente por parte de los padres.

En un artículo se menciona el caso de "V", una niña de cinco años y medio que fue admitida en el Instituto Neuropsiquiátrico de la Universidad de California en Los Ángeles debido a problemas severos de conducta y desarrollo. No podía expresarse verbalmente, pero tenía destrezas de lectura de nivel avanzado. (De hecho, prácticamente la única manera en que podía responder a las preguntas de un test de evaluación cognitiva era señalando la respuesta en un texto escrito). Respondía a la perfección a órdenes escritas (a diferencia de la mayoría de los niños de 5 años, que pueden responder a órdenes orales pero no responden a órdenes escritas en absoluto), y leía con la misma avidez las gráficas del hospital que los libros para niños. También había aprendido a usar la máquina de escribir, y en ocasiones la utilizaba para responder preguntas.

tu idioma nativo. En los adultos, la adquisición de un segundo idioma necesariamente se basa en estrategias mucho más conscientes que requieren de más esfuerzo que las estrategias de un niño al aprender un lenguaje.

EJERCICIO: El habla de los niños

A los niños les lleva mucho tiempo aprender a usar algunas palabras que transmiten "conceptos sencillos" como las usa un adulto. Los siguientes cinco pares de oraciones usan palabras sencillas: *realmente, tener que, todavía, desde y mientras,* en dos sentidos diferentes. Un niño pequeño identificaría con facilidad un miembro de cada par, como algo que él podría decir, pero no el otro. Esto no se debe al contenido de la oración como un todo. Más bien se debe al sentido en el que se usan las palabras. Es posible que un niño aprenda estas palabras siendo muy pequeño, pero sólo las usa con cierto significado. Adquiere los otros usos más tarde, y un niño mayor puede llegar a hablar en forma tan sofisticada como un adulto. ¿Cuál de los dos usos, A o B, sería menos natural para un niño pequeño?

1. A. *Mi papá* es realmente *Santa Claus.*
   B. Realmente *no creo que debas decir eso.*

2. A. Tiene que *ser Santa Claus; lo vi con un sombrero rojo.*
   B. *Ya* tiene que *irse.*

3. A. Aun *así, creo que estás equivocado.*
   B. ¿Aún *estás despierto?*

4. A. Él *habla* como *Luis.*
   B. Como *tú vives cerca de la tienda, podrías comprar el pan.*

5. A. *Yo voy por las galletas* mientras *tú vas por la leche.*
   B. Mientras *que a mí me gustan las galletas, a ella le gusta el pastel.*

Pista: Los conceptos que se adquieren más tarde tienden a ser más abstractos.

EJERCICIO: Etapas en la adquisición del lenguaje

Relaciona los siguientes 11 sonidos y oraciones (1 – 11) con las cuatro etapas en el desarrollo de las habilidades del lenguaje que tiene un niño.

Etapas: *A. Balbuceo (6 meses); B. Primeras palabras (al final del primer año); C. Primeras frases de varias palabras (segundo año); D. Oraciones más complejas (edad de tres años en adelante).*

Sonidos y palabras:

1. *¿Me ayudas?*
2. *mamá, no pantalón*
3. *¿Por qué ríes?*
4. *bababa*
5. *guagua*
6. *Se atoró y yo lo saqué.*
7. *más galleta*
8. *mamá*
9. *¿Qué hace vaquero?*
10. *nana*
11. *Quiero los que tiene mi mamá*

EJERCICIO: pilas de letras

Las letras apiladas arriba de cada columna corresponden a los espacios que hay en ella pero no necesariamente en el orden en que están apiladas. Cuando todos los espacios estén llenos con la letra correcta aparecerá una oración relacionada con el artículo que acabas de leer.

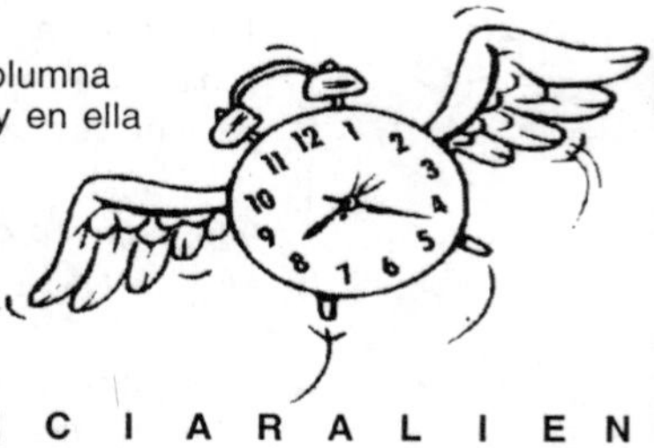

O	D	O	R	A	Z	I	S	A	N	C	I	A	R	A	L	I	E	N
E	L	A	A	L	U	B	I	D	N	A	D	C	E	D	C	F	A	R
	A	A	A	D	A	D	N	Y	E	L	L	O	R	M	U	S	A	D
	A	R	E	C	I	C	A	P	R	E	L	P	A	I	V	T	T	T
	N	O	P	I	T	R	D	D	F	P	U	E	E	E	N			

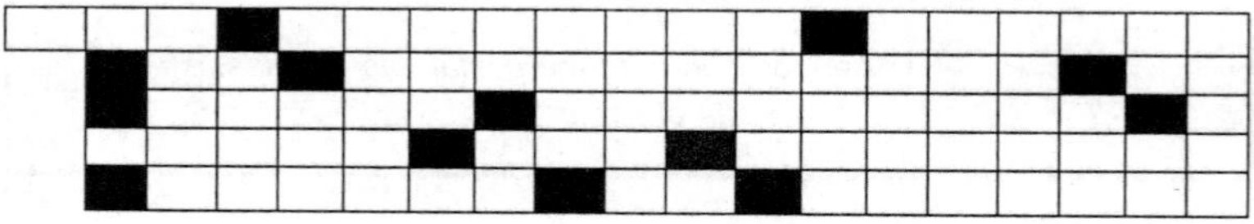

Pista: La primera palabra es "LA" y la última "PUBERTAD".

El experimento prohibido: ¿Qué pasa cuando se priva a un niño de toda estimulación lingüística?

Desde la aurora de la historia, la gente se ha preguntado qué tipo de lenguaje, si es que lo hubiera, desarrollaría un niño que estuviera totalmente aislado de la influencia lingüística del entorno. Herodoto, el historiador griego que escribió en el siglo V antes de Cristo, relata la historia, ocurrida en el siglo VII antes de Cristo, del rey egipcio Psamtik I, que decidió llevar a cabo un experimento para responder a esta pregunta de una vez por todas. Según el relato de Herodoto, Psamtik alejó a dos niños de sus madres en el momento de nacer y los dejó en una cabaña aislada bajo el cuidado de un pastor. Se le dijo al pastor que nunca les dijera una palabra a los niños, y que pusiera particular atención al primer sonido que saliera de su boca. Un día, cuando los niños tenían más o menos dos años, al regresar a la cabaña después de sus tareas diarias, los niños lo recibieron con una palabra que a él le sonaba como *"bekos"*. Debido a que ***bekos*** significaba "pan" en el idioma frigio, una lengua indoeuropea que se hablaba en Asia Menor antes de la llegada de los invasores turcos, Psamtik llegó a la conclusión de que el frigio debió ser el primer idioma de la Tierra.

¿Cuánto de lo que un bebé hace en el proceso de aprender su primer idioma es instintivo y cuánto es determinado por el entorno?

Aunque los métodos de este experimento y la conclusión a la que llegó Psamtik obviamente dejan mucho que desear, la pregunta básica sigue siendo imperiosa: ¿Cuántos factores de la adquisición del lenguaje son "naturales" y cuántos se basan en la "crianza"? Si se permitiera que el plano genético relacionado con la lingüística se expresara sin influencias externas, ¿cómo sería?

Por razones obvias que se basan en la ética, en la actualidad nadie podría llevar a cabo un experimento que respondiera a esa pregunta con un niño humano. Sin embargo, algunos sucesos desafortunados que se dieron naturalmente, proporcionan cierta comprensión interna sobre el tema. Los niños con sordera congénita a quienes, por ignorar la respuesta "adecuada" de los padres, se les niega la oportunidad de aprender el lenguaje de gestos (del que, por cierto, existen muchas variedades diferentes alrededor del mundo, y tienen una categoría lingüística tan completa y legítima como la de los idiomas hablados como el inglés o el cantonés), o a quienes incluso se les atan las manos para impedir que usen gestos manuales, podrían pasar por la ventana de la adquisición del primer idioma sin realmente aprenderlo en absoluto, y podrían permanecer así el resto de su vida.

Un niño "salvaje" es un infante abandonado al nacer y criado por animales sociales, como los lobos

Cuando un "niño salvaje" sale de la selva después de haber vivido en sociedad con los animales que lo criaron, los sonidos con que se expresa, por ejemplo, gruñidos, aullidos y ladridos, serán los de los "padres" adoptivos del niño. Incluso comportamientos biológicamente preordenados, como caminar erecto, agarrar objetos con los dedos y el pulgar, y mostrar sensibilidad a situaciones extremas de frío o calor, podrían estar ausentes. En su lugar, el niño salvaje podría moverse o "corretear" en cuatro patas, usar las manos como garras y rascarse, sacar una papa caliente del fuego con las manos o saltar desnudo en la nieve. Esto muestra que el plano genético que tenemos para muchas habilidades humanas naturales, incluyendo el lenguaje, es tan general que no se expresa como algo similar al lenguaje humano si no se cuenta con un modelo apropiado en el entorno, o este plano no se expresa en absoluto si carece de datos relevantes a partir del entorno. Si esta conclusión es verdadera, entonces el desarrollo del lenguaje es muy similar al del sentido de la vista: si a un gato recién nacido se le pone un parche en un ojo, este ojo nunca se desarrolla como órgano visual; después cuando el parche se retira, el gato no ve con ese ojo, y así permanecerá el resto de su vida.

Para el desarrollo de cualquiera de los "órganos" del cuerpo, ya sea que se hable en sentido literal o metafórico, es de crucial importancia exponerse a los estímulos apropiados *a la edad adecuada.* Esto no significa que la capacidad del ojo para ver dependa únicamente de estímulos externos más que de su estructura biológica innata, sino que la división entre lo "natural" y lo que depende de la crianza o del "aprendizaje empírico" y el "racionalismo", no es tan definido e incluso tan real como en ocasiones se nos hace creer.

El lenguaje tiene también su periodo crítico, después del cual la tarea de la adquisición se vuelve al menos considerablemente más difícil, y tiene menos posibilidades de triunfar que las que tienen los bebés (Ver: "Cómo empieza un niño a hablar un lenguaje completo...," página 213). La mayor parte de nuestra comprensión de esta ventana de oportunidad, que se cierra en momentos diferentes para cada habilidad específica, más o menos a los 12 años de edad, se basa en evidencias de la creciente dificultad que se experimenta al adquirir un segundo idioma (que no es el idioma nativo de la persona), siendo adulto. ¿Pero qué decir de la adquisición del primer idioma? ¿Qué pasaría si a un niño se le negara en cierta forma la oportunidad de aprender cualquier idioma en absoluto, hasta después de que hubiera terminado el periodo crítico?

El Niño Salvaje de Aveyron

Aunque cualquier evidencia que podríamos utilizar para contestar esta pregunta afortunadamente rara vez está disponible, de vez en cuando algo relevante cae en nuestras manos. Víctor, el Niño Salvaje de Aveyron, que se describe en la película de François Truffaut, *El Niño Salvaje,* fue descubierto en la zona rural del sur de Francia en 1800. Nadie estaba totalmente seguro de su edad, pero parecía tener unos 12 años. No se sabía nada sobre su historia personal, excepto el hecho de que le habían cortado la garganta en la primera infancia, posiblemente cuando lo abandonaron en el bosque para dejarlo morir. El hecho de que sobrevivió probablemente se deba a que lo criaron animales salvajes. No decía una sola palabra.

Los mejores esfuerzos de Jean-Marc-Gaspard Itard, un joven médico del Instituto Nacional de Sordomudos de París, tuvieron como resultado una prometedora ráfaga inicial de adquisición de lenguaje: aprendió el nombre de algunos objetos, e incluso desarrolló la habilidad para comprender y formular frases rudimentarias de varias palabras, pero nada más. A la larga, una vez que se desvaneció el entusiasmo por la oportunidad que Víctor proporcionaba para poner a prueba ciertas ideas sobre el potencial humano de perfección, basadas en las ideas de la Ilustración, Víctor fue abandonado en la oscuridad de una humilde casa en el Impasse de Feuillantines, con el apoyo de una persona que cuidaba de él y una pensión modesta. Murió allí a los 40 años de edad.

EJERCICIO: Prohibido y escondido

De la misma manera que en un acróstico, piensa en un sinónimo para cada palabra en la columna de la izquierda que quepa en los espacios numerados a la derecha. Escribe cada letra en el espacio que tiene el mismo número en el cuadro de abajo. (Si no eres un genio con experiencia, escribe con lápiz.) Las letras que escribas revelarán una frase relacionada con el artículo que acabas de leer.

Comida vegetariana		66	53	7	61	9	26	28	34
Antes de hoy									
Gobierno de un rey	55	48	27	31	40	18	1	4	8
365 días							11	5	50
Sueltan las cosas y las ponen por ahí					32	39	65	24	3
Herramienta para cavar						49	37	17	46
Hiciera alguien que algo pasara de un lugar a otro			35	57	20	10	56	60	58
Moneda de Portugal				13	59	38	19	47	6
De poca edad					12	29	63	16	36
Recauda impuestos					21	54	15	45	33
De calidad						25	22	42	2
Entreguen algo							43	14	30
____ se va la embarcación								41	64
Cadena montañosa en Rusia				44	51	52	62	23	67

1	■	2	3	4	5	6	■	7	8	9	10
11	■	12	13	■	14	15	■	16	17	18	19
20	21	■	22	23	24	25	26	27	28	29	30
■	31	32	33	34	35	■	36	37	38	39	40
■	41	42	43	■	44	45	46	47	48	49	■
50	51	■	52	53	54	55	56	57	■	58	59
60	61	■	62	63	64	65	66	67	68	■	■

El trágico caso de "Genie", en Los Ángeles, cuya ventana de "aprendizaje del lenguaje" se cerró por completo desde la edad de 1 año 10 meses hasta los 13 años y medio

Un caso reciente de una niña que pasó por su periodo crítico de adquisición sin aprender un lenguaje, es el caso de "Genie", una niña quien fue víctima de terribles abusos y descuido, y fue descubierta en 1970 en la ciudad de Los Ángeles, por increíble que parezca. Después de una primera infancia relativamente normal, más o menos desde la edad de 1 año 10 meses hasta la edad de 13 años y medio, cuando fue descubierta, Genie había estado encerrada en un pequeño cuarto en la parte trasera de la casa de sus padres, y a menudo la sujetaban a una bacinica infantil o le ponían una camisa de fuerza; tuvo un mínimo contacto humano y casi no se le expuso a tipo alguno de estímulo. A partir de la infancia, prácticamente la única vocalización humana a la que se le expuso era cuando su padre y su hermano le ladraban o le gruñían como perros. El padre prohibió a toda la familia, incluyendo a la madre de Genie, que le hablaran.

Cuando fue descubierta, Genie estaba desnutrida, se comportaba como un animal y no hablaba ni entendía el idioma, excepto por unas cuantas palabras. (También era miope, y sólo veía bien a una distancia igual a la de su cuarto: 3 metros de una pared a otra.) Las únicas palabras que decía, o parecía ser capaz de decir, eran "stopit" (deja de hacer eso) y "nomore" (nada más); al parecer entendía aproximadamente una docena de palabras, incluyendo su nombre: "puerta", "caminar", "ir", y "no". Se supone que a pesar de la prohibición del padre, la madre de Genie se las arregló para enseñarle un vocabulario pequeño y rudimentario, aunque es posible que estas palabras fueran un recuerdo distante de una primera infancia relativamente normal.

Genie pasó por lo que generalmente se conoce como el "periodo crítico" sin adquisición de lenguaje

Desde la infancia hasta aproximadamente los 12 años de edad, Genie no aprendió a hablar. Podía entender más o menos tantas palabras como cualquier perro que convive con una familia. La pregunta era si algún día sería capaz de llegar a ser una mujer adulta con un vocabulario completo. Quizá, por desgracia para Genie, ella llegó a ser objeto de una competencia de intereses académicos, científicos y personales, a tal grado que la respuesta a sus necesidades como ser humano fue cuestionable, a pesar de las buenas intenciones de todo el mundo.

Mientras la estudiaban los lingüistas de la Universidad de California en Los Ángeles (especialmente Susan Curtiss, que convirtió su estudio en su tesis para el doctorado), Genie de hecho logró cierto progreso en su comprensión y producción de lenguaje, aunque en ocasiones con enigmáticos altibajos en habilidades específicas. En cierto grado, su progreso fue como el de un niño normal en las primeras etapas del aprendizaje del idioma, aunque con mucha más lentitud. Durante los primeros dos o tres años, habló muy poco, y siempre se mostró mucho más renuente y menos dispuesta a jugar con lenguaje y explorarlo que un niño en los primeros años de adquisición de lenguaje. Y aunque los niños normales experimentan una explosión de aprendizaje después de la etapa de dos palabras, más o menos a la edad de 3 años (Ver: "Más o menos al final del primer año...," página 219), Genie se quedó atorada en la etapa "telegráfica". Para ella nunca ocurrió la explosión del desarrollo normal.

Genie nunca aprendió estructuras gramaticales simples que todos nosotros consideramos normales

Algunas de las estructuras, aparentemente obvias, que Genie nunca aprendió a usar correctamente ni a entender cuando se le puso en contacto con ellas en pruebas fueron:

- indicadores de tiempo en los verbos (por ejemplo: camin*é* [walk*ed*])
- posesivos (por ejemplo: "de Juan" [John's])
- algunas preposiciones (en especial *debajo* [under])
- verbos auxiliares *(puede, debe,* [may, can, must], etc.)
- palabras que indican cantidad (*muchos, la mayoría, pocos, menos* [many, most, few, fewest])
- la conjunción "o" [or]
- posesivos (*mi, tu,* etc. [my, your])
- pronombres de primera y segunda persona, como objeto (para *mí,* para *ti* [me, you])
- todos los pronombres de tercera persona (*él, ella,* [he, she, him, her,], etc.)
- pronombres relativos ("el hombre *que* vi", "el gato *que* me mordió")

Siempre tuvo dificultad para identificar al "actor" y al "receptor" de una acción con el sujeto y el objeto del verbo tanto en oraciones en voz activa como en voz pasiva ("El gato está mordiendo al perro" y "El perro está mordiendo al gato"). Aunque entendía las preguntas que empiezan con "qué, quién, cómo, cuándo, etc., ("¿A quién viste hoy?"), nunca aprendió a producirlas de manera espontánea.

Genie a menudo parecía entender el lenguaje mejor de lo que podía demostrarlo en las pruebas

Genie podía entender más de lo que uno supondría por su forma de hablar, pero no quedó claro en qué medida esta comprensión se debía a claves en el contexto que no dependen del conocimiento lingüístico como tal. Curtiss especuló que como Genie no había adquirido el lenguaje durante el periodo crítico, es posible que no haya sido capaz de desarrollar la especialización del lado izquierdo del cerebro para el conocimiento lingüístico que es típico en los humanos. Todos nos basamos en información contextual y en expectativas pragmáticas en nuestra interacción lingüística con otros, pero quizá Genie dependía más de estas facultades del lado derecho del cerebro que la mayoría de nosotros.

Después de pasar de un protector a otro, Genie fue enviada a un hogar para adultos con retraso mental, y entró en un estado de depresión e insensibilidad, y desapareció del mundo de la ciencia y de quienes se encargaban del cuidado a la salud, que la habían estudiado y habían discutido sobre ella durante tantos años. La única persona de su pasado que sigue en contacto con ella es su propia madre, a quien Genie visita una vez a la semana.

EJEMPLOS DEL HABLA DE GENIE, CON ANOTACIONES

"En la escuela araña cara": *Alguien me arañó la cara en la escuela; Yo me arañé la cara en la escuela; Yo le arañé a alguien la cara en la escuela* (después de 2½ años de estar expuesta al lenguaje).

"No escupir camión": *No escupí en el camión* (después de 3½ años).

"Mamá da comer a ti": *Mamá me está dando de comer; Mamá te está dando de comer* (después de 3½ años).

"Yo supermercado sorprendo Roy": *Sorprendí / sorprenderé / sorprendo / quiero sorprender a Roy en el supermercado* (después de 4½ años).

Genie: "Genie tener material amarillo en la escuela".

(M) "¿Para qué lo estás usando?"

Genie: "Pintar. Pintar cuadro. Llevar a casa. Pedir maestra material amarillo. Pintura azul. Pintura amarilla verde. Genie tener material azul, maestra decir no. Genie usar material pintar. Yo quiero usar material en casa" (después de 4½ años).

"Quiero que tú abrir mi boca"; *Quiero que abras la boca* (después de 4½ años).

"Mamá no tiene bebé crecer" (significado incierto) (después de 4½ años).

CÓMO LA LENGUA FRANCA (*PIDGIN*) SE CONVIERTE EN LENGUA CRIOLLA

En muchas formas, el habla telegráfica de Genie, con su pobreza estructural, se parece a lo que se conoce como *lengua franca*. Las lenguas francas son semilenguajes rudimentarios y mal construidos que se forman en situaciones donde la gente no comparte un idioma común y se requiere de comunicación rápida; por ejemplo, en situaciones de comercio o de esclavitud. En otras palabras, una lengua franca no es el idioma nativo de nadie, los adultos lo conforman a toda prisa mucho después del periodo crítico para la adquisición del lenguaje, pues necesitan comunicarse entre sí a un nivel básico. Las estructuras como los tiempos verbales, indicadores de género y número, indicadores de oraciones subordinadas y muchas palabras que indican "funciones" simplemente se omiten en un sistema de comunicación que consta ante todo de sustantivos y verbos hilados entre sí sin estructura alguna.

Una de las características fascinantes de las lenguas francas es que cambian cuando pasan a la siguiente generación. Los niños expuestos a la lengua franca de los padres como su primer idioma, de hecho le agregan complejidad y estructura, en lugar de simplemente aprender o imitar lo que escuchan. Claro que los niños no crean el material necesario para esta complejidad adicional repentinamente, como Atenea al salir de la cabeza de Zeus. Más bien, toman palabras que indican "funciones" e indicadores de otras palabras más "concretas" a las que están expuestos. Este proceso ocurre continuamente en los lenguajes "normales"; por ejemplo, el uso de verbos como "ir" para expresar el futuro en oraciones como "voy a salir", o la creación de preposiciones que acompañan a otras palabras, como "delante de".

Una lengua franca que se ha vuelto más complicada y se convierte en el lenguaje primordial de una generación subsecuente, se conoce como "lengua criolla". La creatividad que manifiestan los infantes al convertir la lengua franca de sus padres en una lengua criolla, sirvió de inspiración a Derek Bickerton, un lingüista de la Universidad de Hawai, para buscar en las lenguas criollas o en las diferencias entre éstas y las lenguas francas, evidencias de nuestro "programa biológico" innato; el plano genético para la adquisición del lenguaje con el que estamos equipados al nacer para realizar la tarea de aprender un idioma.

Nueva tecnología para poner a prueba teorías sobre el procesamiento del lenguaje

En la actualidad tenemos acceso a un nuevo instrumento para poner a prueba la validez de diferentes teorías sobre la forma en que organizamos nuestra gramática mental. En un experimento presentado recientemente en la revista más importante en el campo de la lingüística, Jeager *et al.* (1996) informan sobre los resultados de escanogramas PET de voluntarios que realizaron tareas relacionadas con las formas en tiempo pasado de diferentes tipos de verbos en inglés: verbos regulares, como *ask;* verbos irregulares, como *fall,* y verbos inventados para esta tarea en particular, como *baff.* (Las palabras inventadas se eligieron con cuidado para que no se parecieran a verdaderos verbos irregulares; por tanto, las formas para el tiempo pasado que se proporcionaron para ellos se adaptaron al modelo de los verbos regulares). Las imágenes PET revelan que muchas de las partes del cerebro que se activan para formar el tiempo pasado de verbos irregulares en inglés son distintas a las que se activan para formar el de los verbos regulares. En general, la formación del tiempo pasado irregular no es simplemente una tarea más difícil que requiere más tiempo y en la que se cometen más errores, sino que los tiempos pasados irregulares también requieren la participación de más secciones del cerebro, a un nivel más alto de activación, que los verbos regulares. (Ver: "¿En qué se ocupa el cerebro, y en que no se ocupa, mientras dormimos?", página 177).

La conclusión más sencilla a la que se llega con esto es que posiblemente recurramos a estrategias fundamentalmente distintas para producir y procesar patrones irregulares, como los tiempos pasados irregulares del inglés, a las estrategias que recurrimos para los patrones regulares. La evidencia parece sugerir, al menos, que la forma más eficiente de manejar los patrones irregulares es almacenar las diversas formas como entradas listadas en nuestro diccionario mental, mientras que la forma más eficiente de manejar las formas regulares es almacenarlas como reglas que pueden aplicarse directamente a raíces léxicas (formas sin inflexión).

Los escanogramas PET muestran una activación simultánea en las tres tareas relacionadas con el tiempo pasado, en zonas que se centran y rodean el área de Broca; una ubicación que por tradición se asigna a procesos gramaticales. No obstante, también se activa un área al frente del lóbulo frontal izquierdo, pero sólo en tareas relacionadas con verbos irregulares e inventados. Con la formación del tiempo pasado de verbos irregulares también se activa

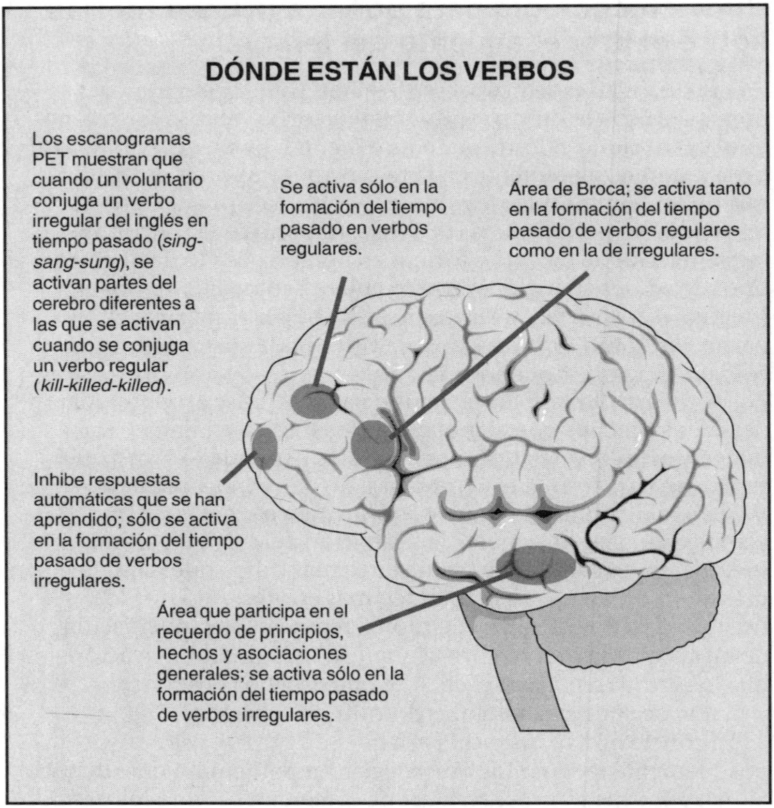
DÓNDE ESTÁN LOS VERBOS
Los escanogramas PET muestran que cuando un voluntario conjuga un verbo irregular del inglés en tiempo pasado (*sing-sang-sung*), se activan partes del cerebro diferentes a las que se activan cuando se conjuga un verbo regular (*kill-killed-killed*).
Se activa sólo en la formación del tiempo pasado en verbos regulares.
Área de Broca; se activa tanto en la formación del tiempo pasado de verbos regulares como en la de irregulares.
Inhibe respuestas automáticas que se han aprendido; sólo se activa en la formación del tiempo pasado de verbos irregulares.
Área que participa en el recuerdo de principios, hechos y asociaciones generales; se activa sólo en la formación del tiempo pasado de verbos irregulares.

una zona del lado izquierdo del lóbulo temporal, y dos zonas en el lóbulo parietal. Hay dos zonas que sólo se activan con la inflexión de verbos regulares e inventados, que están en la corteza pre-frontal y en la corteza de cíngulos.

En un estudio independiente se descubrió que una de las zonas que participan sólo en las tareas relacionadas con verbos irregulares e inventados en tiempo pasado, tiene la función de inhibir las respuestas automáticas a estímulos que se han aprendido. Se activa en tareas novedosas de aprendizaje, pero la activación desaparece con la práctica y la familiaridad. Por lo tanto, esta región quizá es responsable de evitar que se active la regla para la formación del pasado en verbos regulares; al menos hasta que es posible determinar si se debería aplicar esta regla. Por lo general se cree que otra zona que sólo se activa en tareas relacionadas con verbos irregula res en tiempo pasado, está relacionada con la memoria auditiva, en especial con la memoria "semántica" a largo plazo, la memoria de los principios, hechos y asociaciones generales. Por lo tanto, parece que el encontrar las formas irregulares del pasado recibe el apoyo de un componente de memoria que no participa en la tarea de encontrar las formas regulares.

Una zona que se activa al generar sólo formas en tiempo pasado de verbos regulares e inventados, participa independientemente en la manipulación consciente de elementos que se encuentran en los almacenes de memoria a largo plazo. Se presume que la razón por la cual la conjugación de verbos inventados activó esta región es que como los verbos inventados se seleccionaron cuidadosamente de modo que no se parecieran a verbos irregulares reales, esta zona parece ser la mejor candidata como la ubicación del proceso de añadir sufijos a los verbos regulares para formar el tiempo pasado.

Una de las implicaciones interesantes de esta investigación es que nuestras reglas de gramática mental "emigran" de una región a otra del cerebro a medida que las propias reglas pasan por un proceso natural de evolución. La primera vez que uno usa una palabra, la procesa en una parte del cerebro como un elemento complejo. Si la palabra llega a ser más familiar, su uso activará una parte diferente del cerebro, de acuerdo con su nueva categoría.

AUTOEXAMEN: Verbos regulares e irregulares en inglés, bajo presión

Si sabes inglés, puedes hacer este examen.
Aunque los verbos irregulares comprenden una porción muy grande del vocabulario común y cotidiano en inglés, existen diversas pautas para ellos, las cuales se representan en las formas irregulares en tiempo pasado. Añadir los verbos en pasado en una lista de verbos irregulares, podría ser un proceso lento y difícil.

Abajo aparecen dos listas de verbos comunes en inglés, tanto regulares como irregulares. En la lista de verbos regulares, da el pasado tan rápido como puedas, y tómate el tiempo. Después, haz lo mismo con la lista de verbos irregulares. Necesitarás más tiempo en esta segunda lista, y tal vez cometas algunos errores.

Observación: Puedes intentar un ejercicio más difícil, añade también la forma del verbo en tiempos que necesiten el pasado participio (como: I have drunk wine). En este caso tendrías que decir: drink – drank – drunk.

Verbos regulares	***Verbos irregulares***	***Verbos regulares***	***Verbos irregulares***
pass	think	love	flow
ask	draw	count	blow
rub	fall	name	feed
drop	dig	look	hear
load	catch	watch	bring
dress	sell	blow	keep
push	fight	pay	drink
plan	teach	kill	ride
burn	reach	tie	sing
jump	sleep	start	grow
walk	stand	add	bite
form	hold	laugh	sweep
list	fly	work	send
place	flee	visit	wear

Mezclamos un verbo irregular entre los regulares y dos verbos regulares con los irregulares. ¿Los notaste y los cambiaste correctamente?

EJERCICIO: Letras apiladas

Las letras que están apiladas en cada columna van en los espacios que están directamente debajo de ellas, pero no necesariamente en el orden en que se muestran en la pila de palabras. Cuando todos los espacios estén llenos, aparecerá un concepto del artículo que acabas de leer.

P	A	R	O	N	E	S	U	S	L	E	G	E	A	T	R	A	P	Z
O	D	I	C	R	I	I	U	L	P	S	E	A	S	T	A	T	R	V
	T	E	G	I	T	I	I	D	C	S	M	I	N	T	C	S	A	R
	P	S	L	A	E	R	U	A	C	R	E	T	O	R	O			

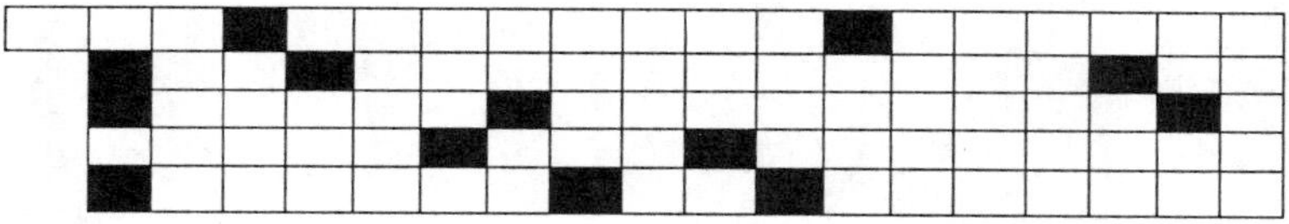

EJERCICIO: PET (Tomografía de emisión positrónica)

Las fotos (A, B, C, D) son escanogramas cerebrales retocados que muestran qué zonas se activan cuando el cerebro está procesando diferentes tareas relacionadas con el lenguaje. Las leyendas están cambiadas. ¿Puedes ponerlas en su lugar correcto?

A

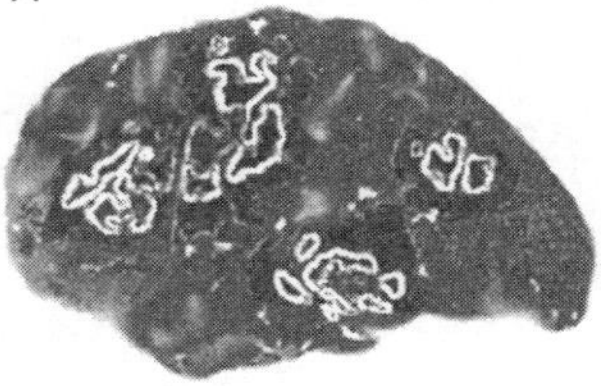

Al leer en silencio

B

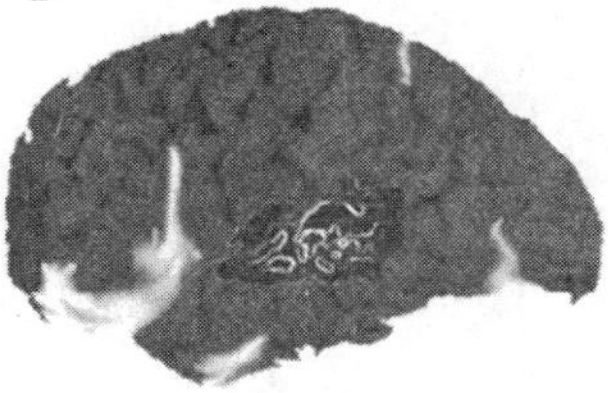

Al recitar palabras

C

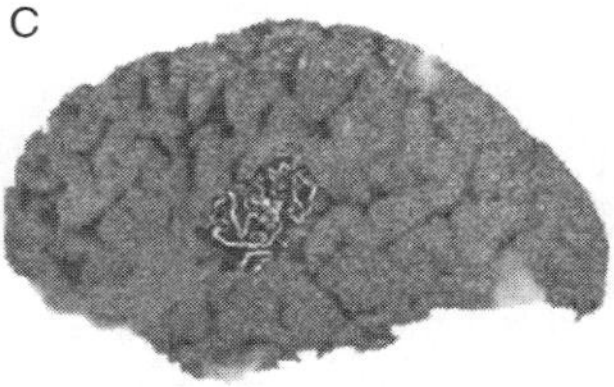

Al escuchar palabras habladas

D

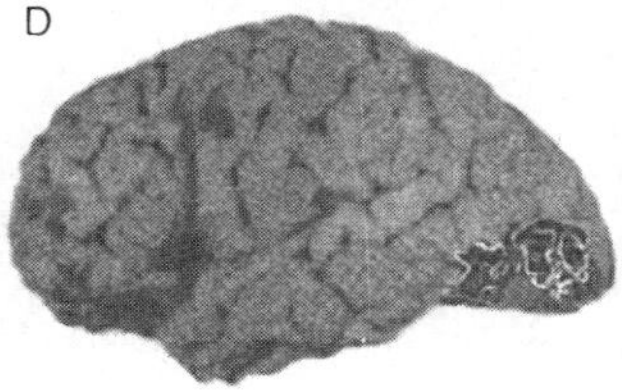

Al pensar y hablar

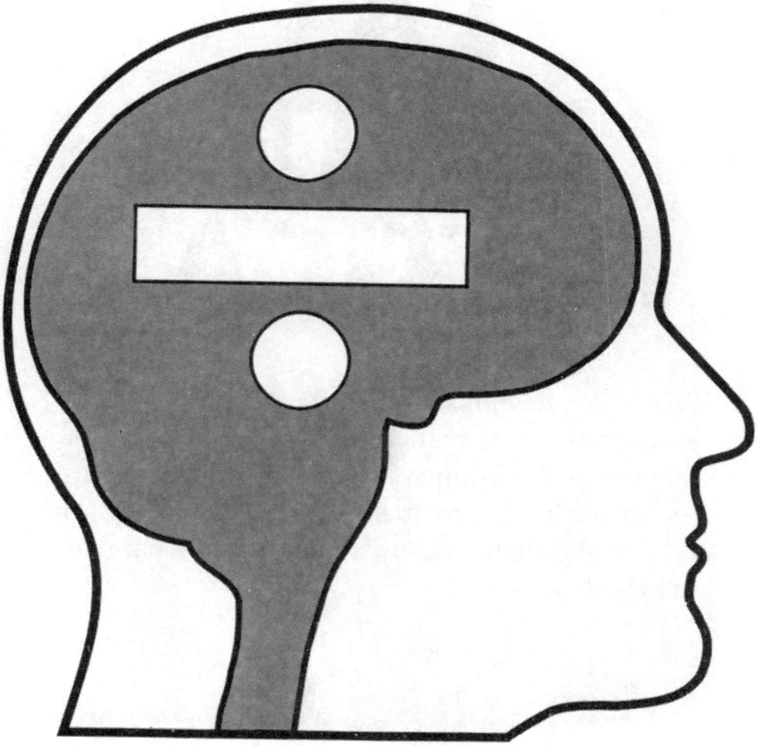

función matemática

LAS MATE-MÁTICAS

Casi todos tenemos el mismo nivel de capacidad en cuanto a matemáticas básicas. ¿Entonces por qué tantos de nosotros evitamos los cálculos aritméticos y los juegos matemáticos, con la excusa de que simplemente "no somos buenos para las matemáticas"?

Tenemos la tendencia a creer que las matemáticas son algo en lo que "somos buenos" o en lo que "no somos buenos". De hecho, casi todos nosotros tenemos un nivel básico común de habilidad. Por ejemplo, si le pides a un amigo que te lea en voz alta la secuencia de números en el recuadro que aparece en esta página, es muy posible que sólo puedas repetir más o menos seis de ellos. Son muy pocas las personas que sólo pueden recordar tres o cuatro, y son aún menos, un número cada vez menor, las que pueden repetir más de 10.

7, 12, 3, 5, 9, 11, 5, 1, 6, 2, 8, 7, 4, 15

Pídele a un amigo que te lea en voz alta los primeros cuatro números, y repítelos. Repite cinco números, y así sucesivamente, hasta que cometas un error. ¿Cuál es tu límite? Para casi todas las personas es aproximadamente seis o siete.

Pero aquellos de nosotros que pensamos en las matemáticas como algo en lo que simplemente no somos buenos, tenemos la tendencia a dejarles los cálculos mentales a otros. Cuando salimos a comer, dejamos que otros calculen cuánto se debe dejar de propina, o que verifiquen que el cambio esté bien. Al permitirnos entrar en este tipo de pauta de conducta, permitimos que desciendan nuestra agudeza matemática y nuestro estado general de alerta. De hecho, ésta es precisamente la razón por la cual la mayoría de los que "no somos buenos para las matemáticas" hayamos llegado a no ser buenos; ya que nos hemos acostumbrado a *creer* que no lo somos.

Por eso debes echarle una mirada a este capítulo, aunque no seas uno de los que son "buenos para las matemáticas"; tal vez, especialmente por esa razón. Entre más juegos matemáticos juegues, mejor te vuelves, y más cambia la percepción que tienes de ti mismo, como alguien que no es bueno para las matemáticas o alguien que sí lo es.

Además de impedir que tu capacidad para las matemáticas se quede inactiva, es mucho lo que puedes hacer en tu estilo de vida para conservarte ágil en lo que concierne a las matemáticas. La razón es que las destrezas matemáticas, quizá más que otras facetas de nuestra inteligencia, tienden a fluctuar con el estado de ánimo y el estado mental de alerta momentáneo. De modo que dormir bien y nutrirse adecuadamente son factores especialmente importantes para el desempeño en el campo de las matemáticas. Y el tipo de almuerzo que deberías tener si quieres realizar con éxito tareas matemáticas en la tarde, no es igual a lo que comerías en la noche para garantizar que dormirás bien. Este capítulo también tratará estos temas.

Algunos de los estudios más reveladores en cuanto a la manera en que la mente humana manipula los números para lograr metas en el mundo real, provienen de un estudio sobre la manera en que los niños aprenden conceptos relacionados con números, y cómo los individuos que tienen destrezas extraordinarias en el campo de las matemáticas resuelven problemas. Por ejemplo, hasta los recién nacidos son capaces de percibir la diferencia entre tres y cuatro puntos que se les proyectan en una pantalla. Los "idiotas" sabios que son capaces de resolver cálculos complejos con números de muchas cifras, desarrollan diferentes estrategias para lograr estas hazañas. En algunos casos hasta llegan a incluir el visualizar los números como colores, sonidos o formas; algunos dividen un cálculo en las partes que lo componen, las resuelven en serie y retienen los componentes en la memoria visualizándolos. De manera más o menos similar, la gente aprende a recordar nombres asociando algún significado del nombre con una imagen visual relacionada con la apariencia de la persona.

¿Por qué los músicos son a menudo tan diestros en matemáticas? ¿Podría tener algo que ver con percibir y manipular intervalos mirándolos mentalmente?

¿Nacen los bebés humanos con destrezas numéricas?

Al igual que en la mayoría de las capacidades cognoscitivas humanas, existen considerables debates sobre el hecho de que nuestras destrezas aritméticas simplemente se aprendan mediante la instrucción y la interacción con el entorno, o si nacemos con destrezas matemáticas específicas a partir de las cuales desarrollamos más, a medida que maduramos.

Existe evidencia de que los humanos de hecho están dotados con un sentido rudimentario innato de cantidades numéricas. Si a un recién nacido se le muestra una imagen de tres puntos, al principio estará atento. Después de que se le muestran repetidamente, se "habitúa" a ella y pierde el interés en la imagen. Pero si se cambia el *número* de puntos, incluso después de que se haya aburrido con la primera imagen, se pondrá alerta de nuevo y tratará la imagen con un punto de más o de menos como algo completamente nuevo.

Esto podría mostrar que los bebés humanos tienen una comprensión innata de la diferencia entre, digamos, 3 y 4, años antes de que aprendan a "contar" en el sentido usual, o incluso antes de aprender a hablar. Es interesante que el experimento sólo funcione en clases de elementos hasta 3 ó 4. Los recién nacidos no parecen tener la capacidad de distinguir, digamos, el 6 del 7. Incluso a los tres años de edad, después de aprender a recitar los nombres de los números del 1 al 10, los niños pueden señalar en forma correcta un conjunto de elementos como "tres", pero normalmente no pueden asignar correctamente la palabra "ocho" a un conjunto de ocho elementos.

¿Son los niños de todas las culturas igualmente capaces en aritmética?

En un nivel básico, parece haber poca variación de una cultura a otra en lo que concierne a las capacidades matemáticas de los niños. Pero surgen diferencias debido a la influencia de los sistemas escolares e incluso debido a diferencias en el tipo de nombres que se dan a los números en diferentes idiomas.

En inglés, aprender números mayores a 10 es especialmente difícil para los niños, ya que muchos de los nombres de estos números son difíciles y "poco claros", en lugar de tener transparencia y ser iconográficos. Para ver como funciona esto, consideremos la diferencia entre "sixteen" (16) y "eleven" (11). Una vez que el niño aprende "six" (6) y "ten" (10), el nuevo nombre "sixteen" (16) debería ser relativamente fácil de aprender, ya que, de manera transparente, está formado con las palabras de los números menores. Lo que tal vez es más importante es que esto, por su composición, ayuda a adquirir y reforzar la comprensión de que 16 es la suma de 6 y 10. Por tanto, no sólo sucede que el 16 es fácil de aprender como palabra nueva, sino que la estructura misma de la palabra ayuda a enseñarle al niño algo sobre el concepto de la suma.

Por otra parte, la palabra "eleven" (11) es muy arbitraria: no tiene un parecido relevante y discernible con las palabras de los números inferiores (como "one" [1] y "ten" [10]), y simplemente debe aprenderse como una clasificación totalmente nueva que carece de motivación interna o no se relaciona con su composición. (Por cierto, el origen de "eleven" es "falta uno", y "twelve" [12] significaba "faltan dos"; es decir, después de contar hasta diez con los dedos, faltaba uno).

Para imaginar lo difícil que es un sistema totalmente arbitrario para los nombres de los números, imaginemos que en lugar de "doscientos" tuviéramos una palabra como "flarta". Imaginemos también que en lugar de "doscientos uno", tuviéramos la palabra "senele", y que en lugar de "doscientos dos" tuviéramos "lentele", y así sucesivamente. Es obvio que aprender un sistema así requeriría mucho más tiempo y esfuerzo, y no expresaría en absoluto una comprensión de que los números mayores se componen de números menores que se suman o se multiplican.

En algunos idiomas, las palabras con que se expresan los números tienen una forma más transparente y más relacionada con su composición. En japonés, los números menores a cien se forman transparentemente con las palabras que indican 10, y del 1 al 9. (Ver la siguiente tabla). Y aunque para nosotros las palabras "noventa y siete" son bastante transparentes y tienen motivación interna debido a los nombres de números menores, la palabra francesa lo es mucho más: *quatre-vingt-dix-sept*, que literalmente significa "cuatro (veces) veinte (más) diez (más) siete". (Al mismo tiempo, esta diferencia señala una *desventaja* de los sistemas más transparentes para dar nombres a los números: tienden a volverse bastante incómodos).

Por lo tanto, a los niños que aprenden idiomas con sistemas más transparentes para dar nombres a los números, les es más fácil aprender los nombres de los números y captar el concepto de que los números mayores se componen de números más pequeños. Las incongruencias en el sistema relativamente transparente del inglés para dar nombres a los números, originan errores típicos entre los niños. Aunque el número "51" se identifica como "fifty-one" (cincuenta y uno), con el "cinco" antes del "uno",

La composición transparente de los nombres de los números en japonés ayuda a los niños a comprender los conceptos de suma y multiplicación. Doce se dice "diez-dos", veinte es "dos-diez", y así sucesivamente.

iti "uno"	*syuuiti "once"*	
ni "dos"	*zyuuni "doce"*	*nizyuu "veinte"*
san "tres"	*zyuusan "trece"*	*sanzyuu "treinta"*
si o yon "cuatro"	*zyuusi "catorce"*	*yonzyuu "cuarenta"*
go "cinco"	*zyuugo "quince"*	*gozyuu "cincuenta"*
roku "seis"	*zyuuroku "dieciséis"*	*rokuzyuu "sesenta"*
siti o nana "siete"	*zyuusiti "diecisiete"*	*nanazyuu "setenta"*
hati "ocho"	*zyuuhati "dieciocho"*	*hatizyuu "ochenta"*
ku o kyuu "nueve"	*zyuuku "diecinueve"*	*kyuuzyu "noventa"*
zyuu "diez"		

ocurre lo contrario en el "15" (fifteen). De modo que los niños de habla inglesa a menudo cometen el error de escribir el quince (fifteen) como "51", pues el "cinco" se dice antes.

¿Cómo sabes si tu hijo realmente entiende lo que significan los nombres de los números?

Aunque es segunda naturaleza para los adultos, los niños pequeños no entienden automáticamente que la palabra que indica un número que se usa para contar el último elemento de un conjunto, también puede usarse para identificar la *cantidad* del conjunto como tal. ¿Cómo puedes saber si tu hijo ha dado con éxito este salto conceptual? Sólo pídele que cuente el número de dedos que hay en tus manos. Luego pregúntale cuántos dedos tienes. Si tiene que volver a contarlos, es que en realidad todavía no entiende el significado de la última palabra que se menciona en una secuencia al contar.

Para estar absolutamente seguro de que tu hijo realmente comprende este concepto, y no sólo ha aprendido que repetir el nombre del último número que se usó al contar producirá una reacción favorable en un adulto, utiliza esta sencilla prueba: Pídele que te dé un número relativamente reducido de cosas; digamos, siete nueces. Si cuenta las siete nueces y te las da, ha llegado a comprender el concepto de los números cardinales, lo que se logra entre los 4 y 5 años de edad, y sólo lo logra un número reducido de niños de 3 años. Si simplemente te entrega un puño de nueces sin contarlas, todavía está en la etapa típica de los 3 años.

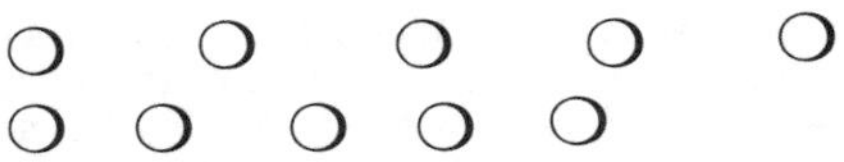

¿Qué hilera tiene más canicas?
Un niño de cuatro años te dirá: "La de arriba"

Incluso para los niños de 4 y 5 años de edad, esta comprensión de los números cardinales es algo tentativo. Piaget demostró que los niños de 5 años se engañan fácilmente y creen que una hilera más extendida o más larga de cierto número de objetos tiene *más* objetos que una hilera con el mismo número de objetos con espacios más cerrados. Normalmente, hasta los 7 u 8 años, un niño siempre se basará sólo en lo cardinal para hacer estos juicios, en lugar de basarse en otros factores no numéricos que pueden percibirse.

EJERCICIO: Una disputa algebraica

Una niña y su hermano están buscando huevos de pascua.

El niño le dice a su hermana:

"Dame siete de tus huevos ¡y tendré el doble de los que tú tienes!"

A lo que la niña responde:

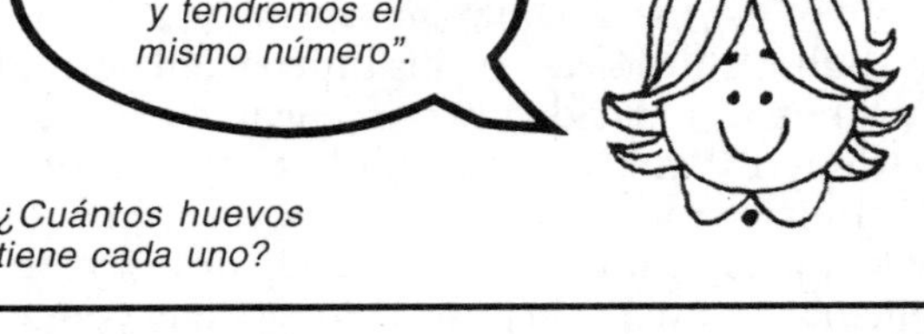
"¡No es justo! Dame siete de los tuyos y tendremos el mismo número".

¿Cuántos huevos tiene cada uno?

Pista: Como la cantidad que tiene la niña + 7 equivale al total del niño – 7, están a 14 huevos de distancia: él debe tener 14 huevos más que ella.

Los "idiotas" sabios

Los idiotas sabios (como el personaje interpretado por Dustin Hoffman en la película *Rain Man*) han intrigado por mucho tiempo a los psiquiatras por su combinación de un coeficiente de inteligencia bajo (aunque normalmente no tan bajo como para que se les clasifique como idiotas según la definición técnica de la palabra) con hazañas de memoria, capacidad artística o matemática impresionantes, y en ocasiones fenomenales. Algunos de los más famosos han calculado calendarios, podían calcular con rapidez qué día de la semana era cualquier fecha varias décadas atrás; se dice que unos célebres gemelos podían hacer este tipo de cálculos para un periodo de 8,000 años. Se dice que otro sabio tenía la habilidad de repetir un discurso de cualquier duración y en cualquier idioma sin omitir una sílaba.

Por extraño que parezca, estas destrezas pueden aparecer o desaparecer de manera bastante repentina e inesperada

Cuando esta cualidad de sabiduría se desarrolla o desaparece, puede hacerlo en el mismo momento en que se pierde o desarrolla una capacidad que al parecer no se relaciona con ella y que en ocasiones es bastante común. A veces, después de sufrir un golpe en la cabeza o padecer una enfermedad, puede presentarse un problema relacionado con las funciones mentales junto con la aparición de un talento prodigioso que nunca antes se había manifestado.

El hecho de que hayan perdido funciones del lado izquierdo del cerebro, podría explicar por qué tantos sabios idiotas muestran extremos tanto en las capacidades como en las incapacidades

Una teoría sobre la coexistencia de capacidades e incapacidades tan extremas en estos sabios idiotas, es que padecen de un déficit en el lado izquierdo del cerebro, lo que causa que el hemisferio derecho tome las riendas. Ésta es una hipótesis bastante plausible en el caso de un niño autista cuyo desarrollo lingüístico (que se relaciona ante todo con el hemisferio izquierdo del cerebro) fue reemplazado por una destreza artística fenomenal (hemisferio derecho). Otra perspectiva intrigante en el acertijo de los sabios idiotas es que en realidad la causa de la impresionante memoria concreta que tienen junto con los poderes deficientes de razonamiento abstracto que estos sabios manifiestan, es una incapacidad para clasificar y *olvidar* selectivamente la información que entra por los sentidos, y no una mayor capacidad para recordar en sí. (Ver también "Si deseas recordar información compleja, visualízala. Los genios lo hacen, página 93)

EJERCICIO: Números entrelazados

Instrucciones: Se usan los dígitos del 1 al 9; no se usa el cero. Sólo puede ponerse un número en cada espacio, y se puede usar un dígito más de una vez en una combinación. Cuando parece que es posible usar más de una combinación de dígitos, busca pistas adicionales en los números entrelazados.

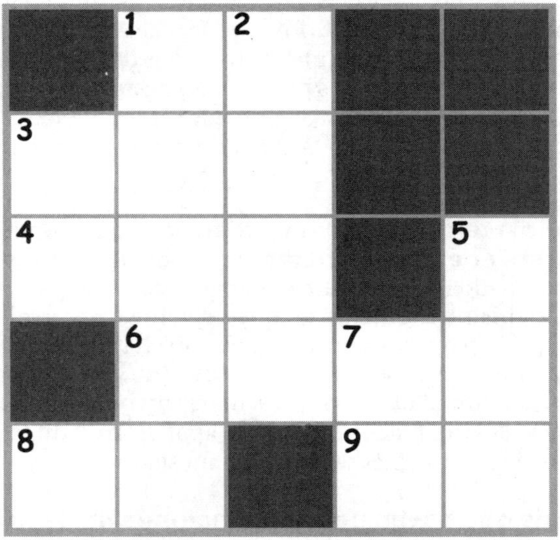

HORIZONTAL

1. El cuadrado del tercer número primo más pequeño.
3. El cuadrado de un número arábigo que se parece al 2 romano.
4. Un número non que es menos 30 de lo que sería si se viera de cabeza.
6. Día del Mercado de Cebollas en Berna, Suiza.
8. El cuadrado de un número primo mayor a la raíz del # 1 Horizontal y menor que la raíz del # 3 Horizontal.
9. El siguiente cuadrado después del # 8 Horizontal.

VERTICAL

1. La suma de los últimos dos dígitos es igual que la suma de los primeros tres.
2. El segundo y el cuarto dígito son iguales.
3. El cuadrado de un número par que es en sí un cuadrado.
5. El siguiente cuadrado al # 3 Horizontal.
7. La suma de sus dígitos es el cuadrado del # 9 Horizontal.

Pista: El Día del Mercado de las Cebollas es el 24 de noviembre. Un número „primo" no puede dividirse con un resultado exacto, excepto cuando se divide entre 1.

Nutrición que produce cambios en el cerebro y la "disminución de energía después de la comida"

Tomando en cuenta la "disminución de energía de después de la comida" (un descenso en el estado de alerta y de desempeño después de comer, que al menos en parte se debe al cambio en el ritmo interno del cuerpo), se han llevado a cabo muchas investigaciones sobre el tipo óptimo de alimento que debe tenerse al medio día para incrementar el desempeño, o al menos para minimizar la "disminución de energía".

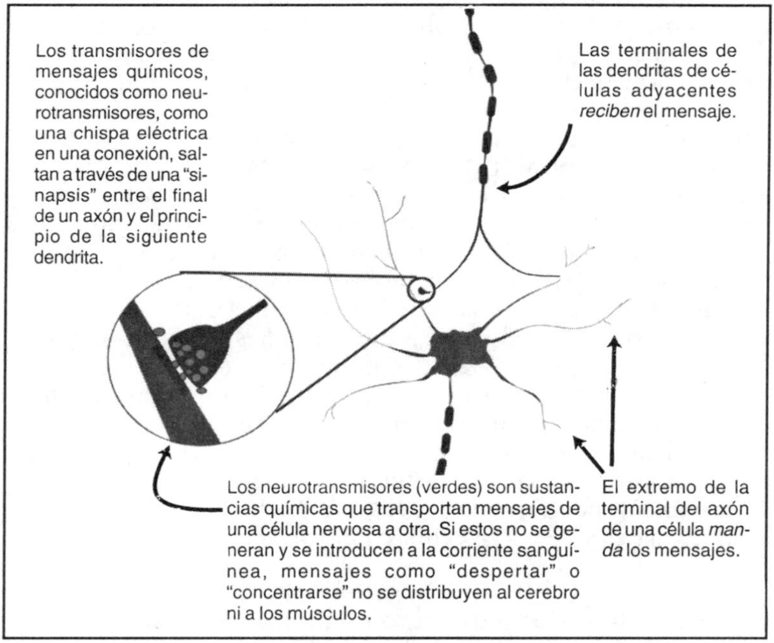
Los transmisores de mensajes químicos, conocidos como neurotransmisores, como una chispa eléctrica en una conexión, saltan a través de una "sinapsis" entre el final de un axón y el principio de la siguiente dendrita.
Las terminales de las dendritas de células adyacentes *reciben* el mensaje.
Los neurotransmisores (verdes) son sustancias químicas que transportan mensajes de una célula nerviosa a otra. Si estos no se generan y se introducen a la corriente sanguínea, mensajes como "despertar" o "concentrarse" no se distribuyen al cerebro ni a los músculos.
El extremo de la terminal del axón de una célula *manda* los mensajes.

A partir de la década de 1970, varios estudios interesantes se han centrado en los efectos de ciertas sustancias nutritivas que "modifican el cerebro", entre ellos los aminoácidos triptofán y tirosina, y un componente de la lecitina conocido como colina. Es lógico que estas sustancias tengan interacción con la función mental, ya que todas ellas son *precursoras de los neurotransmisores*: se convierten en sustancias que transmiten mensajes a través de las sinapsis entre una neurona y otra.

Varios neurotransmisores, y por lo tanto, sus precursores, tienen diferentes efectos. El triptofán se convierte en la serotonina del neurotransmisor, que, entre otras cosas, conduce a la calma o al estado mental de alerta, (dependiendo de factores como el tiempo, el tipo de personalidad, etc.). La tirosina se usa en la síntesis de la dopamina, la norepinefrina y la epinefrina, que nos ayudan a permanecer alerta, con energía y motivados. La colina se convierte en acetilcolina, que es crucial en la función de la memoria.

El triptofán y la tirosina, son especialmente abundantes en alimentos ricos en proteína, mientras que la yema de huevo, el hígado y el frijol soya son ricos en colina. Por tanto, es posible que una comida rica en proteína (que contiene gran cantidad de triptofán y tirosina) tendría niveles elevados de serotonina, dopamina, norepinefrina y epinefrina, y por tanto, en teoría ayudaría a que la persona tuviera más calma, fuera más centrada y estuviera alerta. Pero no es así de sencillo.

Lo importante es un buen equilibrio entre proteínas y carbohidratos, no sólo proteína

Resulta que una comida alta en proteína de hecho *reduce* los niveles de serotonina, mientras que una comida con una cantidad moderada de proteínas y carbohidratos los *incrementa*.

La paradoja se explica con el hecho de que la proteína contiene muchos otros aminoácidos que compiten con el triptofán y lo vencen en lo relacionado con las transmisiones a través de la barrera de la sangre y el cerebro. Aunque una comida rica en carbohidratos no introduce tanto triptofán a la corriente sanguínea como lo haría una comida rica en proteínas, estimula la producción de insulina, la cual transporta la mayor parte de los aminoácidos, aparte del triptofán, a las células musculares. Por tanto, prácticamente nada impide que el triptofán que está presente en la sangre tenga acceso a las células transmisoras y se transporte al cerebro.

Entonces, la mejor dieta para minimizar la "disminución de energía" de después de la comida al parecer es un menú que contenga proteína magra, poca grasa, una cantidad moderada de carbohidratos y, en general, un nivel moderado de calorías

Las proteínas son importantes para la síntesis de los neurotransmisores relacionados con el estado de alerta, que de no tenerla tendrían un nivel bajo en el cerebro. Es importante que la dieta sea baja en grasa y contenga una cantidad moderada de calorías, pues una comida pesada y difícil de digerir toma sangre del cerebro y la lleva al estómago y eso conduce a la somnolencia. Si la proporción de carbohidratos y proteínas es moderada, se sintetiza poca serotonina, lo que evita la somnolencia que de otro modo ocurriría cuando ese neurotransmisor que produce calma interactúa con el descenso de las primeras horas de la tarde.

Cómo NO se cubren los requerimientos de proteínas

El aminoácido triptofán es la sustancia química con la que el cuerpo fabrica el neurotransmisor conocido como serotonina. Además, los aminoácidos son los bloques con los que se construye la proteína, y el triptofán es uno de los aminoácidos esenciales, lo que significa que el cuerpo no puede fabricarlo y debe obtenerse de los alimentos.

Algunos alimentos, como la gelatina, contienen muchos de los aminoácidos que se requieren para tener proteínas completas, pero carecen de triptofán. Si tratas de satisfacer tus requerimientos de proteína con ese tipo de alimentos, tu cuerpo usará todo el triptofán que tenga disponible para la síntesis de proteínas, dejando poco o nada para la producción de serotonina. En un experimento sobre los efectos de una dieta con proteínas de gelatina, los sujetos tendían a cansarse, a volverse irritables y a deprimirse.

Una buena forma de calmarse es comer algo dulce

Cuando uno está tenso o no puede concentrarse, o si está tratando de dormir cuando siente demasiada ansiedad, le conviene una comida o bocadillos que sólo contengan glucosa que tenga carbohidratos, lo que incluye la mayoría de los "azúcares" (el que se usa en la mesa, endulzantes de maíz y miel, pero no fructuosa ni alimentos que sólo contengan fructuosa, es decir, frutas) y "almidón", que está compuesto de grandes cadenas de moléculas de glucosa. Estos alimentos liberarán insulina en la corriente sanguínea, y por tanto, el triptofán del plasma sanguíneo llegará al cerebro, haciendo que se produzca serotonina y una sensación de calma. Ésta es una de las razones de que creamos que la pasta es un alimento que produce "comodidad", y quizá explique en parte por qué las mujeres buscan alimentos dulces antes del periodo menstrual.

Puedes hacer tus propios experimentos realizando los siguientes ejercicios de concentración durante y después de comidas con y sin proteínas.

AUTOEVALUACIÓN: Concentración

El ejercicio que aparece a continuación pone a prueba la capacidad de concentrarse. Lo desarrolló originalmente la Real Fuerza Aérea de Holanda para eliminar a los pilotos que habían perdido su capacidad para concentrarse lo suficiente. Más tarde, en la Segunda Guerra Mundial, la Fuerza Aérea de Estados Unidos lo usó para examinar los cambios que tenía el personal de vuelo en su capacidad para concentrarse en condiciones tensas a altos niveles de altitud.

El uso repetido de este tipo de ejercicios mejoró el periodo de atención de los pilotos, así que ejercicios similares han llegado a ser parte de muchos programas de entrenamiento. Para incrementar tu periodo de atención, repite el ejercicio con combinaciones de otras letras y números.

Instrucciones: No veas todavía la tabla de abajo. Primero, ajusta el cronómetro a 30 segundos. Activa el cronómetro y estudia la tabla. Cuenta cuántos "4" y cuántas "g" puedes localizar sin marcar la tabla ni hacer anotaciones. Escribe tu respuesta cuando terminen los 30 segundos.

a	7	3	d	g	t	p	9	6	2	x	d	e	o
e	w	q	d	c	5	6	o	i	d	g	v	c	d
w	3	6	7	9	w	d	z	x	j	g	e	2	3
7	b	f	d	x	c	k	l	p	o	u	t	e	e
4	c	v	b	n	m	s	w	e	r	u	i	o	p
h	4	f	d	s	a	q	w	6	r	t	y	u	i
7	o	e	r	t	y	u	i	4	d	e	r	g	f
r	t	y	u	i	c	s	w	r	d	w	2	5	3
4	4	d	3	s	w	e	d	3	5	h	t	c	e
3	c	d	f	g	h	y	w	s	q	x	d	7	a

La falta de sueño, en especial la fase en que uno sueña, reduce la capacidad para resolver problemas

12
1
2
3
4
5
6
7
8
9
10
11

El hecho de que el sueño tenga un papel crítico en las funciones cognoscitivas eficientes, es obvio. Aparte del conocimiento basado en el sentido común de que dormir mal una noche reduce el desempeño óptimo al día siguiente, se han llevado a cabo experimentos en ratas que muestran que el aprendizaje de tareas para evitar el condicionamiento, va seguido de sueño con movimiento rápido de los ojos, que en los humanos se relaciona con soñar. Además, el aprendizaje se daña cuando falta este tipo de sueño. Un estudio realizado con seres humanos, específicamente graduados en matemáticas, muestra que no eran capaces de resolver ni los cálculos más sencillos si se les despertaba durante el sueño de recuperación, después de un periodo de 48 horas en que se les había privado de sueño.

La parte del cerebro que regula los patrones de sueño y el estado de alerta, es muy similar en todos los mamíferos

Controla la secreción de una hormona que inicia la fase de sueños en el ciclo de dormir
Secreta una sustancia química que produce sueño ligero; la fase en que es fácil despertar a una persona al interrumpirle el sueño

Como se muestra en el siguiente diagrama, los principales centros de estado de alerta y control de sueño se encuentran en una zona en forma de estaca que se encuentra en la parte frontal del tronco cerebral, la parte más primitiva del cerebro. En la parte superior de esta zona, un grupo de células conocidas como *locus coeruleus*, controla secreciones que producen sueño profundo en el cerebro, lo que incluye el sueño con movimiento rápido de los ojos. Otros grupos de células controlan la secreción de norepinefrina (para abreviar, "norepi") que pone al cerebro en estado de alerta, en especial en situaciones inesperadas, incluso cuando la persona está dormida.

Por ejemplo, lo que produce el efecto de "cámara lenta" que experimentamos en un accidente automovilístico, es un flujo abundante de norepinefrina que se libera hacia el cerebro durante momentos de estrés agudo. Pone al cerebro en *tal* estado de alerta, que es como si uno estuviera recibiendo una cantidad mucho mayor de información de la que normalmente recibe durante un lapso similar de tiempo.

Cuando se inicia el sueño, la producción de norepinefrina se reduce a la mitad de sus niveles normales. Aproximadamente a los 100 minutos de cada ciclo de sueño, la producción de norepinefrina se interrumpe; esto ocurre durante la fase en que se duerme profundamente, cuando se sueña y se inicia el movimiento rápido de los ojos. En el diagrama de la página 253 la hilera de células más pequeñas de color oscuro, debajo del *locus coeruleus*, representa el *raphe nuclei*, que secreta una sustancia que produce el sueño ligero.

El reloj interno del cuerpo está oculto dentro del cerebro, en el áera superior de una de sus partes más primitivas

El diagrama que aparece a continuación representa al cerebro con un corte transversal, para mostrar la ubicación de la *glándula pineal*. (Nótese que ambos tálamos se omitieron en este diagrama, por claridad). Se encuentra en la parte superior del tronco cerebral. Pone en marcha el "reloj" del *ritmo interno*, que controla el tiempo de dormir y de estar despierto, secretando la hormona conocida como *melatonina*, como respuesta a varios factores que incluyen la luz del día y la oscuridad. La melatonina se produce a partir de la serotonina, y al parecer contrarresta la producción de norepinefrina (a.k.a. noradrenalina), la hormona para el estado de alerta. Algunas investigaciones indican que una sustancia química "S" se incrementa en forma gradual cuando los seres humanos están despiertos, hasta que llega a su nivel de saturación, que es cuando empieza el ciclo del sueño. Cuando la sustancia química "S" se toma de los humanos y se inyecta a ratas de laboratorio, se ponen somnolientas.

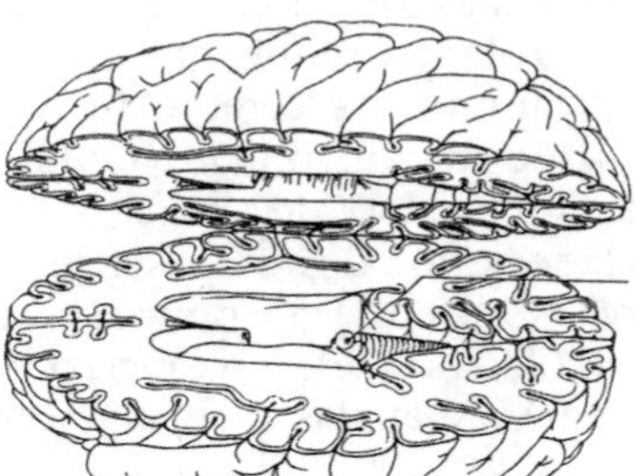

EJERCICIO: Números entrelazados

Instrucciones: Se usan los dígitos del 1 al 9; no se usa el cero. Sólo puede ponerse un número en cada espacio, y se puede usar un dígito más de una vez en una combinación. Cuando parece que es posible usar más de una combinación de dígitos, busca pistas adicionales en los números entrelazados.

1	2	■	3	4
■	5	6		
■	■	7		
8	9			■
10		■	11	

HORIZONTAL

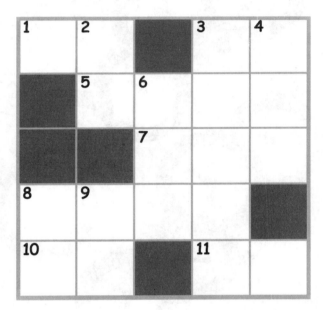

1. Dos más que el 8 Vertical.
3. Diez más que el 1 Horizontal.
5. El primer día de invierno.
7. Nacimiento de John Milton.
8. Día de Navidad.
10. El cuadrado de un número par que es un cubo.
11. Un múltiplo del 1 Horizontal.

VERTICAL

2. El cuadrado de un número non.
3. Los primeros tres dígitos son iguales, al igual que los dos últimos.
4. La suma de los dos primeros dígitos es igual al tercero.
6. Punto de ebullición.
8. El cuadrado de un número par.
9. El segundo dígito es el doble del primero.

Pista: El poeta John Milton nació el 9 de diciembre de 1608.

EJERCICIO: Esferas y manecillas

Este ejercicio requiere un conocimiento de la aritmética simple. Sin embargo, también interviene cierto sentido de espacio al leer la hora del día orientando correctamente las manecillas de acuerdo al 12, que está justo debajo de la corona para darle cuerda.

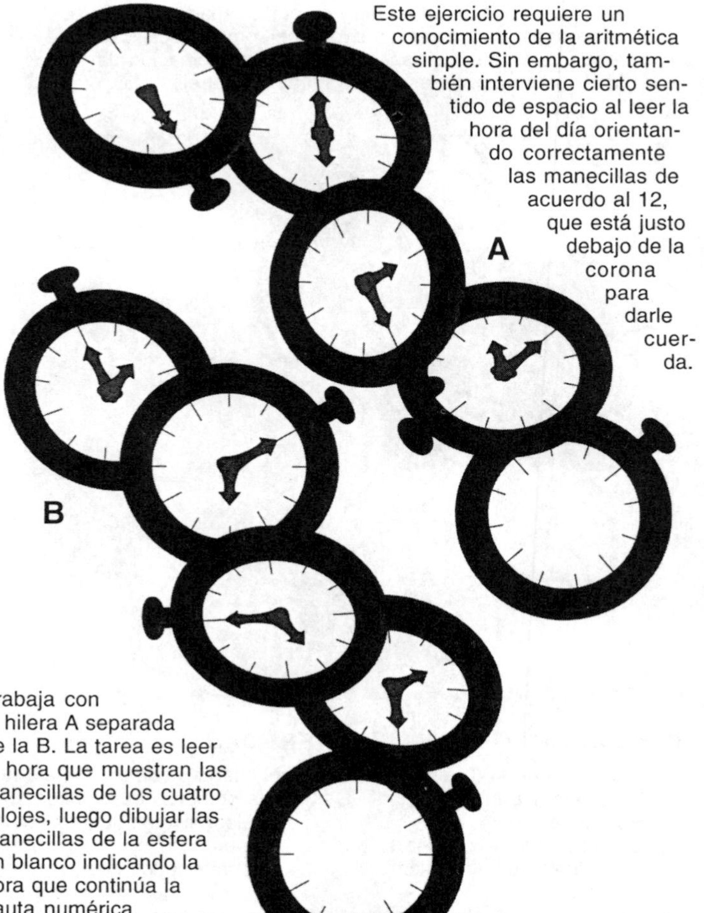

Trabaja con la hilera A separada de la B. La tarea es leer la hora que muestran las manecillas de los cuatro relojes, luego dibujar las manecillas de la esfera en blanco indicando la hora que continúa la pauta numérica establecida por las otras cuatro.

Pista para la hilera A: Multiplica la segunda hora por la primera. No olvides que las manecillas dan una vuelta completa cada 12 horas. **Pista para la hilera B:** Resuelve el problema de derecha a izquierda, de modo que cada hora a la izquierda sea el doble de la de la derecha. No olvides que las manecillas dan una vuelta completa cada 12 horas.

El genio que pensaba por medio de imágenes pero expresaba sus ideas a través de las matemáticas

Desde la publicación de un artículo hace más o menos 25 años, ha sido popular decir que Albert Einstein estaba "incapacitado para el aprendizaje", posiblemente disléxico o incluso afásico. (La "afasia" es una limitación del lenguaje que proviene de daños a cierta parte de las zonas del cerebro que controlan el lenguaje). Otros han señalado más recientemente que tales diagnósticos son difíciles en personas vivas, y mucho más en las que ya han muerto, y que la única evidencia en que se basan en los casos de Einstein, Edison, Rodin y otros, es a menudo endeble.

Bien podría serlo, pero la evidencia de hecho muestra que Einstein era relativamente débil en ciertas capacidades del lado izquierdo del cerebro, lo que abre la puerta a especulaciones según las cuales su genialidad fenomenal podría atribuirse en parte a la forma en que el lado derecho del cerebro compensó el desarrollo deficiente del hemisferio izquierdo. Lo más notable son sus dificultades iniciales con el lenguaje, una destreza que en gran medida corresponde al lado izquierdo del cerebro; algunos aspectos de estas dificultades continuaron a lo largo de su vida. Según informes de su hermana, así como según sus propios recuerdos, empezó a hablar a la edad de tres años, y lo hizo con dificultad y mucho esfuerzo, hasta la edad de 10 años. Durante toda su vida adulta, Einstein admitió que tenía pésima ortografía y que se le dificultaban la lectura y la escritura: "Cuando leo, escucho las palabras. Escribir es difícil, y me comunico muy mal a través de la escritura".

Tanto las palabras como las matemáticas eran difíciles para Einstein

Tal vez cause impacto enterarse de que Einstein no era un genio en cálculos matemáticos que dependen del lado izquierdo del cerebro. Como estudiante, la aritmética se le dificultaba tanto como los idiomas extranjeros, e incluso durante su residencia en Princeton, después de ganar el Premio Nobel de física, se le dificultaba ayudar a los estudiantes de preparatoria con sus tareas de cálculo.

Por otra parte, Einstein tenía un don especial para los conceptos visuales, y para el tipo de matemáticas que se relaciona con configuraciones espaciales, las cuales manejaba muy bien; ésta es una destreza que depende del lado derecho del cerebro. Cuando su tío Jakob Einstein, que era ingeniero, lo introdujo a la geometría del Teorema de Pitágoras, Einstein pensó que el teorema era tan obvio después de sólo hacerle una simple inspección visual, que no necesitaba comprobación alguna. Sin embargo, diseñó una prueba formal bastante diferente a la prueba estándar que le habrían enseñado en la escuela, y lo hizo antes de la edad de 10 años. Sólo cuando dejó el autoritario sistema escolar alemán y se inscribió en la Escuela Kanton, en Arau, Suiza, empezaron a florecer sus extraordinarios talentos. La escuela de Arau fue fundada por Pestalozzi, reformador del sistema educativo suizo, que creía que un programa flexible, con una orientación radicalmente visual, era la forma de permitir que las mentes jóvenes se desarrollaran con libertad.

Einstein siempre afirmó que, para él, el pensamiento era en esencia imágenes y no algo verbal, y que las palabras o el lenguaje entraron en su mente sólo en la etapa tardía en que tradujo sus conceptos a una forma en la que pudieran comunicarse. "Para mí —afirmó— "no es dudoso que nuestro pensamiento ocurre en su mayoría sin el uso de palabras".

EJERCICIO: Visión matemática de la mente

Este ejercicio requiere del uso de las matemáticas y del pensamiento espacial. Abajo aparecen dos hileras de cubos con números impresos en sus caras, como los dados con que juegan los niños. Cada hilera muestra un cubo diferente colocado de tal manera que muestre cuatro de sus caras. Trabaja con las hileras "A" y "B" en forma separada. Cuando gires cada cara en tu mente para orientar las cuatro caras de igual manera en relación al espacio, te darás cuenta de que la colocación de los números en una de ellas no corresponde a las otras tres.

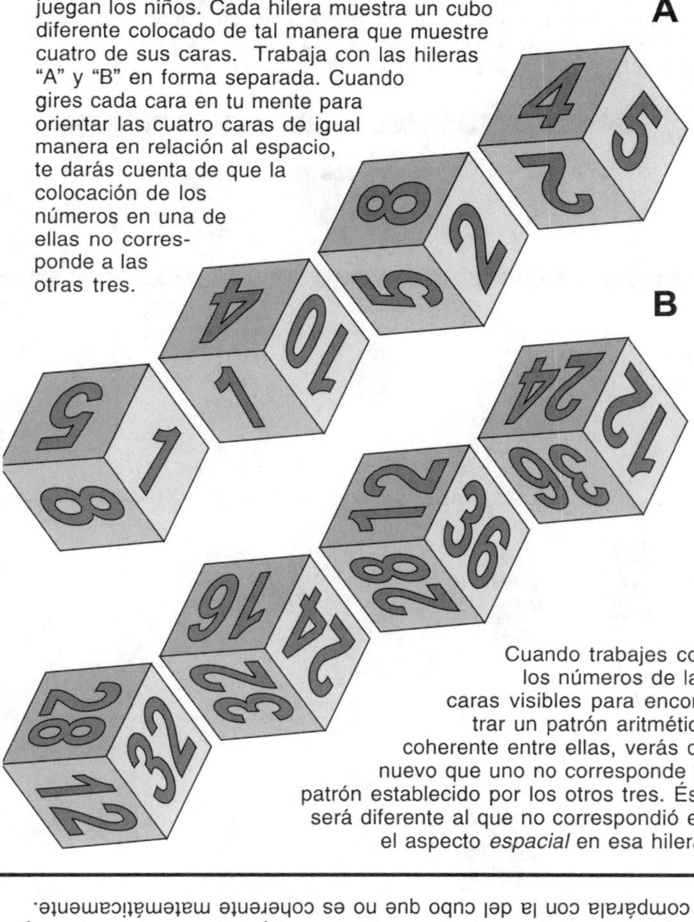

Cuando trabajes con los números de las caras visibles para encontrar un patrón aritmético coherente entre ellas, verás de nuevo que uno no corresponde al patrón establecido por los otros tres. Ése será diferente al que no correspondió en el aspecto *espacial* en esa hilera.

Pista para la hilera A: Multiplica los números en las caras visibles de cada cubo. Uno tiene un producto diferente a la de los otros tres. Fíjate en la orientación de los números 5 y 8 en los otros cubos y compárala con la del cubo que no es coherente matemáticamente.

Pista para la hilera B: Suma los números en las caras visibles de cada cubo. Uno tiene un resultado diferente al de los otros tres. Fíjate en la orientación de los números 12 y 36 en los otros cubos y compárala con la del cubo que no es coherente matemáticamente.

EJERCICIO: ¡Pero no te enojes!

Estudia los tres grupos de números negros que están marcados con las letras A, B y C. Arriba de ellos hay tres números verdes. Tu tarea es decidir cuáles de los números verdes corresponden a alguno de los grupos marcados con letras. Cuando resuelvas esto en una ráfaga cegadora de furia y angustia, pídele al Einstien de la localidad que lo resuelva.

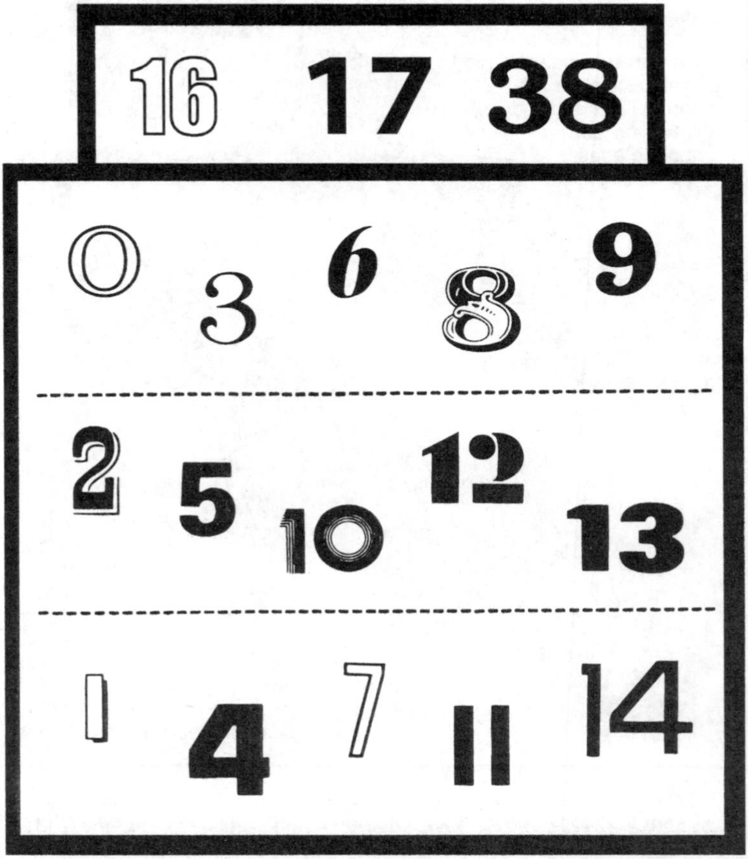

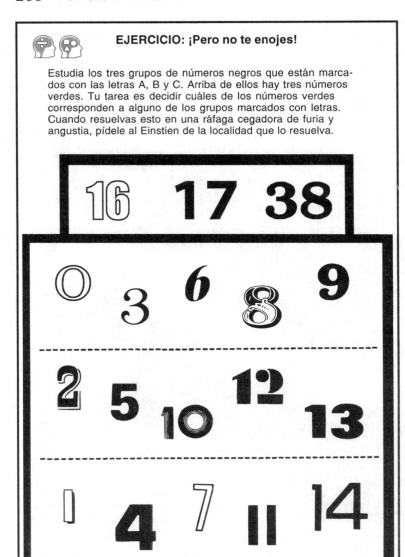

Pista: Date cuenta de que hay dos símbolos cerca del título de este ejercicio. Uno indica que el tema es matemáticas y el otro indica que es un tema relacionado con el espacio. En este ejercicio, los valores numéricos son irrelevantes.

El mágico número 7: Cómo nos limita, y cómo podemos superarlo

¿Alguna vez te has preguntado que hay en el número 7 que hace que aparezca una y otra vez en listas de temas importantes? Hay siete días en la semana, siete maravillas del mundo, siete edades del hombre, siete notas en la escala musical. En algunas ciudades, los números telefónicos tienen 7 dígitos, y los tests psicológicos a menudo usan una escala de calificación que se basa en el 7.

Tal vez haya más que una simple coincidencia detrás de la ubicuidad del número 7. Nuestro cerebro parece tener instalada una limitación relacionada con este número en sus periodos de juicio, atención y memoria. La limitación no es rígida, pero una y otra vez nuestras capacidades discriminatorias parecen revolotear alrededor de siete categorías o puntos en una escala, o quizá unos cuantos más o menos.

Digamos que escuchas dos tonos musicales, uno después de otro. Te dicen que el sonido con la tonalidad más baja es el "tono número 1", y que el de tonalidad más alta es el "tono número 2". Si luego escuchas uno de los tonos, no te será difícil asignarle el número correcto. Puedes intentar esto con una escala más grande de tonos, y pronto llegarás a un punto en el que cometas muchos errores. Para la mayoría de las personas, ese punto está alrededor del 6.

Esto no sólo tiene que ver con el hecho de que cuando el número de tonos es mayor, sus tonalidades sean más cercanas, y por lo tanto sea inherentemente más fácil confundirlos. Si pones a prueba este experimento con cinco sonidos de tonalidades altas, será fácil evitar errores. Tampoco es probable que te confundas si utilizas cinco sonidos de tonalidades bajas. Pero si combinas los cinco sonidos de tonalidades altas con los cinco de tonalidades bajas, en una misma secuencia, tendrás que recurrir a adivinar, lo que tendrá como resultado errores frecuentes. De modo que hay algo relacionado con el número absoluto de categorías que debemos discriminar que representa el límite de nuestras habilidades.

Debajo del 7, cuentas; arriba del 7, adivinas

El mismo límite numérico aparece en experimentos que requieren que las personas lleven a cabo cálculos rápidos sobre el número de puntos que aparecen momentáneamente en la pantalla de una computadora. Si son menos de seis o siete puntos, la gente no comete errores. Arriba de siete, los errores se vuelven habituales, debido a que en lugar de contarlos con precisión instantáneamente, se hace una *estimación* del número de puntos.

Si en realidad existe este límite numérico en nuestras capacidades de discriminación, ¿entonces por qué somos capaces de diferenciar tantas palabras, tantos rostros, y demás? La respuesta parece ser que, cuando se trata de rostros y palabras, incrementamos el número de dimensiones en que nos basamos para nuestros juicios categóricos, o alineamos varias unidades en sucesión y en esa forma aumentamos dramáticamente nuestra capacidad para discriminar. Si la característica que distingue los rostros sólo fuera una variable como lo oscuro del color, entonces ciertamente tendríamos dificultad para distinguir los rostros de más de siete personas. Pero cada rostro consta de muchas más variables: narices, ojos, bocas, orejas diferentes, y dos relaciones dimensionales de espacio entre todos estos elementos. Y las palabras no sólo tienen un sonido distintivo, sino muchos otros sonidos que ocurren uno tras otro en secuencia. Cada sonido en sí puede definirse basándose en más o menos siete rasgos distintivos binarios (agregando o restando el hecho de que sean consonantes, sonoras o sordas, etc.), y al arreglar esos sonidos en secuencia tenemos como resultado nuestra capacidad para distinguir miles de palabras diferentes.

El "subdividir" nos ayuda a memorizar más datos

Otra manera de superar el límite que impone el número 7 en nuestra capacidad de memoria, es lo que en ocasiones se describe como "subdividir". Un número telefónico, incluyendo el código del área, tiene 10 dígitos. Podemos facilitar la tarea de memorizar una serie tan larga de números, si memorizamos el código del área separado del resto, o agrupando los números en secuencias más cortas de dos dígitos; como cuando memorizamos un código de área como 5, 1 y 0, diciendo "cinco-diez".

La misma motivación podría estar detrás de los grupos rítmicos que utilizamos para recitar el alfabeto. Descubrimos que al hacerlo, hacemos una pausa después de la "g" (la séptima letra), después de la "p" (la novena a partir de la "g") y finalmente en la "v" (la sexta después de la "p"), antes de terminar la secuencia. Por otra parte, en lo que se refiere al alfabeto en inglés, estas pausas podrían verse simplemente como algo que la persona conserva de los grupos rítmicos que tiene la canción del alfabeto que aprendió en la infancia. Por otra parte, una de las razones por las cuales la canción facilita el aprendizaje del alfabeto, es que tiene pausas en una secuencia larga de elementos difícil de manejar, dividiéndola en grupos de aproximadamente 7 letras que se manejan con facilidad.

EJERCICIO: Dígitos opuestos

Cada una de las figuras geométricas que aparecen a continuación, demuestra un patrón aritmético diferente. Cuando lo encuentres, puedes descubrir qué número debería ponerse en lugar del signo de interrogación, en cada caso.

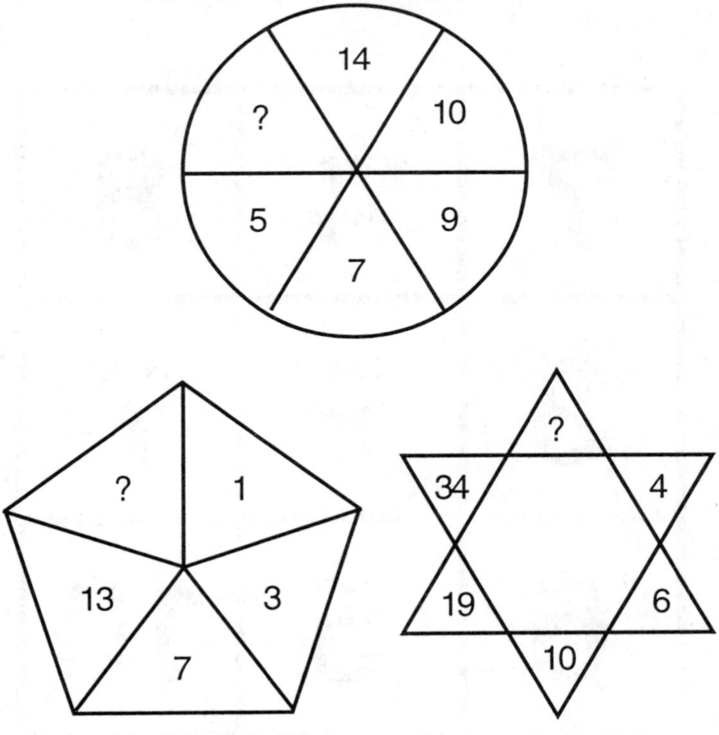

Pista: La mayoría de las personas considera más difícil la estrella de seis picos, hasta que se dan cuenta de que está hecha con dos figuras geométricas sobrepuestas.

EJERCICIO: Tablas de multiplicar

La mayoría de las personas encuentra buenas soluciones buscando un patrón que se relacione con sus experiencias del pasado. (No te sientas tan orgulloso; las ratas encuentran la salida de laberintos en la misma forma). Cada una de las tres hileras de números muestra el mismo patrón aritmético. Cuando lo encuentres, podrás saber qué número debe ponerse en lugar de la interrogación.

7	4	8
3	9	7
6	5	10
?	8	4

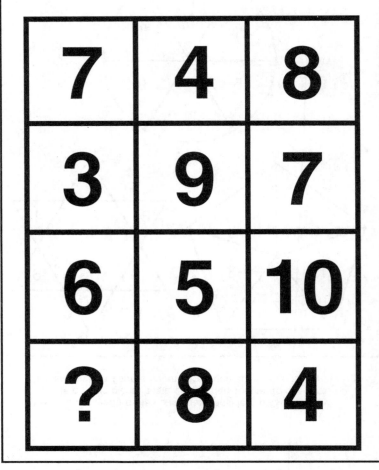

Pista: Empieza multiplicando los primeros dos números de cada fila.

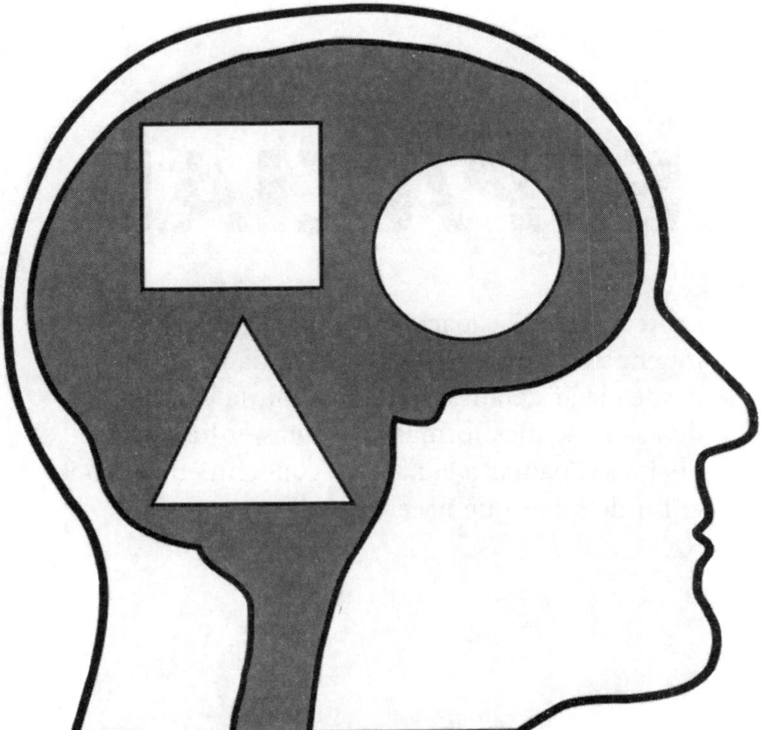

función espacial

ESPACIAL

En realidad, la capacidad visual-espacial incluye muchos *tipos* diferentes de habilidades, que van desde elegir detalles, hasta percibir la disposición de estos detalles formando pautas, y hasta introducir esas pautas a la base de conocimientos, con el fin de saber qué hacer con ellas.

El estudio de la vista ha producido algunos de los conocimientos más fascinantes sobre la naturaleza de la capacidad humana de estar consciente. Aunque nos apoyamos con más fuerza en nuestro sentido de la vista al interpretar el mundo que nos rodea, los psicólogos nos han estado diciendo durante décadas que lo que creemos que vemos en el exterior quizá no esté ahí en absoluto. Por ejemplo, échale una mirada a la mancha blanca que está en el cuadro que aparece en esta página. ¿Mancha blanca? En realidad, sólo hay una distribución de manchas negras de forma irregular. Nuestro cerebro construye la mancha blanca, con todo y un límite imaginario que la separa del espacio blanco que la rodea, simplemente a partir de espacio negativo. Si tu cerebro te está jugando este tipo de trucos, ¿qué más podría estar haciendo a tus espaldas?

Concéntrate en el punto de arriba. ¿Percibes la forma blanca que define las imágenes negras? Ahora concéntrate en el punto de abajo. ¿Percibes mejor la forma blanca, o la percibes menos? La mayoría de las personas la ve con más claridad.

Es fácil no captar el hecho de que existen diferentes tipos de capacidad detrás lo que suponemos es una conciencia visual unificada. Tenemos una percepción de detalles visuales que se basa ante todo en el lado izquierdo del cerebro: los árboles del bosque; y tenemos una percepción del lado derecho del cerebro en la que entran los detalles: la forma general del bosque. La ilusión de la mancha blanca es obra del lado derecho de tu cerebro que te juega trucos, creando una forma a partir de indicaciones proporcionadas por detalles insignificantes. Por lo general, nos basamos tanto en la conciencia atomista como en la de configuración al procesar el mundo de los estímulos visuales que nos rodea. Las líneas de comunicación entre las diferentes partes de nuestro cerebro son tan rápidas que ni siquiera notamos que estas diversas facetas de la conciencia sean cosas separadas. Pero si conoces a alguien cuya visión es tan buena como la tuya, pero no puede integrar los objetos que percibe visualmente a ningún tipo de base de conocimientos que le permita reconocer lo que son esos objetos y qué puede hacer con ellos, empiezas a darte cuenta de lo compleja y multifacética que es la facultad de la percepción visual.

Al igual que tus otras facultades, tu inteligencia visual-espacial puede conservarse o dejar que se deteriore. Los acercamientos visuales pueden representar para ti el reto de proyectar esos detalles en un patrón más grande, ejercitando así las destrezas para crear imágenes holísticas que se basan en el lado derecho del cerebro. Los patrones familiares con uno o dos detalles sutiles fuera de lugar pueden poner a prueba tu atención a minucias objetivas. Y las tareas que exigen la rotación mental de objetos visuales tridimensionales pueden ser un verdadero desafío para el cerebro, hasta que aprendas a manejarlas.

Ver al mismo tiempo el bosque y los árboles: Diferentes partes del cerebro se especializan en diferentes tareas visuales

Cuando ves el rostro de una persona, el diseño de un mosaico, o las estrellas en el cielo nocturno, puedes tener al menos dos niveles de conciencia visual. Puedes concentrarte en los cristales, las facciones o las estrellas a nivel individual, como elementos discretos de detalle, o puedes percibir las partes como algo que forma un todo más extenso y que tiene cierta pauta. Por lo general, debes cambiar de una modalidad de ver a otra, en lugar de utilizarlas en forma simultánea. Pero ambas opciones están a nuestro alcance.

Sin embargo, no lo están para personas que han sufrido daños en la corteza visual del lado izquierdo o derecho del cerebro. El hemisferio derecho, en cuanto a la visión y otros aspectos de nuestra interpretación del mundo que nos rodea, es el departamento creativo del cerebro, es un experto en cuanto a captar el panorama general y los patrones globales. El hemisferio izquierdo es el departamento de contabilidad del cerebro, se concentra minuciosamente en los detalles. De modo que cuando se daña la corteza visual izquierda, se daña la capacidad para percibir detalles y concentrarse en ellos; mientras que cuando se daña el hemisferio derecho, se limita la capacidad de integrar esos detalles como un todo global.

El hemisferio derecho corresponde al campo visual izquierdo (es decir, todo lo que está a la izquierda del punto en que concentres tu vista), y el hemisferio izquierdo al campo visual derecho. De modo que en teoría, deberías ver mejor los detalles de los objetos en tu campo visual derecho, y percibir patrones en tu campo visual izquierdo. Pero rara vez llegas a notar la diferencia, ante todo porque, dicho con sencillez, miras lo que estás mirando; las cosas en que te concentras cruzan el centro de tu campo visual y se extienden tanto al campo izquierdo como al derecho. Además, la comunicación a través de ambas mitades del cerebro es tan automática e instantánea que la inclinación a la especialización se neutraliza en gran medida.

Sin embargo, las cosas son diferentes para quienes tienen una separación en el *corpus callosum*: el conjunto de fibras que conecta el hemisferio derecho con el izquierdo. (En ocasiones, a los pacientes epilépticos se les separa deliberadamente el *corpus callosum* en una operación diseñada para controlar sus ataques). Estas personas *sólo* pueden percibir los detalles en su campo visual derecho, y sólo patrones globales en su campo izquierdo. De modo que si, por ejemplo, la imagen del diseño de un mosaico se pasa del lado izquierdo de su campo visual al lado derecho, ocurre un cambio dramático a la mitad del camino: lo que empezó como un patrón se convierte en una diversidad de losetas al azar que carecen de patrón.

¿V o L? El lado derecho del cerebro te muestra las letras grandes, el lado izquierdo te muestra las pequeñas; pero no al mismo tiempo.

Tus campos visuales superior e inferior también son especializados

Por mucho tiempo, los psicólogos han estado interesados en un fenómeno conocido como "*contornos ilusorios*", en el que la mente humana proyecta un límite a una imagen donde en realidad no lo hay. Este tipo de proyección ilustra dramáticamente que lo que vemos en el mundo que nos rodea no es una imagen objetiva del mundo "externo" sino más bien una organización subconsciente y automática de estímulos visuales que los transforma en imágenes creadas.

Por alguna razón, el campo visual *inferior* percibe mejor los contornos ilusorios que el campo visual superior; a pesar del hecho de que ninguno de ellos percibe mejor las imágenes *en general*. Sólo se puede especular sobre las razones de la especialización del campo visual inferior para una destreza tan limitada. Quizá se relaciona con el tipo de percepción visual que, en nuestro pasado evolutivo, era especialmente útil para objetos que estaban en el suelo, a diferencia de objetos que estaban sobre el nivel visual de los ojos.

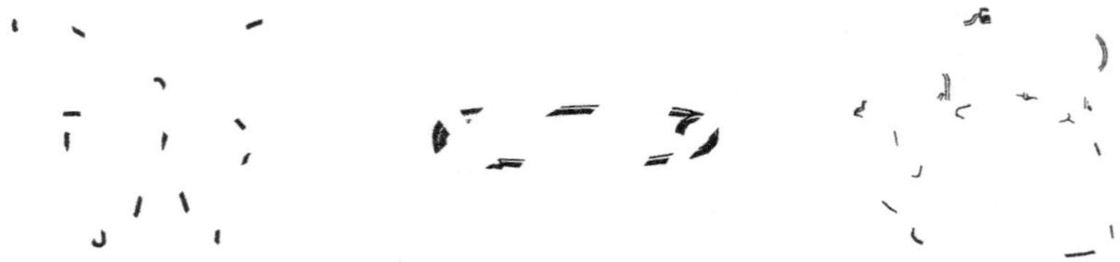

AUTOEVALUACIÓN: Aquí hay "pez" encerrado

Giuseppi Arcimboldo (italiano, 1537-93) pintó retratos utilizando combinaciones de objetos de la naturaleza, como el que se muestra a continuación que está formado con imágenes de la vida marina. Si se destruyeran las células nerviosas que conectan las mitades derecha e izquierda de tu cerebro, sólo verías animales marinos, no la imagen de un hombre, cuando esta imagen se colocara a tu derecha mientras estuvieras mirando directamente al frente. El lóbulo izquierdo procesa lo que se ve en el campo de visión derecho y viceversa. El lóbulo izquierdo se encarga de los detalles, mientras que el derecho percibe la imagen global.

EJERCICIO: Formas en el espacio

Lo que vemos está gobernado en parte por lo que esperamos de acuerdo a nuestras experiencias del pasado. Ciertos estudios realizados en monos, aislaron las áreas específicas del cerebro que responden sólo al alimento (a plátanos amarillos pero no a una flor amarilla, por ejemplo); otra área responde a objetos que se han visto antes, pero no a objetos nuevos (un globo rojo grande pero no a un globo azul pequeño); y otra área reconoce rostros diferentes. El cerebro puede percibir sólo una interpretación de una forma a la vez. Nuestra experiencia podría hacer que esperáramos que el "fondo" sea menos importante que lo que vemos como la "forma" en "primer plano". Tratamos de interpretar las formas con objetos similares ("si tiene el aspecto de una llave de tuercas, es una llave de tuercas") y tal vez cometamos un gran error. Las imágenes de esta página demuestran algunos de estos trucos de la mente.

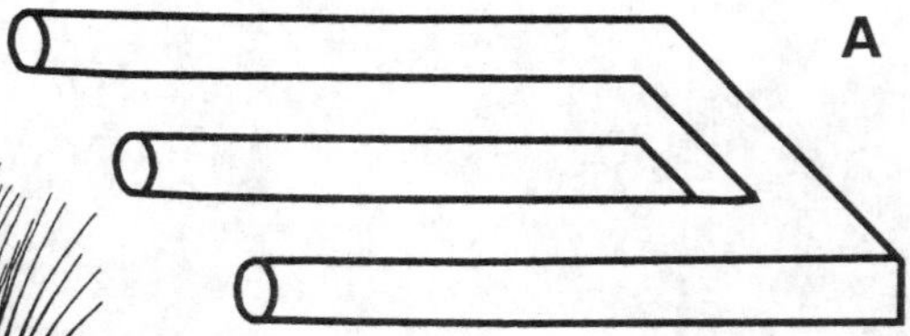

A

B

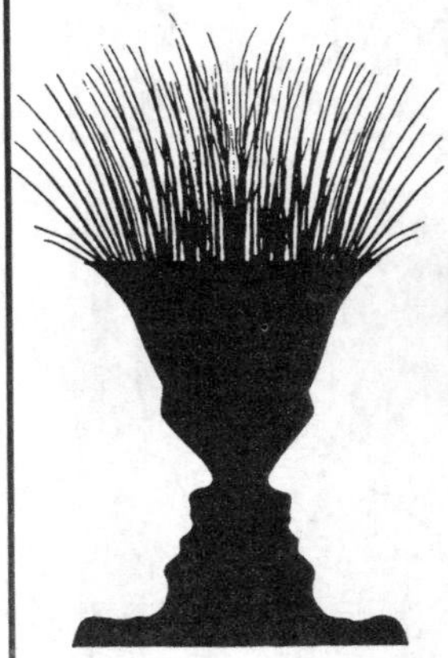

C

¿Cómo están tus destrezas de "composición" del lado derecho del cerebro? ¿Ya identificaste estos tres objetos familiares a partir de los dos conjuntos de dibujos interrumpidos en las dos páginas anteriores?

El reconocimiento facial depende de los procesos visuales-espaciales que lleva a cabo el lado derecho del cerebro; pero eso no es todo

Todos hemos tenido la experiencia de recordar un rostro sin recordar el nombre de esa persona. Cuando nos encontramos en la situación ligeramente embarazosa de olvidar el nombre de alguien que nos saluda por nuestro nombre, podemos recurrir a la excusa de que somos buenos para memorizar caras, pero no nombres. El reconocimiento facial se basa en una capacidad visual-espacial del lado derecho del cerebro que se desarrolla durante los primeros diez años de nuestra vida, pero que de alguna manera nos permite memorizar los rostros incluso mejor de lo que podemos memorizar otras imágenes visuales comparables. Es un gran don que en ocasiones damos por sentado.

Los seres humanos tenemos una capacidad prodigiosa para almacenar otros rostros humanos en nuestra memoria a largo plazo, y tener acceso a esas imágenes almacenadas años más tarde. En un estudio, se pidió a los sujetos que identificaran a un compañero de la preparatoria entre cinco fotografías tomadas de anuarios escolares de ese mismo periodo. Los índices de reconocimiento fueron del 90%, sin importar cuánto tiempo había pasado desde la graduación (de 3 meses a 35 años) y sin importar el tamaño del grupo (de 90 a 800). En otras palabras, a lo largo de los tres o cuatro años de preparatoria, es igual de fácil memorizar 800 rostros que 90, y es igual de fácil recordarlos a lo largo de 35 años que a lo largo de 3 meses. Todo esto se hace inconscientemente en gran medida, sin un esfuerzo deliberado ni trucos nemotécnicos.

El reconocimiento de rostros debe ser tan flexible que podamos identificar un rostro desde diferentes ángulos, y sin importar los cambios en el estilo de arreglarse el cabello, la expresión, la edad y el aumento o pérdida de peso. Una lesión en el lado derecho del cerebro podría tener como resultado una pérdida total o parcial de la capacidad para reconocer rostros bajo condiciones cambiantes como la luz, accesorios como gafas o aretes, o el ángulo de visión. Como se puede considerar que los rostros son patrones visuales, y como el hemisferio derecho es la ubicación general de las destrezas visuales-espaciales, es lógico que el reconocimiento facial dependa del hemisferio derecho. Pero hay algo más.

Ciertos tipos de cambios dificultan más el reconocer una cara

Si pones de cabeza la fotografía de un rostro que te es familiar, es mucho más difícil reconocerlo. Tal vez pienses que es sólo porque la representación invertida es muy diferente a la manera en que almacenaste la imagen visual en tu mente. Pero es casi tan fácil reconocer otras imágenes visuales, como dibujos sencillos, trajes, objetos inanimados, ya sea que están al revés o al derecho. Pero eso no es todo. Si tratas de memorizar rostros nuevos que se te presenten de cabeza, tu desempeño sería, en promedio, 30% peor que si los rostros se presentaran al derecho. En otras palabras, aunque posteriormente se te muestre el mismo rostro invertido entre otros rostros invertidos, ni por asomo tendrás la misma capacidad visual para reconocer el que se te había presentado antes. Por tanto, la capacidad que estamos utilizando para registrar, memorizar y recuperar imágenes faciales, es más específica que la capacidad equivalente que se aplica a otro tipo de objetos, o incluso podría tener una forma diferente.

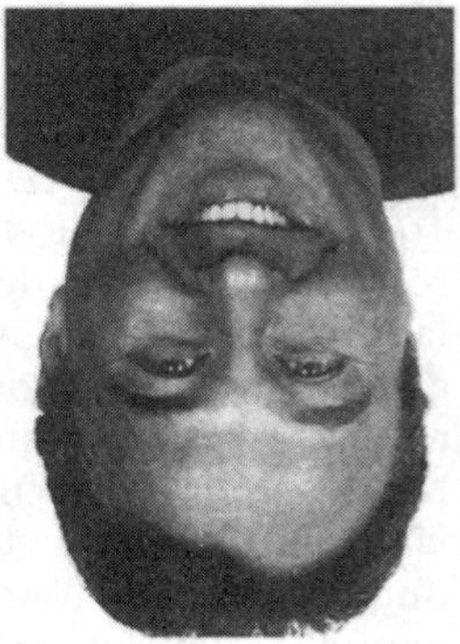

Al memorizar y reconocer rostros invertidos, los adultos se ven obligados a recurrir a una estrategia de procesamiento que aborda la imagen por fragmentos, que es la que utilizan los niños para analizar los rostros no invertidos. Eso significa que nos concentramos sólo en componentes específicos, no en su configuración espacial, y nuestro desempeño en tests de reconocimiento facial es deficiente.

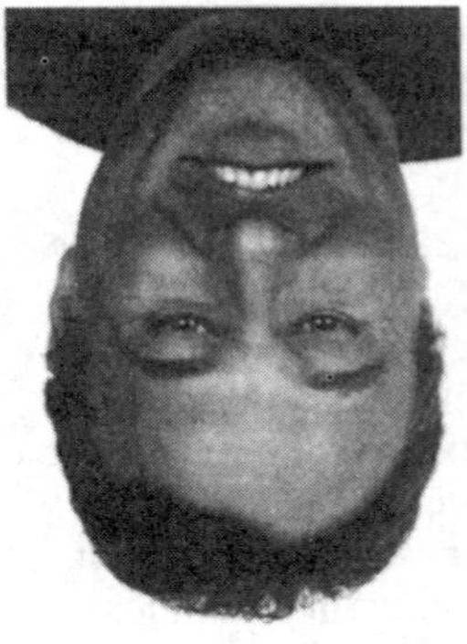

¿Notas algo poco usual en esta cara? Mírala durante unos segundos y luego inviértela. Cuando se trata de rostros invertidos, procesamos sus componentes individuales, pero no somos muy eficientes para notar distorsiones en la orientación de los rasgos específicos.

Los niños se basan en estrategias diferentes para memorizar y reconocer caras

Las caras son imágenes visuales complejas, y en teoría podríamos basarnos en una (o ambas) de dos clases distintas de información: información en fragmentos sobre los componentes o facciones individuales (cejas, un lunar, etc.), o información sobre la configuración de las relaciones espaciales entre los componentes del patrón general del rostro. En general, podríamos recurrir a una u otra de estas estrategias al procesar formas visuales. Al parecer, los adultos se basan en ambas estrategias cuando memorizan caras, pero parece que la estrategia que se basa en relaciones y configuraciones es de especial importancia. Los niños de menos de 10 años, por otra parte, parecen basarse ante todo en la estrategia de los componentes. La evidencia de esto proviene de experimentos que muestran que los niños de 6 años no memorizan mejor rostros al derecho de lo que procesan los rostros al revés. La destreza de los niños de 8 años está entre la de los de niños de 6 años y los adultos.

En ambas tareas, los niños recurren ante todo a información sobre facciones específicas más que recurrir a la configuración global. Los adultos se desempeñan mejor con rostros al derecho. Por ejemplo, podemos reconocer de inmediato entre dos rostros casi idénticos presentados al derecho si uno de ellos tiene cierto tipo de distorsión en las facciones individuales. Las distorsiones espaciales son difíciles de percibir en rostros invertidos, así que recurrimos al examen de facciones individuales únicamente.

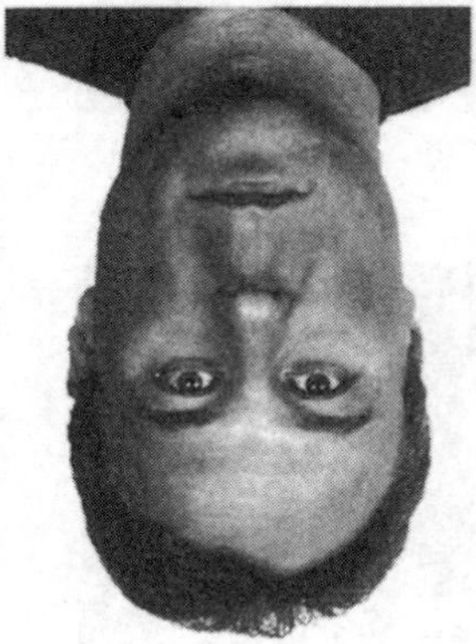

¿Notas algo raro en esta cara? Dedica unos segundos a mirarla, luego pon el libro de cabeza. Somos *mucho* más eficientes y rápidos para reconocer algo desproporcionado en cuanto a lo espacial en caras no invertidas que en caras invertidas. Lo que se ve grotesco no invertido, se ve relativamente normal invertido.

Por tanto, la diferencia entre los niños de 6 años y los adultos no es que los niños sean mejores al procesar rostros invertidos, sino que son peores al procesar rostros no invertidos. (Además, a los niños se les desconcierta con más facilidad con las expresiones faciales o con accesorios como gafas o arete. Por ejemplo, podrían identificar dos rostros diferentes como el mismo si ambos están sonriendo. Para cuando llegan a los 10 años, los niños han desarrollado la capacidad espacial y de configuración para distinguir, identificar y memorizar rostros como lo hacen los adultos.

EJERCICIO: Rostros invertidos

¿Reconoces estos rostros famosos?

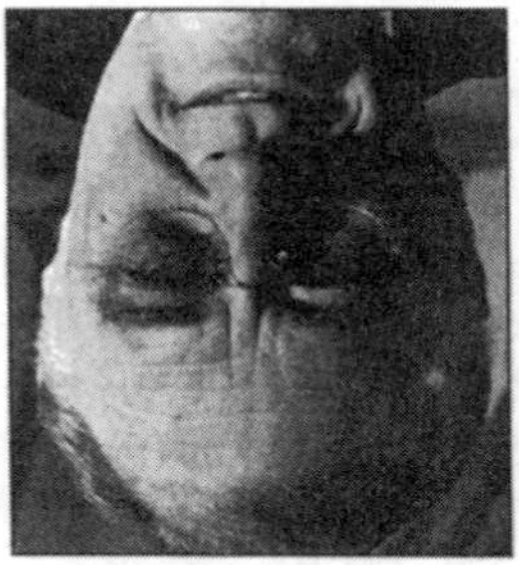

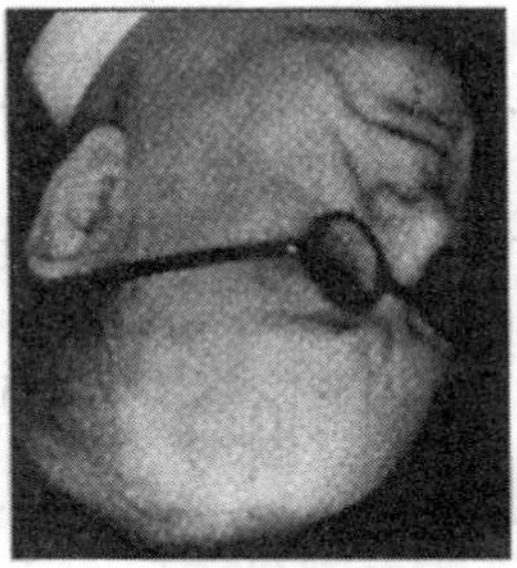

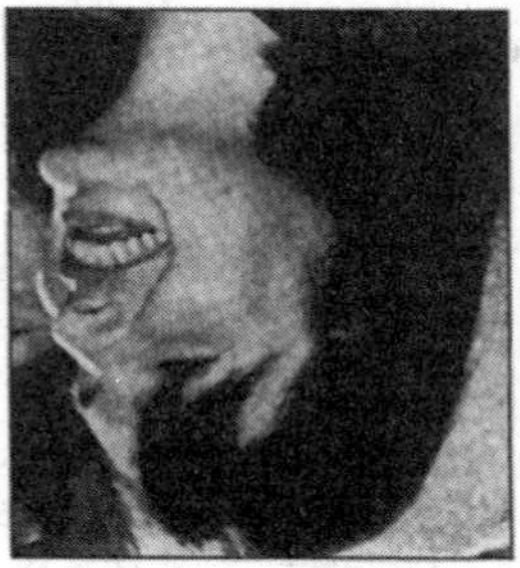

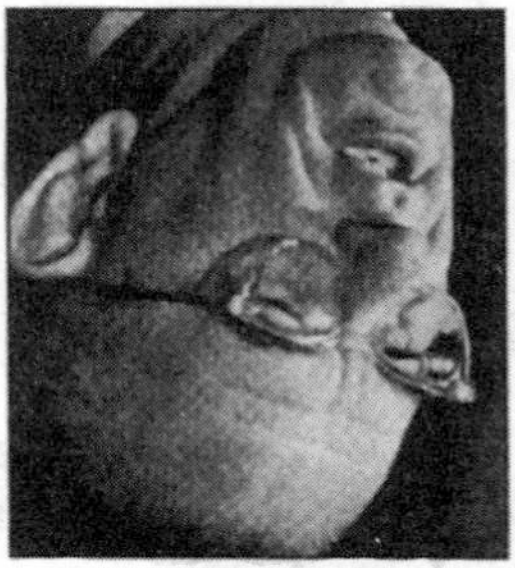

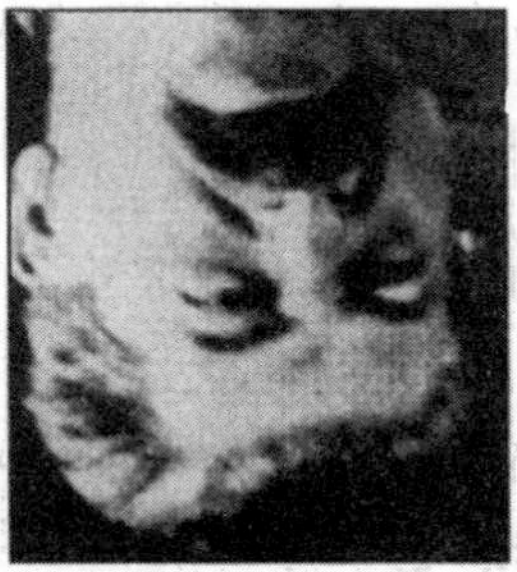

Pista: Cuatro de los cinco personajes tuvieron un papel crucial en sucesos políticos importantes en el siglo XX, que se relacionaron con muertes sin sentido.

EJERCICIO: Desafíos visuales

El cerebro recurre a la experiencia para reconocer objetos. Cuando lo único visible es el acercamiento de un detalle, y la forma de todo el objeto no se puede ver, es difícil identificar incluso objetos familiares. Las indicaciones podrían ayudar.

Alerta para ratones

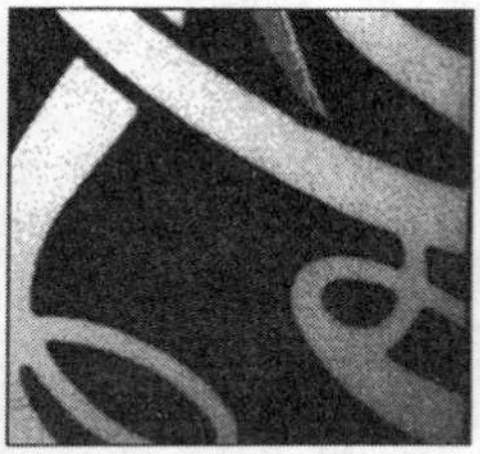
Empaque clásico

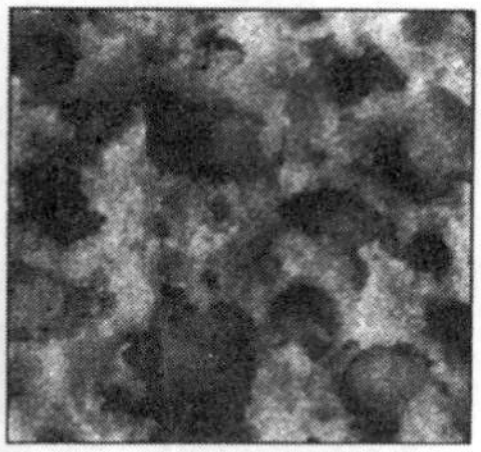
Desayuno

Follaje fresco

Un acercamiento

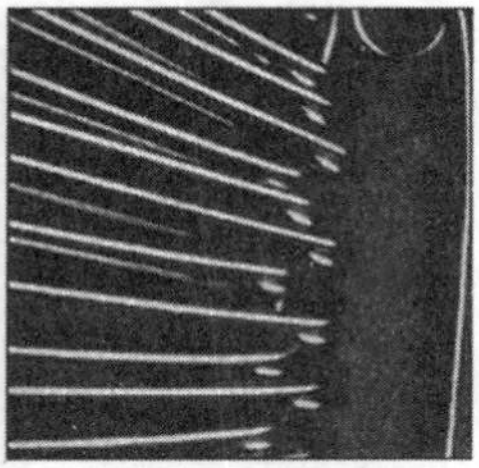
Sujetan todo

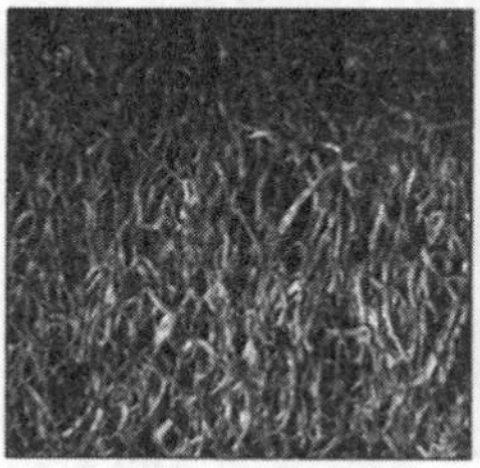
Olas ámbar

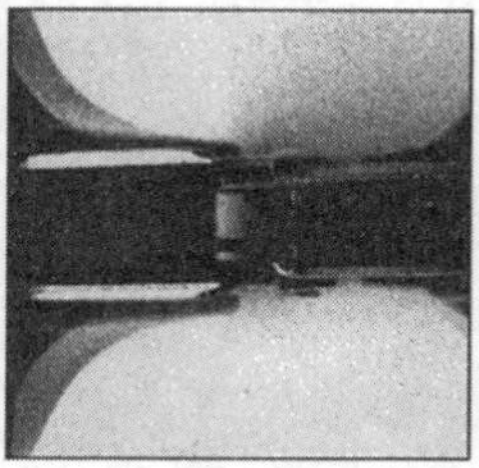
Esto quita...

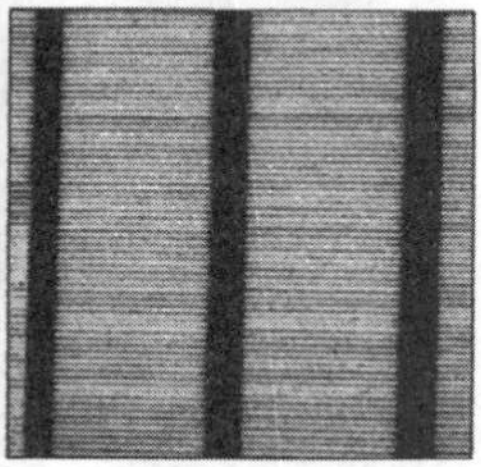
... esto

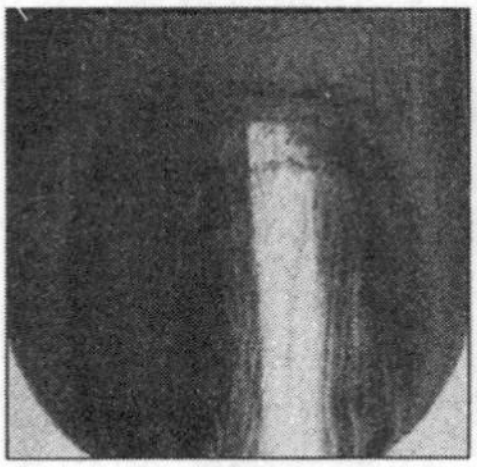
Un punto

Esclavitud y ataduras

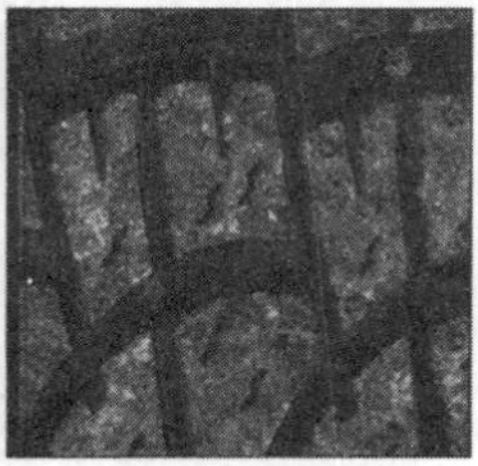
De camino

AUTOEVALUACIÓN: De cara a la naturaleza

Un artista de Milán que diseñó vitrales, llamado Giuseppi Arcimboldo, fue pintor en la corte de la dinastía de reyes Hasburgo en el siglo XVI. En ocasiones creaba imágenes de tendencia surrealista utilizando combinaciones de objetos familiares. Al cerebro le es más fácil reconocer el patrón global de un rostro cuando el rostro está al derecho. ¿Qué crees que verás cuando pongas esta fotografía de cabeza?

Un gen para la capacidad visual-espacial

Los avances en técnicas para trabajar con mapas de cromosomas han hecho posible identificar al gen responsable de las tareas relacionadas con la construcción de patrones. Por ejemplo, construir un modelo o formar un diseño con bloques de diferentes colores. Este descubrimiento representa lo que se dice es la primera identificación de un gen involucrado en actividades cognoscitivas.

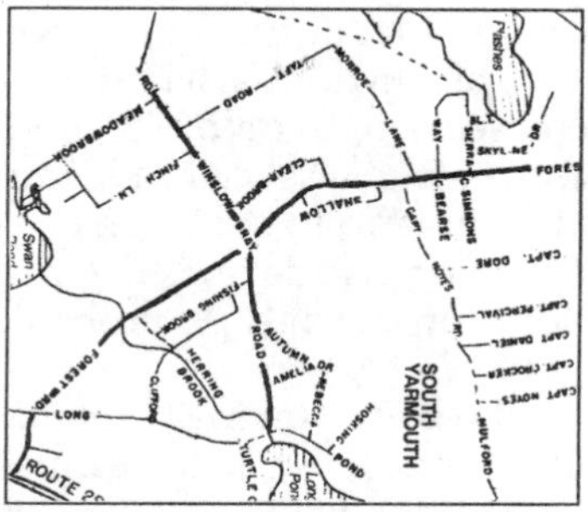

Dependiendo de la carencia o deficiencia del gen "patrón" (LIM-kinasel, LIMK1) y del gen adyacente, la elastina, una persona afectada puede tener diversos grados de anomalías físicas y cognoscitivas, o incluso una manifestación total del síndrome de Williams, un trastorno que incluye enfermedades vasculares, rasgos faciales parecidos a los de un duende y retraso mental, pero (por alguna razón aún desconocida) una gran capacidad en el campo de la memoria y el lenguaje.

Las personas que tienen una carencia limitada de LIMK1 pueden tener un coeficiente intelectual general más o menos normal, y serán capaces de manejar adecuadamente las exigencias habituales de la vida cotidiana. No obstante, incluso ellos tendrán gran dificultad para resolver los ejercicios más sencillos que requieran representaciones visuales y espaciales, así que enfrentan su problema y pasan por la vida evitando cualquier tarea que incluya imágenes o ese tipo de razonamiento. Por tanto, dibujar un mapa del vecindario sería una tarea tan ardua para ellos como sería para nosotros, que

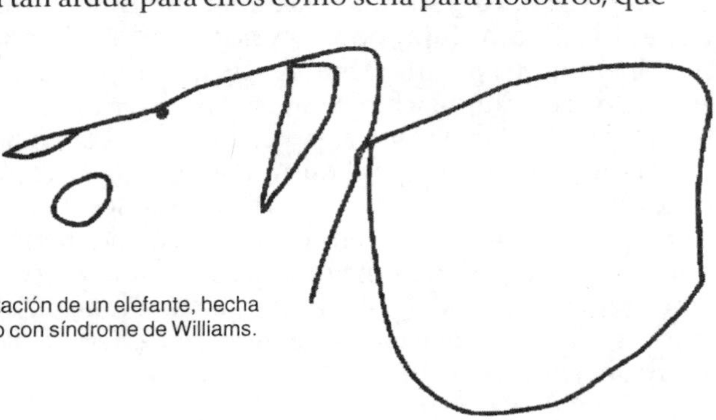

Representación de un elefante, hecha por un niño con síndrome de Williams.

tenemos ese gen al máximo de su expresión, el desmantelar y volver a armar una videocasetera.

¿Puede el complejo comportamiento humano brotar realmente de un solo gen?

Los medios están especulando que el descubrimiento de otros genes responsables de funciones cognoscitivas de alto nivel, como la espacial, puede estar a la vuelta de la esquina. Un "gen especial" representa algo como el Santo Grial para algunos neurolingüistas o antropólogos especializados en la evolución, que han llegado a decir que el desarrollo de un gen de ese tipo podría ser responsable del rápido ascenso de nuestra especie como raza dominante en nuestra evolución reciente. ¿Es probable que pronto se descubra un gen de ese tipo?

Tal vez no. Aunque la facultad espacial humana de hecho tiene una base genética, incluye muchos tipos diferentes de habilidades distribuidos en una extensa región del hemisferio izquierdo. Por tanto, muchos genes diferentes deben ser responsables de las diferentes facetas de esta habilidad. Consideremos también que aunque se acepta que existe (al menos, por lo que podemos ver) una clara diferencia cualitativa entre la función espacial humana y los sistemas de comunicación de otros animales, no es posible trazar una línea tan definida como quisiéramos entre lo que hacemos nosotros y lo que hacen otros animales. Como es bien sabido, los chimpancés y los gorilas pueden aprender a reconocer y a manipular símbolos arbitrarios para recibir y mandar información. Aunque la gente puede discutir si lo que hacen es en realidad "espacial", el punto es discutible: sin importar qué nombre se le dé a ese comportamiento, es obvio que es un requisito para lo que llamamos "espacial" en los seres humanos.

Un solo defecto genético puede interrumpir una capacidad compleja, pero un solo gen no la explica

Imaginemos qué pasaría si hubiera un gen responsable, a nivel crucial, de la manipulación de símbolos; digamos, un gen responsable de la capacidad de asociar cierta forma (ya sea visual o auditiva) con cierto significado con el que no necesariamente tiene una conexión inherente. Este gen sería responsable precisamente de ciertos tipos de asociación arbitraria que consideramos se encuentran en el corazón de la función espacial, como la asociación entre el concepto "árbol" y la palabra *árbol* en una función espacial, y con la palabra *arbre* o *baum* en otra. Si este gen se dañara o estuviera mal formado, entonces la función espacial como la conocemos, sería imposible. ¿Sería entonces ese gen el "gen espacial"? No. Como el neurolingüista Steven Pinker escribe: "Un solo gen podría distorsionar la gramática, pero eso no significa que un solo gen controla la gramática".

Esta misma objeción se aplica a la identificación del gen "espacial" del que hablamos antes. Cuando el gen está defectuoso o no está presente, la capacidad espacial resulta severamente dañada. ¿Significa esto que un solo gen es responsable del razonamiento espacial? No. Por una parte, aunque quienes tienen un LIMK1 imperfecto nunca llegarán a ser ingenieros, muchas capacidades orientadas a lo espacial están intactas; de no ser así, la persona ni siquiera podría caminar o comer con un tenedor. Además, el hecho de que un gen LIMK1 imperfecto trastorne la capacidad espacial en cierto grado, no significa que sólo ese gen sea responsable de las capacidades específicas que afecta. En este punto es adecuado citar la analogía de Pinker sobre la posibilidad de un "gen espacial": "Si se quita el cable del distribuidor se impide que un coche avance, pero eso no significa que lo que controla al coche sea un cable del distribuidor".

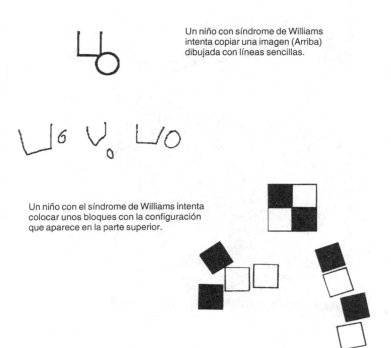

Un niño con síndrome de Williams intenta copiar una imagen (Arriba) dibujada con líneas sencillas.

Un niño con el síndrome de Williams intenta colocar unos bloques con la configuración que aparece en la parte superior.

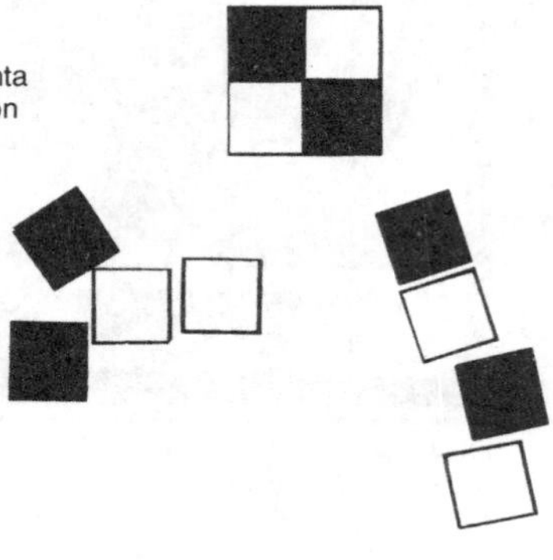

EJERCICIO: Rompecabezas

Este ejercicio utiliza destrezas visuales de las que carecen las personas con el síndrome de Williams. Los nueve diseños que están en la parte superior y al lado derecho corresponden a partes de la imagen de este jarrón antiguo. La rejilla que cubre la imagen, con letras al lado izquierdo y números en la parte superior, te permite identificar qué diseño corresponde a qué sección de la rejilla. Tal vez sea necesario girar los diseños para que concuerden. Escribe tu respuesta en el cuadro en blanco que está junto a cada diseño.

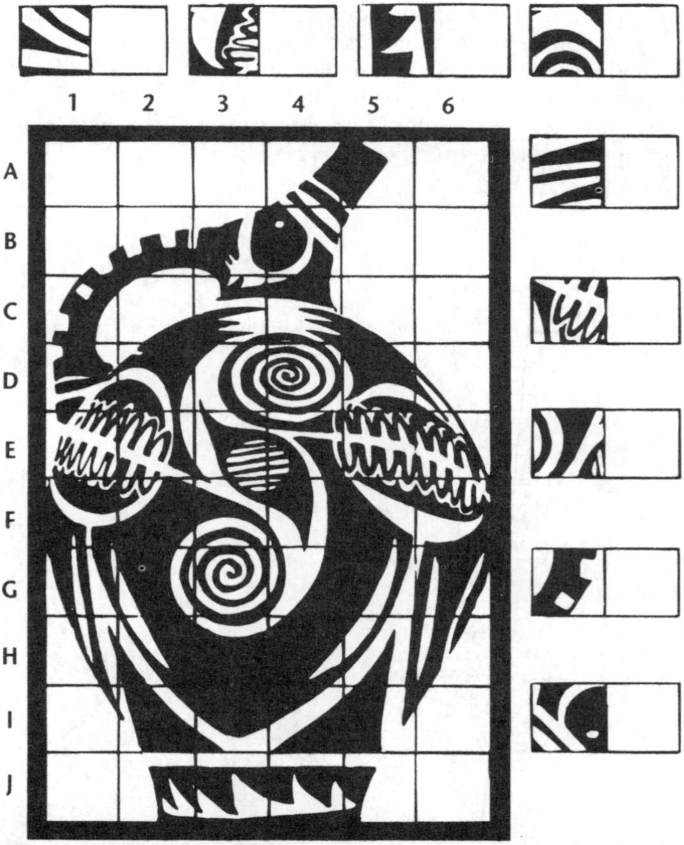

Pista: Por ejemplo, el primer diseño de la hilera superior, a la izquierda, corresponde con el cuadro 5-H en la rejilla, hay que girarlo 90 grados en el sentido contrario a las manecillas del reloj.

La nicotina mejora la memoria espacial, el aprendizaje y la capacidad de procesar información. Algunos estudios también indican que reduce los déficits de memoria relacionados con el envejecimiento y el Alzheimer

Shakespeare escribió que "existe un toque de bondad en las cosas malas, si los hombres la destilan mediante la observación". La concisa sabiduría del poeta parece especialmente relevante a los estudios recientes que muestran que la nicotina, el compuesto psicoactivo del tabaco, tiene una amplia gama de beneficios potenciales para el aprendizaje y la memoria, e incluso podría ayudar a impedir males como el Alzheimer y el Parkinson. Esto ha propiciado esfuerzos para sintetizar compuestos similares a la nicotina que tienen todas sus ventajas para el cerebro, sin ninguno de sus efectos secundarios negativos.

El fumar cigarrillos es inmensamente destructivo, a pesar de lo que quisieran hacerte creer las empresas tabacaleras; es responsable de millones de muertes cada año por cáncer, enfermedades cardiacas, embolias y otras enfermedades. Al mismo tiempo, hace mucho se sabe que el tabaco tiene al menos dos efectos valiosos sobre la mente: uno, induce una sensación de bienestar, y dos, al menos parece expandir la memoria y el estado de alerta. Estos efectos y sus fundamentos neurológicos ya han sido confirmados en una serie de experimentos en animales y en seres humanos.

La nicotina: ¿Una nueva droga inteligente?

La nicotina afecta al cerebro ligándose a los receptores que estimulan la liberación de gran cantidad de neurotransmisores, incluyendo a la dopamina y la acetilcolina, facilitando así la transmisión de señales entre las células del cerebro. Evidencia reciente indica que un lugar que tiene una densidad especialmente alta de receptores de nicotina es el hipocampo, una parte del cerebro que tiene un papel crucial en el aprendizaje y la memoria.

En experimentos con ratas, se ha demostrado que la nicotina agudiza la curva del aprendizaje en ejercicios para encontrar la salida de un laberinto y que mejora la memoria; en algunos casos, hasta cuatro semanas después de administrarla. En pruebas hechas en seres humanos, la nicotina mejora la rapidez para procesar información. También mejora la memoria a corto plazo y el tiempo de reacción en pacientes de Alzheimer.

Los receptores corticales de nicotina que al parecer están involucrados en estas tareas cognoscitivas, son precisamente los que reducen la concentración en pacientes con Alzheimer, y se ha demostrado que los bloqueos de las neuronas que producen o responden a la acetilcolina, inducidos con drogas a nivel experimental, son similares a los efectos de la enfermedad en sujetos jóvenes y saludables que se han sometido a esta prueba. Incluso hay ciertas indicaciones de que la nicotina no sólo podría intensificar la transmisión entre las células nerviosas que participan en la formación de la memoria, sino que puede contrarrestar la formación de las placas tóxicas que son responsables del desarrollo del Alzheimer.

La fuente de la fascinación hedonista del cigarrillo

La nicotina también interactúa con la dopamina —el neurotransmisor "hedonista"— y con los receptores de dopamina. De hecho, al parecer existe una región precisa en cerebro anterior que se activa con la nicotina, la cocaína, las anfetaminas y la morfina. Para que esto no cause perplejidad ante la perversidad de la naturaleza, entendamos que no se trata de que hayamos desarrollado estos receptores específicamente para convertirnos en una especie de drogadictos; lo que pasa es que los compuestos que hay en estas drogas, simplemente imitan la estructura química de compuestos que se producen en el cerebro de forma natural. El cerebro relaciona cualquier cosa que estimule la transmisión de dopamina con una recompensa poderosa y placentera, y el cerebro querrá regresar a ese estímulo una y otra vez; de ahí, la fuerte naturaleza psicológicamente adictiva de estas drogas.

Por qué los fumadores tienen 50% menos probabilidades de padecer Parkinson

En vista de que la nicotina estimula la liberación de dopamina, parece tener el potencial de reducir el riesgo de llegar a tener el mal de Parkinson, y de reducir la severidad de este mal en quienes ya lo tienen. El Parkinson es una enfermedad degenerativa del cerebro que mata las células cerebrales que producen la dopamina. Esto no sólo tiene como resultado un comportamiento hosco y estoico, sino una pérdida de control del cuerpo, temblores y finalmente, una completa inmovilización.

Muchos de los avances en el floreciente campo de la investigación sobre los neurotransmisores provienen de mejorar el carácter específico de las drogas que interactúan con los neurotransmisores o los receptores a los que están ligados. Las drogas que tienen un efecto amplio e impreciso reciben el calificativo de "sucias", mientras que las versiones más específicas están relativamente "limpias". Ahora que se han comprobado los beneficios potenciales de la nicotina, se asignarán gran cantidad de fondos para investigaciones para sintetizar compuestos similares a la nicotina que afectan sólo a los receptores afectados por un mal específico. Entre otras cosas, esto significará que la estructura química de sustancias similares a la nicotina se pulirá minuciosamente de modo que interactúe específicamente con las células cerebrales que se requiere, y no que también actúe en formas no deseadas en el sistema nervioso central.

EJERCICIO: una broma aburrida

Sir Rodney Koala estaba arreglando sus libros en el librero cuando descubrió una polilla en su ejemplar de dos tomos de la novela La guerra y la paz. *"No estás pensando en almorzarte mi querida novela de Tolstoi, ¿verdad?", preguntó Rodney.*

"Tosltoi o Chostoy", respondió la polilla con un aire despectivo, "a mí me da lo mismo. Lo único que sé..." continuó contemplando la novela con ojos hambrientos— "es que si todos tus autores tuvieran el problema que éste tiene, es decir, no saber cuándo callarse, tendría yo almuerzos para toda una vida, lo mismo que mi esposa y mis hijos".

Sir Rodney, que era el tipo de persona que prefiere el poder de la mente a la de los puños, decidió negociar.

"Muy bien, hagamos un trato. Tú debes comer para vivir. Pero de la misma forma, yo tengo que vivir para leer, y esa edición de Tolstoi es la posesión más preciada de toda mi colección, aunque la pasta esté tan desgastada. Éste es el trato: Cada tomo de La guerra y la paz *tiene 550 páginas. Si permito que te comas desde la primera página del primer tomo hasta la última del segundo, ¿me prometes dejar en paz al resto de mis libros?"*

La polilla soltó una risita ahogada llena de placer. "¡Que me coma desde la primera página del primer tomo hasta la última página del segundo! ¿Estás loco? Paso a través de unas diez páginas diarias. Yo no soy matemático, pero a ese ritmo estaré borracho durante más semanas de las que puedo contar". La polilla meneó la cabeza en una actitud de falsa piedad. "Sabes oso, tal vez leas mucho, pero ciertamente no tienes mucha sabiduría práctica. Es un trato".

¿Cuánto tiempo le llevaría a la polilla comerse el número de páginas que se acordaron en el trato?

Pista: La respuesta es clara de inmediato, cuando visualizas los tomos como estarían colocados en el librero

EJERCICIO: Una paradoja geométrica

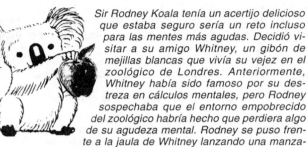

Sir Rodney Koala tenía un acertijo delicioso que estaba seguro sería un reto incluso para las mentes más agudas. Decidió visitar a su amigo Whitney, un gibón de mejillas blancas que vivía su vejez en el zoológico de Londres. Anteriormente, Whitney había sido famoso por su destreza en cálculos mentales, pero Rodney sospechaba que el entorno empobrecido del zoológico habría hecho que perdiera algo de su agudeza mental. Rodney se puso frente a la jaula de Whitney lanzando una manzana al aire y atrapándola.

"Mira esta manzana, Whitney".

"Ya la vi, Rodney, y se ve que es una manzana muy sabrosa. ¿Me la puedo comer?"

"Todavía no. Primero tienes que responder a una pregunta". Rodney sacó de su bolsillo una bola de estambre y tomó sólo lo suficiente para rodear la manzana.

"Si le pones un estambre alrededor, necesitas 25 centímetros para rodearla por completo".

"Entonces esa es la circunferencia de la manzana: 25 centímetros. ¿Puedo comérmela ahora?"

"Está bien", dijo Rodney. "Pero todavía no te la puedes comer. Si agrego un metro de estambre a los 25 centímetros, más o menos así, puedes ver que hay una gran distancia entre la manzana y el estambre".

"Creo que rodea la manzana como tu cinturón rodearía tu cintura; muy holgadamente, como la moral de la nobleza de Inglaterra".

"Muy bien, pero se supone que debemos llevar a cabo la tarea que tenemos; no nos pongamos personales. Bien, como acordamos, hay una gran distancia entre la manzana y el estambre cuando agregamos un metro de estambre a lo que se necesita para rodear la manzana".

"Cuando agregamos un metro a la circunferencia de la manzana, e imaginamos que forma un círculo alrededor de la manzana".

"Sí, exactamente".

"No sólo hay una gran distancia", añadió Whitney con aire de desprecio, "como dices con toda precisión, pero yo puedo decirte exactamente cuánta distancia es".

"¿Ah, sí? Bueno, dímelo".

(continúa en la siguiente página)

"Cualquier tonto sabe que la circunferencia de un círculo es 2 multiplicado por pi, multiplicado por el radio del círculo. En este caso, la circunferencia del círculo que forma el estambre es de 125 centímetros. Por tanto, el radio de ese círculo: la distancia entre el estambre y el corazón de la manzana, es 125 dividido entre pi dos veces. Digamos que pi equivale a 3.14. Esto nos da 125 dividido entre 6.28, que es..." lo calculó rápidamente en su cabeza... "más o menos 20 centímetros. Ahora, para encontrar la distancia entre el estambre y la piel de la manzana, simplemente restamos el radio de la manzana del radio del estambre. Repitiendo el mismo procedimiento para una manzana cuya circunferencia es 25 centímetros, tenemos..." hizo una pausa... "un radio de unos 4 centímetros en la manzana en sí, 20 menos 4 es 16, *ergo*, la distancia entre la manzana y el estambre es de aproximadamente 16 centímetros. ¿Puedo comerme la manzana ahora?"

"Muy bien. Veo que no has perdido tu agudeza mental. Pero no, todavía no te la puedes comer. Ahora, aquí está la verdadera pregunta: Imagina que en lugar de la manzana, tuviéramos un globo muy grande".

"¿Un globo como la tierra?"

"Perfecto", continuó Rodney. "Imaginemos, como sugieres, que en lugar de la manzana tenemos este globo sobre el que estamos parados. Imaginemos también que amarramos un estambre alrededor de toda la tierra.

"¿Un trozo de estambre alrededor de toda la tierra? ¡Eso no sería posible! Un trozo de frágil estambre seguramente se rompería en algún lugar, y entonces tendríamos que empezar de nuevo. Utilicemos una cuerda muy resistente".

"Bueno, está bien. Amarramos una cuerda resistente alrededor de la circunferencia de toda la tierra. Ahora imaginemos que hacemos lo que hicimos antes. Agreguemos un metro a la longitud de la cuerda. La pregunta, entonces, es ésta: ¿Después de agregar el metro adicional, ¿qué tan lejos de la tierra estaría la cuerda?"

"¿Quieres decir, ¿que tan holgada estaría?"

"Sí, exactamente".

"Mi estimado Sir Rodney, me desilusionas".

"¿Te desilusiono? ¿Cómo?"

"Te estás repitiendo, y estás perdiendo tu tiempo y el mío".

(continúa en la siguiente página)

"¿Me estoy repitiendo?"

"Sí, y deja de repetir como un eco todo lo que digo. Ya respondí a tu trivial pregunta: el cordón estaría a 16 centímetros desde la superficie de la tierra".

El mono ardilla que estaba en la jaula de junto ya no se pudo contener. "¡Eres un tonto!" –gritó– "¡la verdad es que perdiste! Cualquiera puede ver que un metro más o un metro menos no representaría ninguna diferencia en un cordón que rodeara toda la tierra! Dieciséis centímetros, ¡por favor! Ese cordón difícilmente tendría espacio para que pasara un microbio por debajo, lo que, a juzgar por tu respuesta, sería más o menos del mismo tamaño que tu cerebro. ¡Ahora, quiero mi manzana!"

Whitney miró largamente al mono ardilla. "Eso, mi nervioso amiguito, confirma la existencia de los varios peldaños que nos separan en la escala evolutiva. La manzana siempre es para el primate que llega más alto". Extendió su mano hacia Rodney. "¿Ya puedes darme la manzana?"

¿Le dio Sir Rodney la manzana a Whitney o al mono ardilla?

Pista: En realidad, Whitney no necesitaba el paso de restar el radio de la manzana del radio del círculo formado por el cordón que rodeaba la manzana. Si simplemente hubiera calculado el radio de un círculo con una circunferencia de un metro, eso le habría dado la respuesta correcta, que es aproximadamente 16 centímetros. Se podría suponer que llevó a Sir Rodney por ese paso adicional sólo con el afán de ser claro.

"Visión ciega", un hallazgo sorprendente, y otras curiosidades: el enigma de la conciencia

Nadie negaría que las ciencias cognoscitivas, como una colectividad, han dado pasos importantes en la comprensión de los apuntalamientos materiales de muchos aspectos de nuestra experiencia de la vida y del mundo que nos rodea: la visión, la memoria, lo espacial, el miedo, e incluso el amor. Pero la pregunta más significativa sigue siendo elusiva: ¿Qué es lo que lo mantiene todo unido? ¿Qué es lo que explica nuestra capacidad para hacer estas preguntas? En otras palabras, ¿dónde se ubica la capacidad consciente?

Muchos tipos de lesiones cerebrales pueden trastornar cierto aspecto de la conciencia, pero ninguna ubicación se utiliza como la sede de la conciencia en sí. En pacientes que sufren de algo conocido como "visión ciega", hay una separación clara entre la visión (y la respuesta a estímulos auténticos) y la conciencia. Es cierto que, aunque podemos decir que su lesión afectó su conciencia, sólo afectó a un *aspecto* de su conciencia. Pero los detalles curiosos como la visión ciega podrían ayudarnos a abordar la cuestión de la naturaleza neurológica de la conciencia.

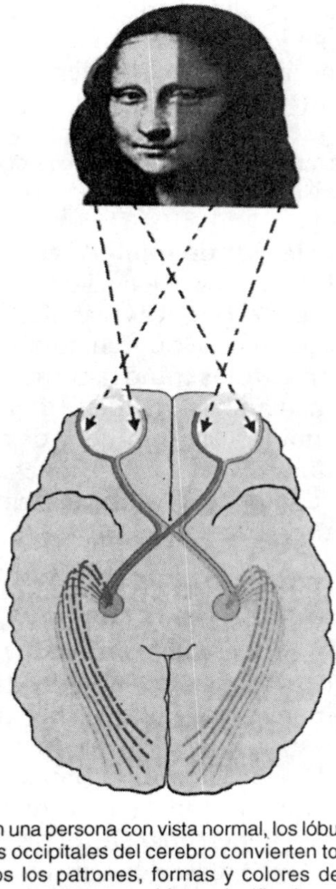
En una persona con vista normal, los lóbulos occipitales del cerebro convierten todos los patrones, formas y colores del mundo externo en objetos significativos.

Visión ciega: visión sin conciencia

¿Qué es la visión ciega? Las personas que han perdido su corteza visual primaria, no son conscientes de los objetos visuales, y no son capaces de identificarlos, aunque los siguen con los ojos. En cierto sentido, "ven" los objetos aunque estén absolutamente inconscientes de ese hecho.

Diferentes animales sufren diferentes grados de limitaciones visuales debido a la pérdida de la corteza visual primaria. Las tupayas y los gatos parecen conservar la mayor parte de su capacidad visual, y siguen siendo capaces de evitar obstáculos y distinguir patrones visuales. Los simios del Nuevo Mundo sufren un daño más extenso, pero aún pueden seguir visualmente e incluso tocar los objetos que se les presentan visualmente, aunque en una actividad de aprendizaje dan a entender que "no hay un objeto presente". Los simios del Viejo Mundo y los seres humanos experimentan la pérdida más profunda en cuanto a la capacidad de estar conscientes de la visión que en cierto sentido sigue al menos parcialmente intacta, y de utilizarla. Todavía permanece una ruta visual indirecta que va de la retina, a través de la parte media del cerebro y el tálamo, pero sin mediación de la corteza visual primaria, no hay conciencia visual.

¿De dónde vienen las "reacciones viscerales"?

Este tipo de evidencia hace que nos preguntemos cuántas de nuestras "reacciones viscerales" e "instintos" surgen de partes del cerebro que carecen, total o parcialmente, de una conexión con estructuras como la corteza visual primaria, que actúan como mediadores cuando se tiene una capacidad consciente total. Esto es similar a la posibilidad de que las partículas de hierro que hay en nuestras células cerebrales sigan teniendo el vestigio de un papel en cuanto a ayudarnos a orientarnos en relación con el campo magnético de la tierra.

Un cerebro dividido contra sí mismo

Consideremos también a las personas cuya epilepsia es tan severa que los médicos cortan su *corpus callosum*, el racimo de fibras que conectan las dos mitades del cerebro. Si metes una de sus manos en un recipiente de agua helada y les preguntas si sienten frío, te responden "sí" y "no", turnando estas respuestas. Si les das un trozo de papel en el que están escritas las palabras "sí" y "no", su mano izquierda señalará una respuesta y su mano derecha otra. En realidad tienen dos centros de conciencia.

Pero tener dos centros de conciencia en cuanto a un estímulo que se presenta a uno u otro lado del cuerpo, es distinto a no tener capacidad consciente en absoluto, a ser un autómata incapaz de reflexión. Por supuesto, puedes hacer que alguien esté inconsciente en el sentido de cerrar la actividad de todo excepto la médula oblonga. Pero esto cierra la mayor parte de las funciones cerebrales "de altura", de modo que no se trata de que la gente actúe en formas de las que no está consciente. Además, esto es diferente a decir que la capacidad consciente brota de la integración de las funciones del cerebro en cierta área específica.

La evidencia de la "visión ciega" muestra que incluso algo aparentemente tan unificado como la percepción visual, de hecho involucra muchas facetas que sólo distinguimos cuando se dañan debido a una lesión. Al formar una percepción, ya sea visual, olfatoria o de otro tipo, no existe una ubicación específica en la que todo se integre. Diferentes neuronas se activan en diferentes regiones del cerebro, y el misterio es cómo experimentan a nivel subjetivo pero en forma unificada. Esto es lo que se conoce como "problema de vinculación".

¿Por qué no somos autómatas incapaces de reflexionar?

Se han propuesto gran número de soluciones tentativas al problema de vinculación, pero ninguna de ellas es muy satisfactoria. Una es que neuronas ampliamente distribuidas podrían estar asociadas a nivel subjetivo si oscilan con la misma frecuencia. Otra es que este tipo de asociación podría ocurrir cuando las neuronas se activan al mismo tiempo. No obstante, ninguna de estas propuestas parece manejar muy bien los hechos, ya que las neuronas que se activan en lo que corresponde a una experiencia unificada, por lo general no se activan ni con la misma frecuencia ni al mismo tiempo. Otras personas especulan que la aparentemente caótica activación de neuronas en diferentes sitios, podría de hecho contener un patrón oculto que de alguna manera podría explicar su integración... si sólo se pudiera descifrar su clave.

Por supuesto, también hay quienes permanecen profundamente escépticos ante la posibilidad de que alguna vez se encuentre una explicación material al problema de la conciencia. Desde una perspectiva práctica, simplemente deberíamos aceptar que nuestro cerebro, habiendo evolucionado para responder a las demandas de nuestro entorno material, tiene limitaciones inherentes, al igual que el cerebro de cualquier otro organismo biológico. Tal vez, debido a su naturaleza, o a la nuestra, algunas preguntas son imposibles de responder. Pero permanece el hecho de que sí nos sentimos satisfechos de haber desarrollado una comprensión de otros puntos, cuya comprensión probablemente tendría poco valor de supervivencia, y probablemente un perro o un geranio serían incapaces de comprender; por ejemplo, la estructura del ADN, o las características esenciales de un antepasado de todas las lenguas indo-europeas que pudiera llegar a reconstruirse.

¿Cuál es la ventaja de la conciencia de uno mismo en lo relacionado con la supervivencia?

Pero aunque llegaran a identificarse los apuntalamientos materiales de la capacidad consciente, esto no necesariamente responderá a lo que podría ser la pregunta definitiva y la más difícil que enfrenta el estudio de la capacidad consciente: ¿*Por qué* tenemos una integración subjetiva de la experiencia? En otras palabras, ¿por qué estamos conscientes de nosotros mismos? Ésta parece ser una pregunta tan difícil, y quizá tan intratable, como las otras que hasta la fecha se han resistido y la ciencia occidental no ha logrado penetrar: ¿Cómo puede surgir vida de la materia inerte? ¿Alguna vez dejará de existir el universo? Y ya que estamos en este campo: ¿Cuál es la clave de la verdadera sabiduría?

EJERCICIO: Venta de antigüedades

¿Alguna vez has visto estos artículos domésticos antiguos? Este ejercicio requiere de una combinación de memoria visual, "capacidad para dar nombres a los instrumentos", y suerte.

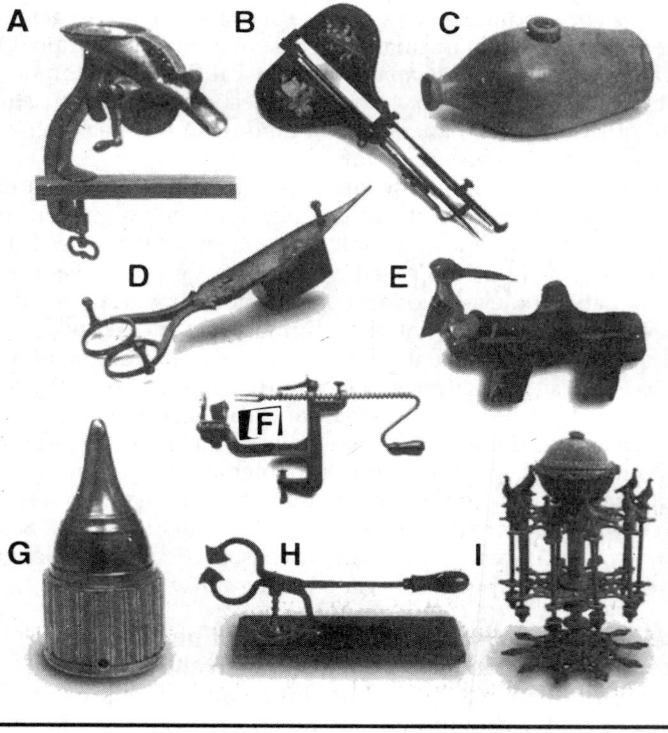

Ver sin comprender: agnosia visual

Una de las quejas más frecuentes de las personas de edad madura y avanzada es que no pueden recordar el nombre de un objeto. En un lapsus momentáneo dicen que un buzón es "la cosa donde pones cartas", o que un sacacorchos es "la espiral de metal para el vino".

Este tipo de lapsus mental, que de ninguna manera es necesariamente un signo de principios del temido mal de Alzheimer, en ocasiones recibe el nombre de "olvido benigno senescente", que se oye mucho mejor que el término antiguo, "senilidad". Aunque puede ser ligeramente desconcertante, el olvido normal relacionado con la edad, no es *nada*, si se le compara con el fenómeno considerablemente más raro conocido como *agnosia de objetos visuales;* un trastorno que no sólo afecta a la capacidad de decir el *nombre* de los objetos, sino al hecho de reconocer su identidad o su función.

Existen dos tipos básicos de agnosia de objetos visuales: el no perceptivo y el asociativo. Según los resultados de pruebas estándar, los agnósticos que no perciben tienen capacidades visuales relativamente buenas, como visión a color y discriminación de brillantez. Pero no pueden nombrar ni reconocer un objeto que perciben visualmente, y tampoco pueden reproducirlo en un esbozo sencillo.

Los agnósticos asociativos, por otra parte, pueden lograr copias razonablemente fieles de dibujos hechos con líneas. Pero, al igual que los agnósticos que no perciben, son incapaces de nombrar o reconocer lo que dibujaron. Su percepción de objetos se concentra en los detalles, no en el patrón. Son en gran medida como falsifica-

El intento de un agnóstico que no percibe, por copiar un sencillo dibujo de una casa. Un agnóstico que no percibe tiene buena percepción visual, pero no puede reconocer ni reproducir un objeto como la casa que está a la izquierda.

dores analfabetos que reproducen meticulosamente cada línea y cada curva de un documento o de una firma sin tener idea de lo que significa.

Otra característica de la agnosia asociativa es igualmente extraña. Un agnóstico asociativo es totalmente incapaz de nombrar o identificar un objeto sólo a través de la vista, pero lo reconoce de inmediato cuando lo toca. No tiene idea de qué alimentos hay en su plato, y ni siquiera sabe si son comestibles, hasta que los pone en su boca.

Tal vez pienses que la agnosia simplemente se relaciona con cierta disociación entre los centros visuales y espaciales del cerebro. Sin embargo, es insostenible debido al hecho de que no sólo se afecta la capacidad de *nombrar* los objetos, sino la de reconocerlos al nivel más básico.

Una teoría mejor implica el papel de las imágenes visuales almacenadas internamente que se usan en la tarea de reconocer objetos. Si de una u otra forma estas imágenes almacenadas llegaran a destruirse o a ser inaccesibles, entonces una imagen visual externa no tendría nada con qué relacionarse. De hecho, sería como si los objetos más comunes se vieran por primera vez.

Otra teoría aún mejor podría basarse en la comprensión de la manera en que las funciones de reconocimiento y de memoria se almacenan en conexiones entre neuronas que forman una red: cuanto más fuerte sean las conexiones, más fuerte es la memoria. Cuando un agnóstico asociativo copia una imagen haciendo un dibujo lineal, lo hace con lentitud, con mucho cuidado, pero sin reconocer el patrón que representan las características específicas de la imagen. Si la agnosia asociativa es el resultado de la destrucción de una red de neuronas, que no daña a las neuronas en sí, esto explicaría por qué los patrones generales de las imágenes son inaccesibles, pero los detalles no lo son.

AUTOEVALUACIÓN: Falta de atención del lado derecho del cerebro

Las lesiones en el lado derecho del cerebro pueden tener como resultado un problema que se llama *falta de atención* o *descuido visual*, que implica una pérdida de capacidad consciente en cuanto a estímulos visuales en la mitad del campo visual. Por ejemplo, una persona con una embolia que le haya afectado el lado derecho del cerebro puede comerse los alimentos que están en la mitad derecha de su plato, y luego quejarse de que se le sirvió una ración inadecuada.

Poner puntos en el círculo

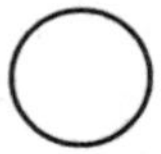

Coloca esta página directamente frente a ti sobre una superficie plana. Con un lápiz, pon un punto dentro del círculo y luego regresa tu mano a una posición de descanso en tu regazo. Después de practicar esto varias veces, cierra los ojos y sigue poniendo puntos dentro del círculo, regresando tu mano a la posición de descanso después de cada intento. Luego de intentarlo cinco veces con los ojos cerrados, abre los ojos y ve qué tal te fue.

(continúa en la siguiente página)

Contar puntos poner puntos

En 10 segundos, cuenta tantos círculos como puedas. Al contar cada punto, márcalo con un lápiz.

Resultados:

Poner puntos en el círculo: Si constantemente se ponen los puntos a la derecha del círculo, eso puede indicar que hay lesiones en el hemisferio derecho. Contar puntos: Si se cuentan menos puntos en la mitad de la izquierda o de la derecha del cuadro, eso puede indicar daños en el hemisferio opuesto al que se descuidó.

El ritmo circadiano y la luz solar nos dicen cuándo dormir

Los seres humanos tienen instalado un "marcapasos neural" que regula su ciclo diario de dormir y estar despiertos. Cuando no estamos bajo la influencia del ciclo solar ni tenemos un horario impuesto externamente, naturalmente entramos a un ciclo de descanso y actividad que dura un poco más de 24 horas; en otras palabras, nos dormimos y despertamos un poquito más tarde cada día. ¡Se han hecho especulaciones serias de que la totalidad de la civilización humana, desde el estímulo creativo hasta las acciones destructivas, es una respuesta a la tensión creada por esta falta de armonía!

Sin embargo, por lo general nuestro marcapasos interno depende del sol: nuestro reloj interno se ajusta constantemente a la duración del día. La manera exacta en que esto ocurre está empezando a comprenderse. Resulta que es probable que tengamos un conjunto de fotorreceptores en la retina cuya función específica es gobernar los ritmos circadianos. Estos receptores se proyectan a través del nervio óptico y llegan al hipotálamo del cerebro, que al parecer es la ubicación física del marcapasos neural.

Los niveles de melatonina, que supuestamente afecta la luz del sol, cambian con la misma normalidad en algunas personas ciegas que en personas que no lo son

A partir de un estudio realizado con ciegos que carecían de una percepción consciente de la luz, se obtuvo evidencia de que los fotorreceptores involucrados en este proceso son distintos a los que normalmente se usan en la visión. Hace mucho tiempo se sabe que, aunque algunos ciegos padecen periodos de insomnio debido a una supuesta incapacidad para ajustar su reloj interno a los ciclos cambiantes del sol, otros nunca tienen ese tipo de problema. Se demostró que algunos de ellos mostraban niveles más altos de melatonina, que se relaciona de manera independiente con la exposición a la luz, precisamente cuando se les exponía a una luz brillante, y sólo cuando no tenían los ojos cubiertos. Por tanto, sus ojos, aunque en otros aspectos eran totalmente inútiles, parecían haber conservado un tipo especial de fotorreceptor cuyo funcionamiento era perfectamente normal.

EJERCICIO: Intervalos de tiempo

Examina la secuencia de tiempo que muestran los primeros cuatro de estos cinco relojes. Leyendo del extremo superior izquierdo al extremo inferior derecho, ¿puedes identificar la lógica que está detrás de los intervalos de tiempo que muestran sus manecillas?

Cuando creas que lo has encontrado, dibuja las manecillas del quinto reloj de tal manera que continúen la secuencia correctamente.

Pista: No te engañes por el hecho de que el tercer reloj está colocado en una posición distinta. Son las 6:00, no las 2:45. Te ayudaría trabajar empezando con el cuarto reloj.

EJERCICIO: Caras falsas

La imagen en blanco que aparece arriba de la pila de dados con números, muestra la ubicación y la orientación de las letras que hay en sus seis lados; pero no corresponde a los siete dados en su totalidad. ¿Cuál de los dados numerados no podría haberse formado con ese modelo?

Pista: Si no puedes doblar el cubo blanco con los ojos de la mente, trata de desdoblar los otros. Nota qué extremo de la letra da hacia qué lado de otra letra; por ejemplo, el lado abierto de la C y la letra H.

EJERCICIO: ¿Inteligencia espacial?

Este es un ejercicio diseñado para el hemisferio derecho del cerebro (suponiendo que seas diestro).

A continuación aparecen cinco grupos de figuras similares marcadas A, B, C, D y E. Son los componentes de un test clásico conocido como "Stanford-Binet", que son los nombres de quienes lo compilaron originalmente. Tu tarea es localizar similitudes y diferencias entre las cinco figuras de cada columna. En cada caso, una figura rompe el patrón "correcto". No está mal, sólo es diferente; como lo sería el único niño de la escuela que tiene los cordones de los zapatos atados correctamente.

La mayoría de las personas han encontrado que el reto se vuelve cada vez más difícil, a medida que avanzan de la columna A a la columna E.

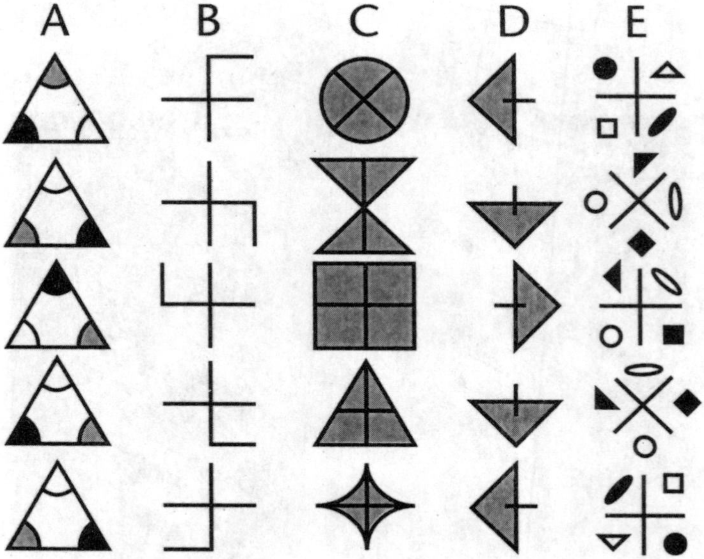

Pista: En la A y la D, intenta girar las figuras para ver cómo se alinean. En la E, fíjate cómo las figuras se relacionan entre sí cuando las líneas son diagonales y no horizontales y verticales.

SOLUCIONES

Quienes entren aquí, abandonen toda esperanza. – Dante Alighieri

FUNCIÓN EJECUTIVA Y SOCIAL

Páginas 20-23 **Caricaturas mezcladas**
Los dibujos se muestran en el orden correcto.
Los números corresponden al orden incorrecto.

A

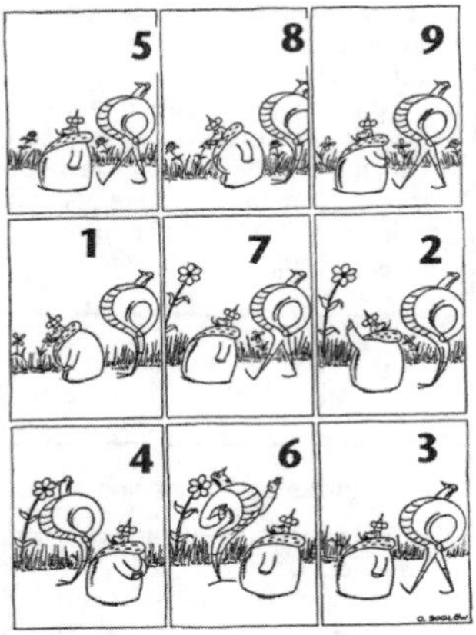

B

C

D

Página 24 **Caricaturas mezcladas**
Los dibujos se muestran en el orden correcto. Los números corresponden al orden incorrecto.

Página 26 **Juicio de emoción**

La imagen de la derecha está invertida.

SOLUCIÓN: pag. 28

1) 9	11) ¿?
2) I	12) ¿=
3) DÁDIVA	13) 9
4) VENTURA	14) G
5) ABRO	15) CUD
6) ERA	16) 352897
7) TINA	17) AMAR
8) AL	18) F
9) 12 5 9 8	19) 9
10) ROSA	20) CEDE

5. Página 28 **Lado "derecho" de una persona**

No es ni positivo ni negativo, por tanto es una emoción neutral. Es más probable que el lado derecho del rostro de una persona muestre actitudes positivas. Cuando ves al extraño cara a cara, el hemisferio derecho de tu cerebro (hemisferio dominante para la percepción de la emoción) capta la expresión en la mitad de su rostro que está al lado izquierdo de la nariz viendo de frente a la persona. Para ella, es el lado derecho de su rostro, que normalmente está bajo el control del hemisferio izquierdo (sentimientos positivos) de su cerebro, no del derecho (sentimientos negativos). De modo que es más probable que se te escapen las señales del "aspecto" negativo de su personalidad.

Páginas 33-34 Los ojos lo tienen

1. Ojos condescendientes con boca sonriente.
2. Ojos neutrales con boca sonriente.
3. Ojos enojados con boca sonriente.

Página 39. **Un dilema familiar**

Primero, él lleva a su madre al restaurante en su coche. Después, regresa y recoge a su suegra y la lleva al restaurante. Cuando deja a su suegra, le dice a su madre que regrese al coche con él y la lleva de regreso a su casa. Cuando él y su madre llegan a la casa, ella baja del coche, él recoge a su mujer y conduce de nuevo al restaurante. Deja ahí a su esposa con su suegra. Finalmente, regresa a la casa para recoger de nuevo a su madre, y regresa al restaurante con ella.

Página 38 **Un caso de identidad confusa**

Primera parte — No; al menos, no si uno de los gemelos es en realidad el asesino. O bien los dos responderán "sí" o los dos responderán "no", y será imposible saber quién está diciendo la verdad y quién no. Aquí hay dos variables: un hermano es mentiroso y el otro es veraz, y un hermano es el asesino y el otro no lo es. Esto significa que su hermano es veraz e inocente, en cuyo caso también responderá "sí" cuando se le pregunte si su hermano es el asesino. Si el primer hermano es un mentiroso y responde "no", entonces el otro hermano es el asesino; pero eso significa que el segundo hermano es un asesino veraz, y también responderá "no" cuando se le pregunte si su hermano es el asesino. De cualquier forma, ambos hermanos darán la misma respuesta y será imposible saber quién está diciendo la verdad y quién es el asesino.

Segunda parte — Suponiendo que es verdad la premisa de que un hermano es un mentiroso constante y que el otro siempre dice la verdad, entonces existen dos posibilidades. La primera es que el testigo ocular debe estar equivocado; ninguno de los hermanos pudo haber cometido el asesinato. Esta es la lógica: Si el primer hermano es el mentiroso y responde "sí", entonces el segundo hermano no puede ser el asesino. Además, si el primer hermano es mentiroso, el segundo debe estar diciendo la verdad. Pero entonces, si el segundo hermano responde que su hermano no cometió los asesinatos, el primer hermano debe ser inocente. Por lo tanto, ambos son inocentes.

La segunda posibilidad es que ambos hermanos cometieron los asesinatos. Supongamos que el primer hermano es veraz. Entonces el segundo hermano debe ser culpable. Eso significa que el segundo hermano es un asesino mentiroso. Pero el segundo hermano responde "no" cuando el fiscal le pregunta si el primer hermano cometió los asesinatos, lo que significa que el primer hermano debe ser culpable (ya que el segundo hermano es mentiroso). Por lo tanto, ambos hermanos deben ser culpables.

Tercera parte — El primer truco es descubrir cuál de los gemelos es el mentiroso. Esto puede lograrse haciéndole al primer gemelo cualquier pregunta a la que tanto tú como él sepan la respuesta. "¿Tienes un hermano gemelo?", es adecuada. Si el primer gemelo responde "sí", sabes que el segundo gemelo es el mentiroso. Entonces le puedes preguntar al segundo gemelo: "¿Cometiste los asesinatos?" Si dice "sí", sabes que el primer gemelo es el asesino (ya que el segundo gemelo es mentiroso, y suponiendo que uno de los gemelos sea en realidad el asesino).

Pero si el primer gemelo responde "no" a la primera pregunta, sabes que el segundo gemelo es veraz, y responderá con verdad a una pregunta directa sobre su culpabilidad.

Página 40 **El acertijo del zorro, el ganso y el saco de semillas**

Primero pasa al ganso, luego regresa y recoge al zorro. Pasa al zorro, vuelve a poner al ganso en el bote y regresa con el ganso al primer banco. Deja allí al ganso, pon las semillas en el bote, llévalas al otro lado y déjalas ahí con el zorro. Finalmente, regresa y recoge al ganso.

No importa si Antonio recoge a la esposa o a la suegra primero, o si el granjero recoge al zorro o a las semillas en segundo lugar; el único factor crucial es que el primero que lleven es el menos compatible con los otros; es decir, la madre en el primer relato o el ganso en el segundo.

Página 41 **El dilema de Anders**

Se necesitarían tres viajeros. Un asistente lleva provisiones para cuatro días, y después del trayecto del primer día, le da al otro asistente provisiones para un día y le da a Anders provisiones para un día. Esto le da a cada uno provisiones para cuatro días una vez más. El primer asistente, a quien le quedan sus provisiones para un día, regresa a casa. Los otros dos terminan otro día de viaje, al final de ese día, el otro asistente le da a Anders provisiones para un día, quien de nuevo tiene provisiones para cuatro días, lo que es suficiente para llegar al fuerte. Su asistente todavía tiene suficiente para regresar a casa en dos días.

Página 42 **El menú, por favor**

JENKINS JENNINGS

JORDAN

JACKSON

JONES

1. Joe Jackson tomó un martini, carne asada y pastel. 2. Jerry Jones tomó whisky escocés, faisán y tarta de queso. 3. John Jordan tomó un martini, bistec y pastel. 4 Jack Jenkings tomó refresco de cola, carne asada y tarta. 5. Jamie Jennings tomó whisky escocés, bistec y helado.

Página 70 **En la pista más rápida**

1-F; 2-B; 3-D; 4-A; 5-E; 6-C
Tomando en cuenta la mejoría entre los años de 1906-1960, e iniciando por debajo de los 10 segundos de 1984, los 9 segundos llegarán alrededor del año 2038.

Página 60 **Juicio: en caso de... entonces**

La cuarta afirmación es la única que podría ser verdad porque identifica correctamente a las demás como falsas.

Páginas 56-60 **Lógica del lóbulo frontal**

Primera parte — Si es verdad que sólo un sobre tiene las instrucciones correctas, entonces ese sobre tiene que ser el B, lo que significa que el A no es correcto. Por lo tanto, el A no contiene una renovación del contrato. Imaginemos que el A fuera el correcto. Entonces B tendría que ser el incorrecto. Pero si suponemos que es correcta la premisa de que uno de los sobres tiene un talón color de rosa, B debe ser el correcto. Segunda parte — El sobre correcto. Imaginemos que el sobre de la izquierda es el que contiene una renovación del contrato. Entonces sus instrucciones deben ser correctas, y podemos llegar a la conclusión de que el sobre correcto también debe contener la renovación del contrato (ya que las instrucciones dicen que no importa qué sobre se elija). Pero si eso fuera cierto, entonces lo que está escrito en el sobre del lado derecho debe ser falso, pues se nos dice que la afirmación que está en el sobre correcto es falsa si el contrato está dentro de ese sobre. Por lo tanto, es falso que el sobre de la izquierda tenga la renovación del contrato, lo que contradice a la primera suposición, de modo que la primera suposición debe ser falsa: el sobre de la izquierda no puede contener la renovación del contrato. Tercera parte — Sobre A. Digamos que el sobre A es el correcto, y en realidad contiene la hoja color de rosa. Entonces, los demás deben ser falsos. Si el sobre B es falso, también contiene una hoja color de rosa. Hasta ahora vamos bien. Si el sobre C es falso, entonces el sobre B contiene la renovación del contrato, no una hoja color de rosa. Eso es una contradicción, así que el sobre A debe ser falso. Por lo tanto, el sobe A contiene la renovación del contrato, no una hoja color de rosa.

MEMORIA

Página 78 **El sentido de los naipes**

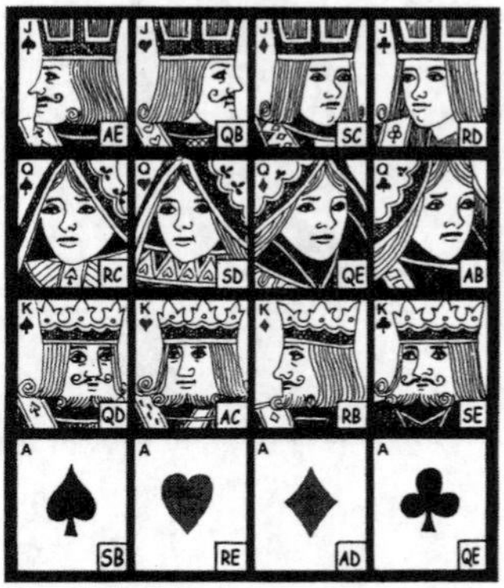

Pág. 80 **Círculo de palabras**

1. Cráter
2. Terso
3. Solo
4. Lomas
5. Masticar
6. Carretera
7. Rasurar
8. Armar
9. Mármol
10. Licra

Página 88 **Términos relacionados con la memoria**

1 E	■	■	■	■	2 I	■	■	3 A	■	■	■	■
X	■	4 C	■	■	M	■	■	M	■	■	5 V	■
6 P	R	O	S	O	P	A	G	N	O	S	I	A
L	■	N	■	■	L	■	■	E	■	■	S	■
Í	■	S	■	■	Í	■	■	S	■	■	U	■
C	■	C	■	■	C	■	■	I	■	■	A	■
I	■	I	■	■	I	■	■	A	■	■	L	■
T	■	E	■	■	T	■	■	■	■	■	■	■
A	■	N	■	■	O	■	■	■	■	■	■	■
■	■	T	■	■	■	■	■	■	■	■	■	■
■	7 M	E	M	O	R	I	A	■	■	■	■	■

Página 92 **Números entrelazados**

1 1	2 4	3 2	■	4 4	5 9	2
■	6 9	4	■	7 7	8	■
■	8 8	3	9 4	6	2	■
10 8	■	11 6	3	8	■	12 9
13 9	14 8	■	2	■	15 7	8
16 6	9	7	8	3	2	4
■	4	■	6	■	8	■

Página 100 **Dígitos divididos**

1	3	8	1	2
8	4	3	2	1
3	2	1	4	5
2	7	5	6	4
4	1	2	5	6

Página 102 **Números entrelazados**

8	1	■	6	4
3	4	3	■	5
■	4	3	2	1
4	■	2	5	5
5	1	2	■	5

Página 103 **Anagramas cambiados.**

1	6	■	2	4
■	1	9	2	9
1	7	6	5	■
3	1	■	■	2
■	6	2	5	5

Pág. 102 **Números entrelazados**

	1	2	3	4	5
1	N	A	D	A	R
2	A	N	I	T	A
3	D	I	C	E	N
4	A	T	E	N	A
5	R	A	N	A	S

página 110 **Sendero de la memoria**

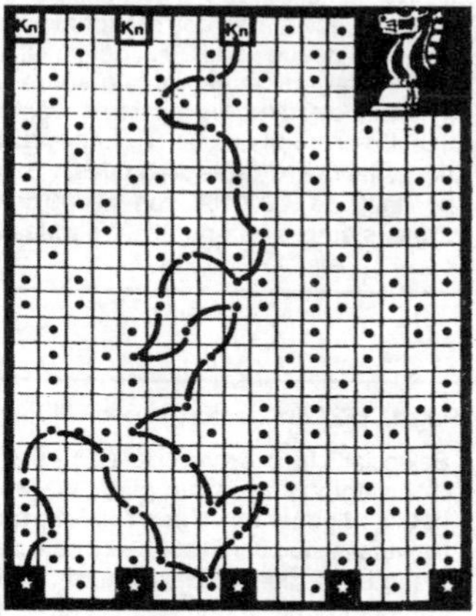

Página 116 **Geografía**

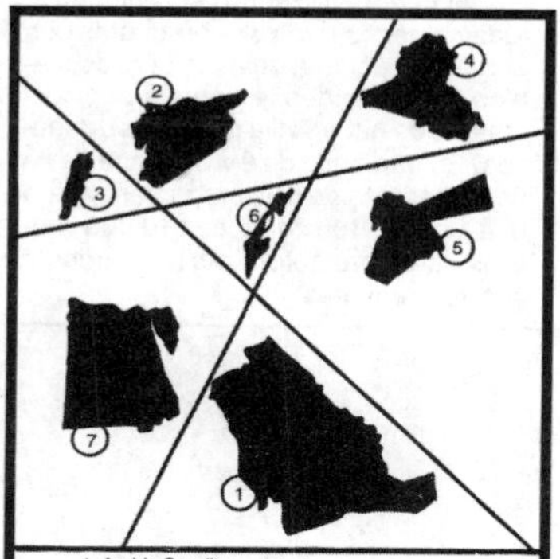

1. Arabia Saudita
2. Siria
3. Líbano
4. Irak
5. Jordania
6. Israel
7. Egipto

Página 116 **Alfabético**

Página 122 **Pares personales**

(Una posibilidad)	(Otra posibilidad)
flor – abeja	busto esculpido – música
busto esculpido – cincel	boya – bandera de señales
boya – barco	barco – vaso
leche – vaso	leche – vaca
vaca – mantequilla	mantequilla – salero
regadera – salero	cuchillo – pan
banderas de señales – música	bellota – árbol
hacha – árbol	hacha – cincel
hoja de roble – bellota	abeja – flor
cuchillo – pan	

Páginas 130-131 **Estrategias**

La estrategia óptima es dividir el cuadro en mitades cada vez más pequeñas, en cualquier orden. Una secuencia podría ser: "¿Está en la mitad superior de la tabla?" ("No"; sabes que está en la mitad inferior.) "¿Está en la mitad de la derecha de la mitad inferior?" ("Sí") "¿Está en la parte superior de esa sección?" Y así sucesivamente. Utilizando esta estrategia, todavía necesitarás dos preguntas con una tabla pequeña de 2 x 2, pero con tablas más grandes la ventaja sobre el método de hacerlo fila por fila es dramática. En una tabla de 8 x 8, nunca vas a necesitar más de seis preguntas, y para una tabla de 100 x 100, con 10,000 cuadros, ¡siempre obtendrás la respuesta con 12 preguntas!

Página 128 **Un truco mental**

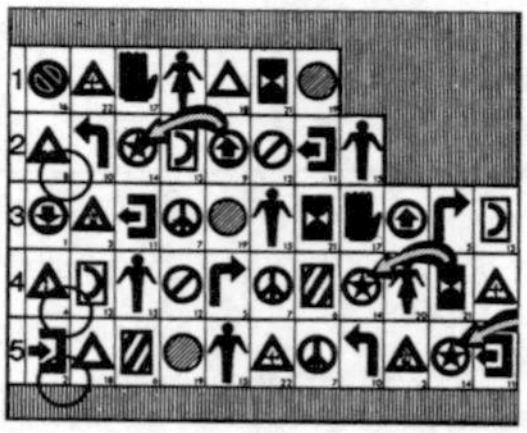

Cuando se te diga "filas 2, 4 y 5", mira los números pequeños que están en la primera columna a la izquierda. Los números pequeños que están junto al primer símbolo en las filas 2, 3 y 5 son 8, 4 y 2. Si se suman, el resultado es 14. Ahora busca el símbolo que tiene el número 14 en su esquina inferior derecha. ¡Es la estrella en el círculo!

Páginas 130-131 **Estrategias**

La estrategia óptima es dividir el cuadro en mitades cada vez más pequeñas, en cualquier orden. Una secuencia podría ser: "¿Está en la mitad superior de la tabla?" ("No"; sabes que está en la mitad inferior.) "¿Está en la mitad de la derecha de la mitad inferior?" ("Sí"). "¿Está en la parte superior de esa sección?" Y así sucesivamente. Utilizando esta estrategia, todavía necesitarás dos preguntas con una tabla pequeña de 2 x 2, pero con tablas más grandes la ventaja sobre el método de hacerlo fila por fila es dramática. En una tabla de 8 x 8, nunca vas a necesitar más de seis preguntas, y para una tabla de 100 x 100, con 10,000 cuadros, ¡siempre obtendrás la respuesta con 12 preguntas!

Página 132 **Eliminación de posibilidades**

Selecciona la caja marcada "seis y seis". Si a ciegas elegiste un plátano, debe haber 12 plátanos en esa caja (porque las tapas están cambiadas). La caja con la tapa que dice "doce plátanos" debe contener doce limones. Por lo tanto, la caja de limones contiene los seis limones y los seis plátanos. Pero si a ciegas escogiste una caja de limones marcada "seis y seis", debe haber seis limones en ella, los doce plátanos están en la caja que dice "doce limones" y los limones y los plátanos en la que dice plátanos.

Páginas 135-136 **Sólo objetos únicos por favor**

EMOCIONAL

Página 155 **Expresiones faciales y emociones**

Felicidad Tristeza Enojo

Repugnancia Sorpresa Miedo

Página 156 **Emociones**

Página 159 **Encuentra la clave del chiste**

La clave original del chiste era la #3. Lo importante es que la pérdida de la memoria se relaciona con el envejecimiento. Si los residentes del asilo olvidan su propio nombre, saben que pueden ir con el encargado de la recepción y él hará que lo recuerden.

Página 165 **Humores**

							F	L	E	M	A
											M
											I
							D				N
				C	O	L	E	R	I	C	O
							P				
							R			H	
							E			U	
			M				S			M	
		S	A	N	G	U	I	N	E	O	
			O				O			R	
B	I	L	I	S			N			E	
										S	

POR FAVOR CHECAR PORQUE NO LE ENCONTRE RELACIÓN

Página 182-183 **Un paso adelante**

1 E	T	2 A	3 P	4 A		5 B	6 R	7 A	V	8 O
T		9 S	E	D		10 L	O	T		L
11 I	12 D		13 T	A		14 A	S		15 R	E
16 O	I	17 A		N		S		18 O	E	A
19 P	O	L	20 O				21 E	D	A	D
22 E	S	A	S		23 F		24 S	A	L	A
		S		25 A	R	26 O		S		
				27 R	O	N				
28 E	29 T	30 A		31 O	N	U		32 S	33 O	34 N
35 V	O	T	36 A		T		37 N	U	B	E
38 A	M	I	G	39 D	A	40 L	A		41 O	U
42 C	A	N		43 O	L	A		44 V	E	R
45 U	R		46 A	L		47 N	48 O		49 S	I
A		50 O	S	A		51 C	I	52 D		T
53 R	U	M	O	R		54 E	R	I	Z	A

Página 164 **Melancolía I**

La figura central del ángel simboliza la frustración y la desesperación de la mente inquisitiva y creativa. Su ala, atrapada detrás del reloj de arena, sugiere que el tiempo impone sus límites estrictos a los esfuerzos del artista y el artesano.

Todos los instrumentos de medición son herramientas para el diseño y la construcción: el reloj de arena, el compás que tiene en la mano, la balanza y el tablero de líneas rectas con orificios en cada extremo para dibujar un círculo.

Otros instrumentos y materiales de construcción visibles incluyen el serrucho y la llana que están a sus pies, los clavos, el molde para cortar molduras decorativas, un martillo, el fuego con un crisol para derretir metal, la rueda y el cubo de piedra con dos esquinas opuestas cortadas (que a primera vista parece un prisma).

Muchos de estos objetos son también iconos de la geometría y las matemáticas, como la esfera que está a sus pies, el cuadro mágico que está sobre su cabeza y el arco iris.

Las llaves y la bolsa que cuelgan de su cinturón simbolizan el poder y la riqueza; quizá como recompensas por su búsqueda del conocimiento y la destreza o quizás para simbolizar su irrelevancia ante la "melancolía" que causa el esfuerzo creativo y la búsqueda del conocimiento.

Página 184 **Examen de términos**

							1 P		
							E		
2 P	3 R	E	F	R	O	N	T	A	L
	E								
4 A	M	Í	G	D	A	L	A		

LENGUAJE

Páginas 202-203 **Áreas del lenguaje**

1 A	■	■	■	2 É	3 T	E	4 R	■	5 W	■	6 C
R	■	■	7 L	■	R	■	I	■	E	■	R
T	■	8 H	E	M	I	S	F	E	R	I	O
I	■	■	Y	■	N	■	A	■	N	■	M
9 C	10 A	11 S	E	R	Ó	12 Ñ	■	■	I	■	O
13 U	S	O	S	■	■	14 B	R	O	C	A	■
L	■	R	■	■	15 J	A	■	■	K	■	■
A	■	■	16 F	■	Í	■	17 Á	18 R	E	A	■
C	■	■	L	■	19 B	I	F	E	■	■	■
20 Í	N	S	U	L	A	■	21 A	T	I	22 L	A
Ó	■	■	23 I	R	R	I	S	O	R	I	O
N	■	■	D	■	O	■	I	■	■	T	■
■	24 C	R	E	O	■	■	A	■	■	I	■
■	■	■	Z	■	25 F	A	■	■	■	O	■

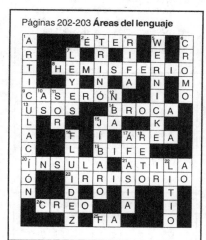

Página 201 **Habla confusa**

A. Wernicke
B. Broca
C. Apraxia

Página 208 **Círculo de palabras**

1. ecuador
2. adornar
3. naranja
4. jardín
5. dinámico
6. cocinera
7. razón
8. zona
9. nardo
10. domar
11. arder

Página 204 **Lenguaje misterioso**

feidoici	= CONSTRUCCIÓN	= 1. edificio
ozal	= VÍNCULO	= 2. lazo.
sletne	= ANTEOJOS	= 3. lentes
cterefrau	= REALIZAR	= 4. efectuar
vean	= BARCO	= 5. nave
mogeid	= LAMENTO	= 6. gemido
luasu	= HABITUAL	= 7. usual
rabecorre	= ODIAR	= 8. aborrecer
charojo	= VERACRUZANO	= 9. jarocho
readuc	= INSTRUIR	= 10. educar
beru	= URBE	= 11. urbe
ronta	= PERCATARSE	= 12. notar
radirqui	= OBTENER	= 13. adquirir
joelafr	= PEREZA	= 14. flojera
ontacrece	= SUCEDER	= 15. acontecer
recoroj	= PESTILLO	= 16. cerrojo
rasu	= EMPLEAR	= 17. usar
lale	= FIEL	= 18. leal
rateipa	= TRATAMIENTO	= 19. terapia
verireba	= REDUCIR	= 20. abreviar
adenits	= SINO	= 21. destino
zecamlr	= REVOLVER	= 22. mezclar
gnenio	= INOCENTE	= 23. ingenuo
pamísita	= APRECIO	= 24. simpatía
miretran	= ACABAR	= 25. terminar
apeta	= FASE	= 26. etapa
recern	= RESENTIMIENTO	= 27. rencor
aininaf	= NIÑEZ	= 28. infancia
rio	= ESCUCHAR	= 29. oír
mosii	= MONO	= 30. simio
bala	= AMANECER	= 31. alba

Página 211 **Construcciones imposibles**

1. Hablaste con tu madre y con otra persona; ¿quién es esa persona?
2. Sabes que cierta persona habló con tu madre; ¿quién es esa persona?
3. Hablaste con la mujer que se casó con alguien; ¿con quién se casó?
4. A Juan le molestó el hecho de que conocieras a alguien; ¿quién es ese alguien?
5. Esta es la mujer que fue abandonada por el hombre con quien hablaste ayer.
6. Este es el coche que estacionó el hombre a quien viste hablar con la mujer que conociste ayer.
7. Este es el hombre a quien Ricardo le mandó el paquete que estaba en el cuarto; tú leíste todas las instrucciones del paquete.
8. El hecho de que tú me caigas mal es molesto. Te lo dijo el hombre al cual conoció el individuo que viste ayer.
9. ¿Qué tamaño de cajas necesitas?
10. Alguien rumora que él es mafioso.
11. Alguien decía que ella era rica

Página 212. **Estado mental en cuanto a la habilidad de usar el lenguaje**

Por cada "A" se asigna 1 punto, por cada "B" se asignan 2 puntos, y por cada "C" se asignan 3 puntos.

Cifras totales:
7 puntos o menos: sería bueno conseguir una evaluación profesional.

8 a 10 puntos: Tienes algunas señales de un leve descenso cognoscitivo. Deberías trabajar un poco más para mantenerte en forma mentalmente.

11 a 12 puntos: Estás en buenas condiciones. ¡Sigue así!

Página 223. **El habla de los niños**

1. B; 2. A; 3. A; 4. B; 5. B

Página 224. **Etapas en la adquisición del lenguaje**

1. D, 2. C, 3. D, 4. A, 5. B, C. D, 7. C, 8. A, 9. D, 10. B, 11. D

Página 216 **Mamá y papá**

Pares de palabras:

i. Galés: mam – "mamá"
tad – "papá"

ii. Hebreo: aba – "papá"
ima – "mamá"

iii. Swahili: mama – "mamá"
baba – "papá"

iv. Tamil: ammaa – "mamá"
appa – "papá"

v. Chino: pa pa – "papá"
ma ma – "mamá"

vi. Dakota: ena – "mamá"
ate – "papá"

vii. Turco: annecigim – "mamá"
baba – "papá"

viii. Groenlandés: anaana(q) – "mamá"
ataata(q) – "papá"

Geografía lingüística:

A. Dakota B. Hebreo C. Tamil D. Turco
E. Swahili F. Galés G. Groenlandés
H. Chino

Página 228. **Prohibido y escondido**

Comida vegetariana	E – 66 N - 53 S - 7 A - 61 L - 9 A - 26 D - 28 A -34
Gobierno de un rey	M – 55 O - 48 N - 27 A - 31 R - 40 Q - 18 U - 1 I - 4 A – 8
365 días	A – 11 Ñ- 5 O – 50
Sueltan las cosas y las ponen por ahí	D – 32 E - 39 J - 65 A - 24 N – 3
Herramienta para cavar	P – 49 A - 37 L - 17 A – 46
Hiciera alguien que algo pasara de un lugar a otro	L – 35 L - 57 E - 20 V - 10 A - 56 S – 60 E - 58

Moneda de Portugal	E – 13 S - 59 C - 38 U - 19 D - 47 O – 6
De poca edad	J – 12 O - 29 V - 63 E - 16 N – 36
Recauda impuestos	F – 21 I - 54 S - 15 C - 45 O – 33
De calidad	B – 25 U - 22 E - 42 N – 2
Entreguen algo	D – 43 E - 14 N – 30
____ se va la embarcación	Y – 41 A – 64
Cadena montañosa en Rusia	U – 44 R - 51 A - 52 L - 62 E - 23 S – 67

U 1	N 2		N 3	I 4	Ñ 5	O 6		S 7	A 8	L 9	V 10	A 11	J 12	E 13		E 14	S 15		E 16	L 17
Q 18	U 19	E 20		F 21	U 22	E 23		A 24	B 25	A 26	N 27	D 28	O 29	N 30	A 31	D 32	O 33			
A 34	L 35		N 36	A 37	C 38	E 39	R 40		Y 41		E 42	D 43	U 44	C 45	A 46	D 47	O 48			
P 49	O 50	R 51		A 52	N 53	I 54	M 55	A 56	L 57	E 58	S 59		S 60	A 61	L 62	V 63	A 64	J 65	E 66	S 67

Página 224. **Pilas de letras**

La ventana crítica de la oportunidad para aprender idiomas con facilidad y fluidez, se cierra en la pubertad.

Página 237. **Letras apiladas**

T	A	L		V	E	Z		U	T	I	L	I	C	E	M	O	S				
E	S	T	R	A	T	E	G	I	A	S		D	I	S	T	I	N	T	A	S	
P	A	R	A		P	R	O	D	U	C	I	R	Y	P	R	O	C	E	S	A	R
P	A	T	R	O	N	E	S		I	R	R	E	G	U	L	A	R	E	S		

PÁGINA 208

1. ecuador
2. adornar
3. naranja
4. jardín
5. dinámico
6. cocinera
7. razón
8. zona
9. nardo
10. domar
11. arder

Página 238. **PET**
(Tomografía de emisión positrónica)

A. Al pensar y hablar.
B. Al escuchar palabras habladas.
C. Al recitar palabras
D. Al leer en silencio

PÁGINA 204

1. edificio
2. lazo
3. lentes
4. efectuar
5. nave
6. gemido
7. usual
8. aborrecer
9. jarocho
10. educar
11. urbe
12. notar
13. adquirir
14. flojera
15. acontecer
16. cerrojo
17. usar
18. leal
19. terapia
20. abreviar
21. destino
22. mezclar
23. ingenuo
24. simpatía
25. terminar
26. etapa
27. rencor
28. infancia
29. oír
30. simio
31. alba

MATEMÁTICAS

Página 246. **Una disputa algebraica**

La niña tiene 35; el niño tiene 49. Como hay 14 huevos (muchos pollos) entre ellos, cuando la niña dice "dame siete de los tuyos y tendremos el mismo número", no sólo está en lo correcto, sino que está respondiendo en un nivel social que podría salvarla de dificultades.

Página 248. **Números entrelazados**

■	[1]2	[2]5	■	■
[3]1	2	1	■	■
[4]6	6	9	■	[5]1
■	[6]1	1	[7]2	4
[8]4	9	■	[9]6	4

Página 252. **Concentración**

Hay cinco 4 y cuatro g.

Página 255. **Números entrelazados**

[1]1	[2]8	■	[3]2	[4]8
■	[5]1	[6]2	2	1
■	■	[7]1	2	9
[8]1	[9]2	2	5	■
[10]6	4	■	[11]5	4

Página 256. **Esferas y manecillas**

Fila A
La esfera en blanco debería decir 2:15. Es la mitad del número de horas que se muestran en la esfera que está a su izquierda, etcétera. 2:15 es la mitad de 4:30, que es la mitad de 9:00, que es la mitad de 18 horas (durante las cuales las manecillas rotaron 12 horas más otras 6 para llegar a las 6:00), que es la mitad de 12:00.

Fila B
La esfera en blanco debería decir 4:00. Multiplica la Hora que aparece en la segunda esfera por la hora que aparece en la primera esfera (2 x 4 = 8) y ese número aparecerá en la tercera esfera. Las dos esferas anteriores multiplicadas entre sí dan 64 como resultado. El resto, después de que las manecillas den cinco vueltas, es 4.

Página 259. **Visión matemática de la mente**

Fila A
Multiplica los números visibles en la cara de cada aspecto del cubo. Todos suman 40 excepto el tercero desde la izquierda, que suma 80: el criminal matemático.

Nota la orientación del 5 y el 8 en las caras de ese cubo y en el primer cubo a la izquierda. Como un cubo diferente no es coherente desde el punto de vista espacial con el que es matemáticamente incoherente, el primer cubo es el criminal espacial.

Fila B
Suma los números visibles en la cara de cada aspecto del cubo. Todos suman 72 excepto el tercero de la izquierda que suma 76: ese es el criminal matemático.

Nota la orientación del 36 y el 12 en las caras de ese cubo y en el último cubo de la fila. El cubo que no es coherente desde el punto de vista espacial es un cubo diferente al que es matemáticamente incoherente. Por lo tanto, el último cubo de la fila es el criminal espacial.

Página 260. ¡Pero no te enojes!

Los números del grupo A sólo tienen líneas *curvas*. El grupo C sólo tiene líneas *rectas*. El grupo B contiene líneas *curvas y rectas*. Así que el 38 pertenece al grupo A; el 16 al grupo B; y el 17 al grupo C. ¡Ahora cálmate! *Prometiste* que no te ibas a enojar.

Página 263. Dígitos opuestos

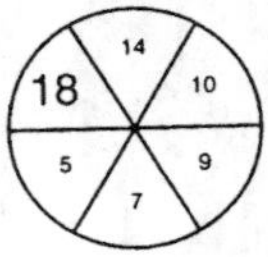

En el círculo: un número es el doble del que está directamente opuesto a él.

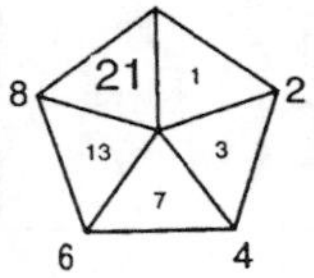

En el pentágono: al avanzar en el sentido de las manecillas del reloj, los números se incrementan con 2, 4, 6, 8.

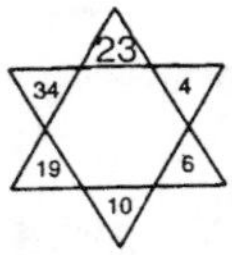

En la estrella: La suma de los tres números que están dentro de cada uno de los dos triángulos encimados es igual a 48.

Página 264. **Tablas de multiplicar**

7	x4	-8	=20
3	x9	-7	=20
6	x5	-10	=20
3	x8	-4	=20

ESPACIAL

Página 272. **Formas en el espacio**

A. Quisiéramos que fuera un tenedor de tres puntas, pero el artista, Escher, hace que la punta de en medio aparezca y desaparezca.
B. ¿Ves una hilera de piezas de rompecabezas o ves letras?
C. ¿Ves un florero con hierba o dos perfiles humanos mirándose? La mayoría de las personas ve primero el florero porque su experiencia les dice que el objeto que está en primer plano es negro.

Página 276. **Rostros invertidos**

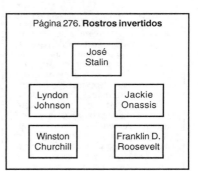

	José Stalin	
Lyndon Johnson		Jackie Onassis
Winston Churchill		Franklin D. Roosevelt

Página 277. **Desafíos visuales**

Fila 1	oreja de gato	logotipo de Coca Cola	panecillo
Fila 2	billetes de 10, 1 y 20 dólares	cartuchos de navajas de rasurar	alfileres de seguridad
Fila 3	trigo desmenuzado	quita-grapas	grapas
Fila 4	uña	lomo de libro	llanta de coche

Página 282. **Rompecabezas**

Hilera superior, de izquierda a derecha: 5H, 6F, 4J, 3D

Lado derecho, de arriba hacia abajo 1G, 2E, 3F, 1C, 4B

Páginas 286 – 288.
Una paradoja geométrica

La manzana es para Whitney. No importa de qué tamaño sea el globo alrededor del cual se coloque el cordón, el radio del cordón siempre será 16 centímetros más largo que el del globo, cuando se agrega un metro a la longitud del cordón.

Página 285. **Una broma aburrida**

No mucho. De hecho, la polilla es la que hizo un mal trato. Si visualizas un libro frente a ti con el lomo hacia delante (como se coloca en un librero), te darás cuenta de que la página 1 estaría a tu derecha, no a tu izquierda (como estaría si sacaras el libro del librero y lo giraras para leerlo). Por otra parte, la última página del libro estaría a la izquierda. Como el primer volumen se coloca a la izquierda del segundo, en el librero, la polilla se comería del lado derecho de la página que está más a la derecha del primer volumen hasta el lado izquierdo de la página que está más a la izquierda del segundo. Por tanto, según el acuerdo, sólo se le permitiría comerse las cubiertas de ambos tomos, y como dijo Rodney, las cubiertas estaban en malas condiciones.

Página 292. **Venta de antigüedades**

A. Aparato para quitarle las semillas a las cerezas.
B. Instrumento para enganchar tapetes.
C. Recipiente de cerámica para poner agua caliente.
D. Apagador de velas con cortador de pabilo.
E. Recipiente para los fósforos de madera que se usan en la cocina (el pico del ave sirve para tomar los fósforos).
F. Pelador de manzanas que también retira el corazón.
G. Bebedero para gallinas. Se coloca sobre un recipiente poco profundo; la parte superior en punta evita que las gallinas se suban y ensucien el agua.
H. Pinzas para romper trozos grandes de sal y azúcar.
I. Costurero con eje para sostener carretes.

Página 298. Intervalos de tiempo

1:30. Cada reloj registra la mitad del número de horas que aparecen en la esfera del reloj que está a su izquierda. Si se leen los intervalos de tiempo de izquierda a derecha en horas, son: 24, 12, 6, 3, 1,5.

Página 299. **Caras falsas**

Tres de los cubos no pudieron hacerse a partir del patrón. En el número 2, la T debe girarse 90 grados. En el número 6, la T debería ser una O. En el número 7, la C está al revés.

Página 300. **¿Inteligencia espacial?**

A. Las esquinas café y negro de la cuarta figura están invertidas.
B. La cola de la cuarta figura está in vertida.
C. Las áreas de la cuarta figura no son simétricas.
D. La cuarta figura no se giró en la dirección correcta.
E. El círculo y el óvalo de la tercera figura deberían ser negros y el cuadrado y el triángulo deberían ser blancos.

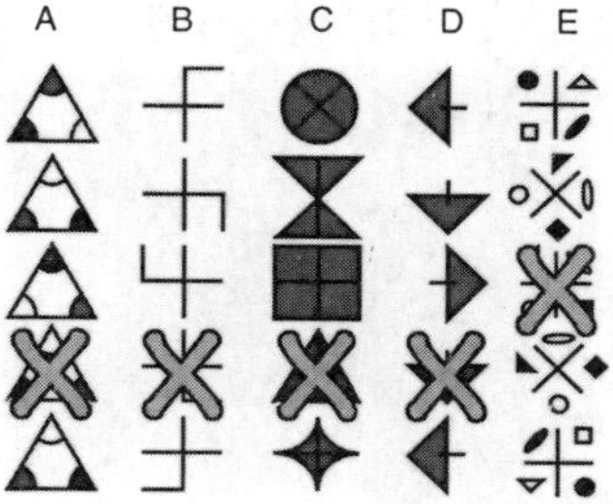

Impreso en los talleres de
MUJICA IMPRESOR, S.A. DE C.V.
Calle Camelia No. 4, Col. El Manto,
Deleg. Iztapalapa, México, D.F.
Tel: 5686-3101.